ALLGÄU

DUMONT REISE-TASCHENBUCH

Elke Homburg

ALLGÄU

LAND & LEUTE

Berge, Seen und glückliche Kühe

Kultur und Leben

Inhalt

LAND & LEUTE

Das Algöw ist in
Schwaben eine
Gegend; wird ein-
geschlossen von Orient
mit dem Lech, gegen
Mitnacht mit der
Thonaw, gegen
Occident reicht es an
den Bodensee und
gegen Mittag streckt es
sich gegen dem
Schneegebirg.

Sebastian Münster
(1488–1552)

Berge, Seen und glückliche Kühe

Maria-Himmelfahrt-Kapelle
in Weißenberg bei Lindau

DAS ALLGÄU: »EBBAS BSÜNDERS«

Eine Landschaft wie aus dem Bilderbuch. Zwischen dem Dunkelgrün der Wälder und dem saftigen Grün der Wiesen lugen die zahlreichen Seen wie große blaue Augen hervor. Die sanften Hügel des Voralpenlandes schwingen sich zu rundbuckeligen Vorbergen auf und wachsen im Oberstdorfer Tal schließlich zu gezackten Kalkgipfeln und samten schimmernden Grasbergen in den Himmel empor. Eine Landschaft, die von Naturgewalten geschaffen wurde, sich heute aber mit ihren blühenden Bergwiesen und verschwiegenen Sennalpen vor allem als liebliche Kulturlandschaft präsentiert.

Mehr als Kuhdörfer hat das Allgäu aber allemal zu bieten: Die mit viel Geld und Aufwand restaurierten mittelalterlichen Stadtkerne der einstigen Freien Reichsstädte erinnern an jene Zeiten, als Allgäuer Kaufleute durch Salz- und Leinwandhandel zu Geld und Macht kamen, sich an Expeditionen bis ins ferne Indien beteiligten und damit bewiesen, dass die Allgäuer nicht hinterm Berg und schon gar nicht hinterm Mond leben.

Aber das Herz des Allgäus, das immer in erster Linie Bauernland war, sind nicht die Städte, sondern die Dörfer und Einödhöfe, die sich hier im 16. Jh. entwickelten (s. S. 30). Und nicht die Kaufleute, sondern die Bauern, die 1525 in Memmingen ihr Manifest in 12 Artikeln formulierten und aufbegehrten, waren die eigentlichen Helden des Allgäus.

Die Kirche steht noch im Dorf, alte Traditionen sind noch lebendig, oft lebendiger als vor hundert Jahren. Mit dem touristischen Interesse wuchs der Stolz auf das reiche kulturelle Erbe. So mischen sich heute uralte Bräuche mit bäuerlichen Traditionen und kirchlichen Festtagen zu einem vollen Festkalender, der keine *events* nötig hat und doch um so manches Kulturereignis bereichert wurde.

Als Sommerfrischler und Alpinisten kamen im 19. Jh. die ersten Feriengäste in die Region, die bis dahin immer etwas im Abseits gelegen war. Gerade deshalb wahrscheinlich, weil sie sich treu geblieben war, und nicht jeden modischen Firlefanz mitgemacht hatte, war die ›Urlaubslandschaft‹ Allgäu nun geradezu zum Erfolg verurteilt. Die immer zahlreicher herbeiströmenden Fremden bescherten den Bauern ein lukrativeres Zubrot als Weberei, Schnitzerei und andere Nebenerwerbe. Längst hat sich das Allgäu zu einer der schönsten und beliebtesten Urlaubslandschaften Deutschlands gemausert, die nicht nur eine Saison hat und einem breiten Publikum erstaunlich viel bietet. Zwischen den Bergen, die erwandert werden wollen, locken von den eiszeitlichen Gletschern geformte Seen. Radler, Bergsteiger und Wanderer genießen Bewegung in klarer Luft. Wo fast jede Gemeinde sich Luftkurort oder gar heilklimatischer Kurort nennen darf, ist auch der Gesundheitsurlauber bestens aufgehoben. Und auch Kulturliebhaber finden im Allgäu manches Juwel.

STECKBRIEF ALLGÄU

Name: Der Name Allgäu leitet sich vom althochdeutschen *Albigowe* (Alpgau) ab und bedeutet so viel wie »Landschaft vor den Alpen«.

Grenzen: Wo das Allgäu beginnt und endet, weiß wohl niemand so ganz genau, da der Name Allgäu in erster Linie eine Landschaft und keine Verwaltungsregion bezeichnet. Und so stimmen die politischen Grenzen des heutigen Allgäus nicht unbedingt mit den geografischen Grenzen überein. Das Herz des Allgäus bilden auf jeden Fall die Allgäuer Alpen zwischen Kleinwalsertal, Oberstdorf, Hindelang, Füssen und dem Tiroler Lechtal, der größte Gebirgsstock der nördlichen Kalkalpen, sowie das Alpenvorland zwischen Bodensee und Lech. Dies sind auch die für den Tourismus bedeutendesten Regionen des Allgäus.

Weite Teile der Region sind bayerisch, ein Teil des Westallgäus aber gehört zum baden-württembergischen Kreis Ravensburg; das Kleinwalsertal und die Enklave Jungholz sind so genannte »Zollanschlussgebiete«, die wirtschaftlich zu Deutschland, politisch zu Österreich gehören.

Seit der Verwaltungsreform 1972 wird das Allgäu in die vier Landkreise Lindau, Oberallgäu, Ost- und Unterallgäu unterteilt, wobei der Landkreis Unterallgäu weit über die Grenzen des eigentlichen Allgäu hinausgeht, das etwa bei Memmingen seine nördliche Grenze erreicht.

Fläche: rund 4500 km^2

Einwohner: rund 520 000, davon ein gutes Drittel in den vier größten Städten: Kempten (62 000 Einw.), Kaufbeuren (44 000 Einw.), Memmingen (41 000 Einw.), Lindau (28 000 Einw.). Kaufbeuren, Kempten und Memmingen sind kreisfreie Städte.

Superlative: Sonthofen ist die südlichste Stadt, Einödsbach die südlichste Siedlung und Balderschwang die höchstgelegene Gemeinde (1044 m) Deutschlands. Die meisten Gäste pro Einwohner in Deutschland beherbergt Oberstdorf (315 000 Gäste mit ca. 2,5 Mio. Übernachtungen, 2002).

Wirtschaft: Im Bauernland Allgäu arbeitet heute nur noch jeder zehnte Erwerbstätige in der Landwirtschaft (Viehzucht und Milchwirtschaft). Vor allem in den Alpen und im Voralpenland ist der Fremdenverkehr ein wichtiger Wirtschaftsfaktor, der als Nebenerwerb auch in vielen Bauernfamilien das Auskommen sichert. Darüber hinaus spielen Papier-, feinmechanische, Maschinen- und Textilindustrie eine Rolle.

Das Unterallgäu mit seiner Metropole Memmingen und dem Land um Bad Wörishofen, das Pfarrer Kneipp vor rund hundert Jahren zu einem Kurort erster Kategorie machte, ist flach und beschaulich, kann aber mit so mancher Überraschung aufwarten.

Die einzigartige Schönheit des Ostallgäus mit seinen zahlreichen Seen wird von den Königsschlössern Ludwigs II. gekrönt. Die Anziehungskraft des »Kini« ist ungebrochen. Der menschenscheue Monarch wurde unfreiwillig zum erfolgreichsten Marketingfaktor der Region und zieht auch ein internationales Publikum ins Allgäu.

Das sanft hügelige Westallgäu geht über in die Bodenseelandschaft. Und das Eckchen bayerischer Bodensee im Landkreis Lindau setzt mit mildem Seeklima, Obstgärten und Weinbergen einen Kontrapunkt zum Allgäu der Kuhwiesen.

Das Oberallgäu schließlich ist die Region, die man vor allem vor Augen hat, wenn man ans Allgäu denkt: Die Landschaft, in der die glücklichen Allgäuer Kühe auf der Alp frische Bergkräuter grasen, um die schmackhafte Milch zu produzieren, aus der wiederum das erfolgreichste Produkt des Allgäus gemacht wird – der Allgäuer Käse.

Wo die Kühe glücklich sind und Menschen die Produkte glücklicher Kühe verzehren, da müssen auch die Menschen glücklich sein. Eigentlich logisch. Ein Schlaraffenland also? Ein Stück heile Welt? Sicher nicht: Das Allgäu ist eine Region mit bodenständigen Menschen, altem Brauchtum, aber auch einer lebendigen (Alternativ-)kultur. Sicher mehr als eine Kuhwiese. *Ebbas Bsünders* (etwas Besonderes) auf jeden Fall. Das Allgäu halt.

Alpwiese unter der Roten Wand bei Rohrmoos

LANDSCHAFTEN UND NATURRAUM

Die Berge

Vor rund 75 Mio. Jahren begann die Auffaltung der Alpen, die bis heute andauert. Durch die Kollision der afrikanischen und der eurasischen Kontinentalplatte legte sich die Erdkruste in Falten, die Alpen entstanden. Ältere und jüngere Gesteinsschichten schoben sich übereinander und die unterschiedlichsten Schichten lagerten sich nebeneinander ab, was gerade die Allgäuer Alpen zu einem Lieblingstummelplatz für Geologen werden ließ.

Die Allgäuer Voralpen bestehen vorwiegend aus Molasse (z.B. Pfänder, 1064 m), Flysch (Riedberger Horn, 1787 m; Fellhorn, 2037 m) und Kreidekalken (Hoher Ifen, 2230 m; Gottesacker-Plateau, 1900–2000 m). Molasse, eine Ablagerung aus der Zeit des Tertiär, sind Schichtgesteine, die aus Konglomeraten, Mergel und Tonschiefer zusammengesetzt sind, Flysch bezeichnet Mergel- und Tonschiefer aus dem Beginn der Entstehung der Alpen. Es ist ein Material, das Hangrutschungen begünstigt, so dass Flyschgebiete durch runde, weiche Formen gekennzeichnet sind.

Die kahlen, zerklüfteten Massive mit einigen der berühmtesten Allgäuer Hochalpengipfel (Hochvogel, 2593 m; Mädelegabel, 2645 m), die sich alle um den Oberstdorfer Talkessel gruppieren, entstanden durch Jahrmillionen andauernde Verwitterungsprozesse. Der mächtige Hauptdolomit, der sie prägt, ging vor rund 220 Mio. Jahren aus dem Schlamm des urzeitlichen Thetys-Meeres hervor.

In nächster Nachbarschaft dazu kann man die klassischen Grasberge, vor allem die Höfats (2268 m), bewundern, eine Besonderheit der Allgäuer Alpen. Die Grasberge bestehen aus Fleckmergel und anderen Gesteinen, deren Kombination, da im Allgäu besonders häufig, auch als »Allgäu-Schichten« bezeichnet wird. Sie verwittert leicht und schafft so die Voraussetzung für eine reiche Vegetation. So wirken die glatten, steilen Grate der schwer bezwingbaren Höfats, als wären sie mit grünem Samt überzogen.

Eis und Wasser als Landschaftsarchitekten

Die Kontinentaldrift schuf den Rohbau, für die Feinarbeit am Bauprojekt Alpenkette, die Modellierung der Gipfel und Wände, sorgte das Wasser. Regenwasser drang in Spalten und Ritzen, wo es gefror und das Gestein sprengte, Wildbäche trugen das Geröll mit sich fort und gruben im Laufe von Jahrmillionen Schluchten und Klammen in die Berge. Die Breitachklamm bei Oberstdorf oder die Sturmannshöhle bei Obermaiselstein zeugen von der Gestaltungskraft des Wassers.

Die eifrigsten Architekten der Alpen und des Alpenvorlandes aber waren die Gletscher. Mindestens sechs Eiszeiten gestalteten diese Landschaft. Vor rund 20 000 Jahren lag das halbe Allgäu bis nach Kaufbeuren unter einem 700 m dicken Eispanzer, aus dem nur die höchsten Gipfel herausragten. Bei ihrem Weg in die Ebenen führten sie große Mengen von Geröll mit, das den darunter liegenden Fels abschürfte und -schmirgelte. Vor etwa 12 000 Jahren zogen sich die Gletscher zurück und hinterließen Geröll und Steinblöcke, die sich am Gletscherrand abgelagert hatten: die Moränen.

Auch die meisten Seen des Voralpenlandes haben ihre Entstehung den Gletschern zu verdanken. Im Ostallgäu bildete aufgestautes Schmelzwasser eine riesige Wasserfläche, den Füssener See, der allmählich verlandete und einige kleinere Seen wie Hopfen-, Bannwaldt- oder Schwansee zurückließ.

Auch Moore sind verlandete Seen, die unter einer üppig wuchernden Vegetationsdecke verschwanden. Das größte noch intakte Hochmoor Mitteleuropas, das Wurzacher Ried, liegt im baden-württembergischen Teil des Allgäus.

Der Bergwald

Noch im Mittelalter war das Allgäu dicht bewaldet. Fichten, Tannen und Buchen, durchsetzt mit Bergahorn und Eschen, bildeten große Mischwälder. Doch dann veränderten großräumige Rodungsaktionen langsam das Gesicht der Landschaft. Die immer zahlreicher werdenden Siedlungen brauchten Platz für Weiden und Felder, und das Holz wurde als Bau- und Heizmaterial benötigt. Aufgeforstet wurde mit schnell wachsenden Fichten, und ab dem 19. Jh. wurden auch die noch bestehenden ursprünglichen Mischwälder der Bergregionen abgeholzt und zumeist durch Fichtenmonokulturen ersetzt.

Das erwies sich als Fehler. Im Bergmischwald sorgen ein tief reichendes Wurzelgeflecht und dichte Baumkronen für Stabilität, die Artenvielfalt bremst Krankheiten und Insektenbefall. Der durchwurzelte Boden speichert Wassermassen und gibt das gefilterte Wasser langsam an Bergbäche und

Blühende Bergwiese

Flüsse ab. Die Bildung von Schlammlawinen (Muren) wird verhindert, und die massigen Stämme versperren Steinschlägen und Lawinen den Weg ins Tal. Die Monokulturen dagegen hielten Stürmen, großen Schneelasten und Insektenbefall nicht stand. Längst hat man die Fehler eingesehen, aber bis ein neuer Mischwald entstanden ist, werden noch Jahrzehnte vergehen.

Blumenparadies Bergwiese

Es grünt und blüht auf den Allgäuer Bergen. Nach der Schneeschmelze verkünden die Krokusse das Nahen des Frühlings, auch wenn sie oft von verspäteten Schneemassen wieder zugedeckt wird. Bald darauf entfaltet sich auf den Bergwiesen eine einzigartige Blütenpracht: Bergflockenblume, Hornklee, Akelei, Berberitze, Glockenblume, Seidelbast und Türkenbund blühen um die Wette. Wer dies allein der Kraft der Natur zuschreibt, irrt allerdings. Das ›Gesamtkunstwerk‹ Bergwiese ist ein Wunder, das sich nur durch die sorgsame Bearbeitung der Wiesen durch den Bergbauern entwickeln kann. Denn nur wenn die Wiesen regelmäßig gemäht werden, entsteht eine solche Vielfalt an Blumen, Heilkräutern und Gräsern. Wird die Wiese aber vor dem Ausreifen der Samen gemäht, geht diese Vielfalt verloren. Auch Überdüngung vertragen die Pflanzen nicht: Wenn zu viele Kühe auf der Wiese stehen, gedeiht nur noch der Sauerampfer.

Der Herbst ist die Zeit der Silberdisteln. Ihren fleischigen Blütenboden, das »Jagerbrot«, verzehrten früher die Alphirten. Heutzutage steht sie wie viele andere Pflanzen der Alpenregion unter Naturschutz.

In steilen Höhen: die Alpenflora

Je höher der Berg, desto rauer das Klima. Bei rund 1500 m ü. M. ist die Wachstumsgrenze kälteempfindlicher Bäume wie Tanne oder Buche erreicht. Die robustere Fichte und der Berg-

ahorn sind noch bis auf 1700 m zu finden. In noch höheren Lagen wachsen Latschen (Krüppelkiefern), die schließlich von der Mattenregion abgelöst werden.

Besonders am Fellhorn, einem der schönsten Blumenberge Bayerns, verwandeln Alpenrosen die hoch gelegenen Gebiete zwischen Latschen- und Mattenregion im Sommer in ein Meer roter Blüten. Dazu gesellen sich andere klassische Vertreter der Alpenflora wie der Stängellose Enzian oder der Gelbe Enzian, aus dessen Wurzel der Enzian-Schnaps gebrannt wird.

In den Hochalpen, wo Boden und Klima keine geschlossene Vegetationsdecke mehr zulassen, überleben nur Fels- und Polsterpflanzen, die extremen Lebensbedingungen angepasst sind: Zwergwuchs, Behaarung oder ein Überzug aus Wachs schützen sie vor extremen Temperaturen. Dazu gehören die Steinbrech- und Hauswurzarten. Die bekannteste Vertreterin der Alpenflora ist aber zweifellos das Edelweiß, dessen filzig-behaarte weiße Blütensterne in größerer Zahl an den Hängen der Höfats bei Oberstdorf zu finden sind (s. S. 139 f.).

Im Reich von Steinbock und Schneehuhn

Die Zeiten, als noch Luchs, Wolf und Bär die Wälder Mitteleuropas durchstreiften, sind lange vorbei. 1838 soll in Hindelang der letzte Luchs erlegt worden sein. Ihrer natürlichen Feinde ledig, vermehrten sich Rehe, Hirsche und Gämsen nun umso stärker, und ihre Zahl muss, damit sie nicht zu viel Schaden im Wald anrichten, von Jägern dezimiert werden.

Vor allem zur Brunftzeit im Herbst sind Rudel von Rotwild leicht auszumachen. Gämsen, die zur Familie der Antilopen gehören, sind wahre Klet-

Alpenrosen

DAS EDELWEISS

Wanderclubs und Bergpensionen, Heimatvereine und Blaskapellen schmücken sich mit ihm, unzählige Heimatlieder besingen die Königin unter den Alpenblumen, und 1869 erkor der Alpenverein »das schönste Bleamerl auf der Welt« als Emblem. Dabei ist die bekannteste aller Alpenpflanzen eigentlich ein Einwanderer und kam während der Eiszeiten aus dem Himalaja in den Alpenraum. Sie gehört zur Familie der Korbblütler, fühlt sich am wohlsten auf sonnigen, kalkreichen Hängen und Magerwiesen, gedeiht aber auch an steilen Felswänden in Höhen zwischen 1800 und 3400 m.

Wenn man ehrlich ist – es gibt schönere Blumen als das Edelweiß. Eher schmutzig- als edel-weiß präsentiert es sich, wie eine alternde Diva wirkt es neben der frischen Schönheit der bunten Bergblumen in tieferen Regionen. Wie also erklärt sich der von unzähligen Bergfilmen und -romanen genährte Edelweißkult? Die Antwort ist einfach: Weil es selten ist und schwer zu erreichen, war es begehrt und gesucht – bis fast zur Ausrottung.

Denn es war ja nicht nur eine Trophäe, die junge Burschen ihren Madeln erbeuteten, um Mut und Liebeseifer zu beweisen. In den 50er Jahren begannen die Allgäuer, ganze Edelweißsträuße als Andenken an Touristen zu verkaufen. Da reichte es einigen frühen Naturschützern: 1957 bezog die erste »Edelweißwacht« ihren Posten. Heute zählt die Bergwacht auch den Schutz des Edelweiß und anderer bedrohter Alpenpflanzen zu ihren Aufgaben und hat Erfolge zu verzeichnen. Auf der Höfats bei Oberstdorf beispielsweise, deren Gipfel nur Kletterer erklimmen können, blüht es zwischen Juli und September zur Freude der Bergsteiger wieder in stattlicher Zahl.

terkünstler und hervorragend an das Leben in hoch gelegenen Bergwald- und Felsregionen zu allen Jahrszeiten angepasst. Seltener ist der Steinbock zu erspähen, der erst vor rund 30 Jahren wieder im Allgäu eingebürgert wurde. Lieblinge der Kinder sind zweifellos die Murmeltiere. Mit etwas Glück und Geduld können sie auf Wanderungen beobachtet werden. Häufiger aber hört man nur ihre Pfiffe, die sie bei drohender Gefahr ausstoßen, bevor sie sich wieder in ihre Erdlöcher verkriechen.

Zu den Feinden des putzigen Murmeltiers gehört der König der Lüfte, der Steinadler, der, obwohl lange Zeit vom Menschen hartnäckig verfolgt, auch heute noch im Allgäu anzutreffen ist. Zu den interessantesten Vertretern der Vogelwelt gehört der Kolkrabe, mit 120 cm Flügelspannweite der größte unter den Rabenvögeln, aber auch das Schneehuhn, das einst aus der Arktis einwanderte. Im Sommer tauscht es das weiße Federkleid gegen ein unscheinbares braunes Tarngefieder und ist schwer zu entdecken.

WIRTSCHAFT UND UMWELT

Bauernland Allgäu

Das Allgäu war immer Bauernland, wenn auch angesichts der kargen Böden und des rauen Klimas der Bauernalltag hart und der Gewinn gering war. Zu Beginn des 19. Jh. baute man außer Getreide – meist Hafer und Gerste – vor allem Flachs an, den Rohstoff für Leinen. Die Flachsverarbeitung sicherte den Bauernfamilien im Herbst und Winter das dringend notwendige Zubrot. Das Blau der Flachsblüten, das die Allgäuer Felder im Frühjahr überzog, gab dem Land die Bezeichnung »Blaues Allgäu«.

Vom »blauen Allgäu« zum »grünen Allgäu«

Als jedoch im 19. Jh. billige Baumwolle aus Übersee den Markt überschwemmte, wurde der Flachsanbau zusehends unrentabler. Dazu kamen Getreide-Missernten, die die Situation der Bauern dramatisch verschlechterten. Doch die Allgäuer fanden eine Lösung: Sie stellten ihre Wirtschaft auf ein neues Produkt um.

Der Allgäuer Bergkäse war bislang nur in kleinen Mengen in Hauskäsereien hergestellt und auf Flößen die Iller hinunter nach Ulm transportiert worden. Allerdings war dieser Käse nicht besonders haltbar gewesen. 1827 holte der Oberstaufener Käsehändler Aurel Stadler den Senner Johann Althaus aus dem Schweizer Emmental ins Allgäu, der einen lagerfähigen Hartkäse herstellte. Der »Allgäuer Emmentaler« wurde auf Anhieb ein Riesenerfolg.

Den endgültigen Strukturwandel vom Ackerbau zur Milchwirtschaft vollzog wenige Jahre später der Molkereifachmann Carl Hirnbein (1807–1871), der 1840 als erster die Weichkäserei im Allgäu einführte und damit den wirtschaftlichen Aufschwung der Region einleitete. 1843 besaß er bereits 100 Sennereien, verkaufte seinen Limburger und Romadur in ganz Deutschland und machte Kuh und Käse zum Markenzeichen des Allgäus.

Zehn Jahre später wurden Immenstadt und Oberstaufen an das Bahnnetz angeschlossen und damit ein riesiger Markt für den Allgäuer Käse erschlossen. Aus dem »Blauen Allgäu« der Flachsfelder war das »Grüne Allgäu« der Viehweiden und der Milchwirtschaft geworden. Die Gründung des »Milchwirtschaftlichen Vereins« (1887) und der »Butter- und Käsebörse« (1921) in Kempten (s. S. 109) trugen zur Regelung des schnell wachsenden Absatzmarktes bei, und das Allgäu ist bis heute die Käseküche der Republik geblieben.

Sommerfrische fürs Vieh – die Alpwirtschaft

Die Alpwirtschaft ist der älteste Zweig der Allgäuer Landwirtschaft. Schon während der römischen Besatzungszeit soll auf den Grasflächen oberhalb des Waldgürtels Käse erzeugt und bis an den römischen Kaiserhof gebracht worden sein. Mit den Rodungsaktionen des Mittelalters wurden weitere Alpflächen geschaffen, auf denen meist Jungtiere gehalten wurden, die man im Herbst über die Alpenpässe nach Oberitalien trieb und dort verkaufte.

Sinn der Alpwirtschaft war und ist es zum einen, das Gras auf den Talwiesen als Futter für den Winter aufzusparen. Dazu kommt, dass das Gras und die Kräuter oben am Berg mehr Nährstoffe enthalten und das Vieh durch den Aufenthalt in freier Natur gesünder und widerstandsfähiger ist – und somit bessere Verkaufspreise erzielt. Nach dem Ausbau der Käseproduktion Mitte des 19. Jh. wurden zahlreiche bestehende »Galtalpen«, auf denen nur Jungvieh gehalten worden war, in »Sennalpen« mit Milchkühen umgestaltet, auf denen dann auch Käse produziert wurde.

Mit dem Aufkommen der Massenviehhaltung geriet die Alpwirtschaft in eine Krise. Der Auftrieb der Tiere auf die Bergweiden erschien manchem Bauern mühselig und teuer, die Käserei wurde mehr und mehr ins Tal verlegt, von Jahr zu Jahr wurden weniger Sennalpen bewirtschaftet.

Erst in den letzten Jahren führten nicht zuletzt Lebensmittelskandale wieder zur Rückbesinnung und schließlich Wiederbelebung der Alpwirtschaft. Im Sommer 2001 wurden schon wieder 43 Sennalpen bewirtschaftet.

Tourismus – Masse oder Klasse?

Der Tourismus ist aus dem Allgäu nicht wegzudenken. Mit dem Bau der Eisenbahnlinien im 19. Jh. kamen die ersten Sommerfrischler ins Oberallgäu, und bald folgten Alpinisten und Skifahrer. Im Unterallgäu folgten derweil »Tautreter und Graswandler« dem Ruf des Pfarrers Kneipp in Wörishofen.

Seit den Aufbaujahren nach dem Zweiten Weltkrieg spielt der Fremdenverkehr eine zunehmend wichtigere Rolle. Die Gemeinden bastelten emsig an der Perfektionierung der touristischen Infrastruktur, und viele Landwir-

Ohne die Kühe wäre das Allgäu nur halb so schön

EIN SOMMER AUF DER ALP

Um 4.30 Uhr klingelt der Wecker. Arbeitsbeginn für Beate Fink, Sennerin auf der Alpe Laufbichl im Hintersteiner Tal. Mit ihrer Gehilfin und einem Viehhirt macht sie sich an die erste Arbeit des Tages: das Melken der Kühe. 56 Kühe und eine ganze Herde Schweine leben im Sommer hier oben und wollen betreut sein. Dank technischer Errungenschaften bewältigt das Dreierteam ein Arbeitspensum, für das vor 100 Jahren, als die Kühe noch von Hand gemolken wurden, noch 10 Männer benötigt wurden.

Nach dem Melken beginnt die eigentliche Arbeit der Sennerin. Im Kessel werden die entrahmte Milch vom Vorabend und die frische Morgenmilch vermengt und alles zusammen auf 32° C erwärmt. Dann werden Kälberlab und etwas angesäuerte Molke (die sog. »Kultur«) beigemischt, die bewirken, dass die Milch gerinnt. Nach 30–40 Minuten ist es so weit, und die eingedickte Milch wird mit dem Zauberstab des Käsers, der »Käseharfe«, sorgfältig zerteilt. Bei 51° C wird der Brei

dann noch einmal 1–1 $^{1}/_{2}$ Stunden gerührt. Spannend wird es, wenn der »Bruch«, also die festen Bestandteile des Breis, mit einem Leintuch aus der zurückbleibenden Molke gehoben und in eine runde Form gepresst wird. Am nächsten Tag wird dieser Käselaib für 72 Stunden in eine Salzlake gelegt. Er schließt dadurch nach außen fest ab und kann im Inneren reifen. Gelagert werden die Käselaibe im Erdkeller und in den nächsten Wochen sorgsam gepflegt: Jeden zweiten Tag müssen sie gebürstet, gewendet und mit Salzlake eingerieben werden. Während der Reifezeit bilden sich auch die geheimnisvollen Löcher im Käse: Bakterien im Inneren des Käselaibs fressen Fetttropfen und stoßen dabei Kohlensäure aus. So bilden sich kleine Höhlen, die beim Schneiden zu Löchern werden. Nach 5–6 Monaten ist der Käse ausgereift.

An der Arbeit des Käsens hat sich in den letzten 100 Jahren wenig geändert, auch wenn moderne Gerätschaften in der Käsküche, dem Herzstück der Alpe, den Kupferkessel und das offene Feuer ersetzt haben. Aber immer noch hängt der Geschmack des Käses nicht zuletzt von der Milch ab, und deren Qualität wiederum vom Futter. An manchen Tagen werden die Kühe deshalb bis auf 1500 m ü. M. hochgetrieben. »Die guten Kräuter dort oben schmeckt man im Käse«, beteuert die Sennerin. Zwischen den einzelnen Arbeitsschritten wird das Käsgeschirr geputzt und gewienert. In einer Rohmilchkäserei ist Hygiene unverzichtbar. Aus dem Rahm wird in der Zwischenzeit Butter gemacht, die Molke bleibt für die Schweine.

Keine Zeit für eine Mittagspause. Wanderer verlangen nach einer Brotzeit. Das lohnt sich finanziell kaum, bedeutet aber PR in eigener Sache: Wem der Käse geschmeckt hat, der nimmt gern einen Laib mit, vor allem, seitdem Beate Fink Käselaibe in Rucksackgröße produziert. Die Preise sind dank Direktvermarktung durchaus konkurrenzfähig, obwohl der Bergkäse von der Alp natürlich teurer ist als ein Supermarktkäse. »Aber das handgefertigte Regal vom Schreiner setzt auch niemand in Konkurrenz zum Ikea-Regal«, bemerkt die Beate Fink.

Die kleine, zierliche Frau entspricht ganz und gar nicht dem Klischee vom knorrigen Senn auf der Alp. Sie ist auch alles andere als eine zivilisationsmüde Aussteigerin, denn das Käsen will gelernt sein. Als sie nach ihrer Ausbildung zur Sennerin vor 10 Jahren die 150 Jahre alte Alpe Laufbichl bezog, wollte man nicht glauben, dass ein »Weibsbild« die schwere Arbeit lange aushielte. Sie hat alle Skeptiker eines Besseren belehrt.

Ganz so einsam wie früher ist es nicht mehr am Berg. Das Handy funktioniert, und einmal am Tag kommt jemand aus dem Ort, um Lebensmittel zu bringen und den fertigen Käse ins Tal zu schaffen. Und nach mehr als drei Monaten Alpsommer ist es Mitte September auch wieder Zeit, ins Tal hinabzuziehen.

Tipp: Wer den Käse nicht im Rucksack ins Tal schleppen möchte, kann Bergkäse von der Alpe Laufbichl im Hindelanger Käsemarkt (www.hindelanger-kaese markt.de), Marktstraße 5, Hindelang, erwerben.

te erkannten, dass ihnen der Tourismus ein lohnendes Zubrot verschaffen konnte. Ein Mehr an Ferienwohnungen und Hotelbetten, Spaßbädern und Skiliften bedeutet aber auch ein Weniger an Landschaft. Gerade noch rechtzeitig stellte man sich die Frage, was passieren sollte, wenn die Luft von Autoabgasen trüb und der letzte Kuhstall in eine Ferienwohnung umgewandelt sein würde. Die Notbremse wurde in einigen Orten schon gezogen (s. S. 125).

Landwirtschaft und Tourismus Hand in Hand

Bauern schufen die Kulturlandschaften, die den Tourismus ins Allgäu brachte. Doch eben diese Landschaft, die Wiesen, Felder und Alpen verwildern und veröden, wenn sie nicht bewirtschaftet werden, wenn immer mehr Bauern aufgeben, weil sich die mühsame Bearbeitung der Bergwiesen nicht mehr lohnt. Dass Bauern als ›Landschaftspfleger‹ also unverzichtbar für die Attraktivität der Region sind, hat sich herumgesprochen. Nur wenn Tourismus und Landwirtschaft Hand in Hand gehen, wird die Allgäuer Kulturlandschaft erhalten bleiben. So wird z.B. in Oberstdorf überlegt, einen Teil der Kurtaxe den Kühen bzw. ihren Besitzern zukommen zu lassen.

Ein Weg, den Niedergang der Landwirtschaft zu stoppen, ist die bessere Vermarktung regionaler Produkte. Der Bauer, der seine Produkte zu angemessenen Preisen an Ort und Stelle verkaufen kann, verdient besser und ist durch den direkten Kontakt zum Verbraucher motivierter. Der motivierte und zufriedene Bauer wiederum sorgt dafür, dass die Landschaft so bleibt, wie sie die Erholung suchenden Urlauber wünschen.

Und schließlich – was spricht dagegen, den Urlauber in die Landschaftspflege einzubeziehen? Den zivilisationsmüden Städter statt Mountainbiking und Drachenfliegen Bergwiesen mähen zu lassen – auch dafür werden bereits Kurse angeboten.

Umweltschutz

Für eine Fremdenverkehrsregion wie das Allgäu ist eine intakte Umwelt das beste Werbeargument. Daher wird zum Beispiel seit Jahren die umweltfreundliche Bahnanreise gefördert und in vielen Fremdenverkehrsregionen wurde der Individualverkehr eingeschränkt und die Gäste aufgefordert, auf die in vielen Orten vorhandenen kostenlosen oder kostengünstigen Busse umzusteigen – was freilich immer die Einsicht der Touristen voraussetzt.

Manchmal reiben sich die Anliegen der Naturschützer aber auch an verkehrspolitischen Überlegungen, wie der seit Jahren andauernde Streit um die Verlängerung der A 7 bis zur österreichischen Grenze zeigt, die Naturschützer bisher erfolgreich verhindert haben, die am Durchgangsverkehr erstickenden Nesselwanger jedoch herbeisehnen. Genauso umstritten ist ein Hotelneubau im Bereich von Neuschwanstein, den Naturschützer bekämpfen. Die Gemeinde Schwangau muss jedoch schweren Herzens zusehen, wie Urlauber mit Komfortansprüchen nach Österreich abwandern.

BIO-LANDBAU IM ALLGÄU

»Als mein 13-jähriger Sohn in der Schule erzählte, er wolle es auch einmal so schön haben wie sein Vater und Bauer werden, haben die Klassenkameraden ganz schön dumm geschaut«, erzählt Stefan Bentele, Biobauer aus Oberjoch, stolz. Der Beruf hat unter der heutigen Jugend nicht das beste Renommee, immer mehr Betriebe geben auf, weil sie von der Landwirtschaft nicht leben können und das Berufsbild Bauer nicht mehr in unsere moderne Gesellschaft zu passen scheint. Biobauern dagegen haften an der Scholle.

Die Zahl der Bauern, die von konventioneller auf ökologische Landwirtschaft umsteigen wollen, wird größer. Das Image des belächelten ›Körndlfressers‹ hat man längst hinter sich gelassen. Bereits heute ist das Allgäu die Region mit den meisten ökologisch arbeitenden Landwirtschaftsbetrieben in Bayern, nämlich rund 5 % (in ganz Bayern 3 %), und Bestrebungen sind im Gange, Teile des Oberallgäus zu einer vom Freistaat geförderten Modellregion für den Bio-Landbau zu machen. Die von den Anbauverbänden Bioland, Demeter und Naturland anerkannten Betriebe müssen strenge Bewirtschaftungskriterien einhalten und unangemeldete Kontrollen über sich ergehen lassen. Der Aufwand ist groß, lohnt sich aber letztendlich.

Statt um Subventionen zu betteln, wollen die engagierten Landwirte nur das produzieren, was sie dann auch verkaufen können. Bentele demonstriert, dass ein Biobauer auch ein erfolgreicher Unternehmer sein kann. Zu seinem Hof gehören ein Hofmarkt, Zimmer und Ferienwohnungen mit insgesamt 40 Betten sowie ein Restaurant, in dem selbstverständlich eigene Produkte serviert werden.

Die Hofbegehung mit dem Allgäuer Bauern schafft Vertrauen. Stolz zeigt er seine blühenden Buckelwiesen, auf denen pro Hektar nur eine Kuh grast. Die verschwenderische Farbenpracht der unzähligen Wiesenblumen ist aber nur ein Nebenprodukt. Es geht in erster Linie um die Ernährung der Kühe und damit auch um gesundes Fleisch und gehaltvolle Milch. Pro Quadratmeter gedeihen auf solchen Wiesen über 100 verschiedene Kräuter. Wo dagegen zu viele Kühe auf die Weide getrieben werden, haben die Pflanzen keine Zeit auszureifen, die Wiesen werden überdüngt, und wo einst Blumen und Kräuter sprossen, gedeiht nur noch der für die Tiere ungenießbare Ampfer, der dann wiederum mit Unkrautvernichtungsmitteln beseitigt werden muss. Ein Teufelskreis.

»Wir müssen Tiere, Boden und Pflanzen in Ordnung halten«, betont Stefan Bentele. Tiere, die gesunde Nahrung bekommen, die Bewegungsfreiheit genießen statt angekettet zu sein, sind viel weniger krankheitsanfällig.

Nach einem Crashkurs in biologischer Landwirtschaft wandert so mancher Besucher bewusster durch die Landschaft, und nach einem Urlaub mit Produkten aus Direktvermarktung haben schon so manchem Skeptiker keine Fertiggerichte mehr geschmeckt.

Obst- und Weinanbau am Bodensee

Auf der Fahrt vom Westallgäu zum Bodensee weichen die Viehweiden zusehends Obstplantagen. Aus dem Bodenseeraum kommen Äpfel, Birnen, Kirschen, Mirabellen und Zwetschgen auf den deutschen Markt. Nicht nur als Tafelobst übrigens: Früchte, die z. B. nach Hagelschlag nicht mehr so ansehnlich sind, gehen den Weg durch die Schnapsbrennereien und kommen als edle Obstbrände auf den Tisch.

Auch Wein wächst am Bodensee, begünstigt durch das milde Klima. Rund um den See sinken die Temperaturen in der Nacht nicht so weit ab, und der Föhn bringt oft Wärmeschübe in einer Zeit, in der Wein und Obst die letzte Reife erfahren und sich mit Zucker und Aroma füllen.

Handel und Industrie

Neben der Landwirtschaft spielte bereits im Mittelalter vor allem in den Freien Reichsstädten des Allgäus der Handel eine große Rolle. Kaufleute kamen durch den Handel mit Salz und Leinwand zu Wohlstand, Handwerkerzünfte blühten auf.

Zwischen Grünten und Hochvogel wurden im 15. Jh. Erzvorkommen entdeckt, die Eisenverarbeitung in Schmieden und Mühlen durch die reichlich vorhandene Wasserkraft erleichtert. Der Bergbau im Allgäu kam erst Mitte des 19. Jh. zum Erliegen, als Eisenbahnen den Import hochwertigeren Eisens möglich machten.

Als im 19. Jh. importierte Baumwolle die heimische Leinwand nach und nach vom Markt verdrängte, reagierten die Allgäuer schnell: Bereits 1836 nahm die erste mechanische Baumwollspinnerei im Allgäu ihren Betrieb auf, der bald weitere folgten. Die Textilindustrie blieb bis über die Mitte des 20. Jh. hinaus der wichtigste Industriezweig im Allgäu.

Mit der Ansiedlung heimatvertriebener Sudetendeutscher in Neugablonz bei Kaufbeuren wurde das Allgäu für einige Jahrzehnte zum Zentrum der Modeschmuckindustrie in Europa (s. S. 102).

Auch heute sorgen zahlreiche Betriebe aus den Bereichen Maschinenbau, Metallverarbeitung und Elektroindustrie, darunter Zweigniederlassungen internationaler Firmen wie Liebherr-Aerospace in Lindenberg oder Dornier in Lindau, dafür, dass das Allgäu jenseits der Haupttouristenregionen, in denen Landwirtschaft und Dienstleistungsgewerbe klar dominieren, keinesfalls eine strukturschwache Region ist.

Holz war der wichtigste Rohstoff im Allgäu, die traditionellen Handwerksberufe hatten alle damit zu tun: Schäffler, Wagner, Rechen- und Schindelmacher, Schreiner und Zimmermann. Und die Bauern schnitzten an langen Winterabenden Spielzeug und Krippenfiguren und verdienten sich damit ein Zubrot. Unter dem Einfluss des Tourismus lebte die Holzschnitzerei wieder auf. Auch andere Handwerkstechniken wie Töpferei, Teppichweberei oder Glasbläserei wurden wiederbelebt und sind auf Handwerksmärkten vertreten.

GESCHICHTE IM ÜBERBLICK

Frühgeschichte

ab 7. Jt. v. Chr.	Jäger und Sammler durchstreifen das südliche Schwaben.
4.–3. Jt. v. Chr.	Sesshafte Bauern treiben ihre Tiere auf Hochweiden.
um 500 v. Chr.	Die Kelten siedeln im Gebiet des heutigen Allgäus und bauen befestigte Siedlungen, darunter *Kambodunon,* das heutige Kempten.
15 v. Chr.	Die Römer erobern unter Führung von Drusus und Tiberius, den Adoptivsöhnen des Kaisers Augustus, das Voralpengebiet bis zur Donau. *Kambodunon,* das römische *Cambodunum*, entwickelt sich zu einer der bedeutendsten Siedlungen der Region. Die Römer legen Straßen an, die bis ins Mittelalter bedeutende Handelswege bleiben.
260 n. Chr.	Die Alemannen überschreiten den *Limes,* den Grenzwall der Römer, der sich vom Rhein bis zur Donau erstreckt, und besetzen das Alpenvorland. *Cambodunum* wird zerstört. Die letzten Römer verlassen im 5. Jh. das Land. Der Lech wird zur Stammes- und Sprachgrenze nach Bayern hin.

Mittelalter

536	Das Herzogtum der Alemannen wird dem fränkisch-karolingischen Herrschaftsbereich eingegliedert.
8. Jh.	Magnus und Theodor, Mönche aus dem Kloster St. Gallen, beginnen von Füssen und Kempten aus, das Allgäu zu christianisieren. Magnus, »St. Mang«, wird später als Schutzheiliger des Allgäus verehrt.
752	Gründung des Benediktinerklosters (später Fürststift) Kempten
764	Gründung des Benediktinerklosters Ottobeuren, das zum mächtigsten Kloster des Allgäus aufsteigt.
9. Jh.	Nach dem Zerfall des fränkischen Reichs bilden sich die Stammesherzogtümer Sachsen, Bayern, Schwaben und Lothringen heraus. Neben dem Adel gewinnen die Klöster an Bedeutung.
817	Das Allgäu wird als *Albigowe* (Albgau) erstmals schriftlich erwähnt. Es umfasst zunächst nur einige Orte im Bereich zwischen Oberstdorf und Sonthofen.
um 850	Gründung des Benediktinerklosters Füssen
ab 1070	Nach und nach dehnen die Welfen, deren Stammgut zwischen Augsburg und Füssen liegt, ihren Besitz über ganz Schwaben bis nach Bayern, Tirol und Graubünden aus. Sie gründen zahlreiche Städte und Klöster.

WALLENSTEIN IM ALLGÄU

Wallenstein und sein Tross halten Einzug in Memmingen: Kürassiere, Musketiere, Pikeniere und Gallas-Dragoner, im Gefolge Frauen und Kinder, Marketender, Huren und Diebe, Bettler und Marodeure, Opfer des Krieges, die oft mehr Angst und Schrecken verbreiteten als die Soldaten selbst.

3500 Mitwirkende in originalgetreu nachgebildeten Kostümen, Uniformen und Waffen, 300 Pferde, 50 Wagen und einige prunkvolle Kutschen. Kein Applaus, kein Winken. Mit ernster Miene zieht man ins Feindesland, schließlich wütet seit zwölf Jahren der später so genannte Dreißigjährige Krieg. Der Aufenthalt des kaiserlichen Feldherrn Wallenstein im Sommer 1630 rückt die Freie Reichsstadt für vier Monate ins Zentrum der Weltgeschichte.

Albrecht Wenzel von Wallenstein, Herzog von Friedland (1583–1634) stammte aus dem protestantisch-böhmischen Adel, konvertierte zum Katholizismus und machte in den Diensten Kaiser Ferdinands II. eine unvergleichliche Karriere. Als »Generalissimus« befehligt er sämtliche kaiserlichen Truppen. Er gilt heute als einer der ersten Feldherrn modernen Stils. Sein Söldnerheer setzte sich aus Katholiken und Protestanten zusammen, die durch pünktliche Besoldung und das Recht zur Plünderung des besetzten Landes bei der Stange gehalten wurden.

Der viermonatige Aufenthalt Wallensteins bescherte den Memminger Bürgern eine Atempause im endlosen Krieg. Der Feldherr schlug in der Freien Reichsstadt seine Residenz auf und entfaltete eine prächtige Hofhaltung mit Festen und Banketten – bis ihn ausgerechnet hier die Nachricht von seiner Absetzung erreichte. Den Kurfürsten war der Aufsteiger zu mächtig und zu gefährlich geworden. Auf dem Kurfürstentag zu Regensburg beschlossen sie seine Ablösung.

Rings um die Stadt haben die Soldaten ihr Lager aufgeschlagen. Handwerker aus unterschiedlichen Zünften zeigen ihre Künste, flechten Körbe, spinnen Wolle, bearbeiten Leder oder schnitzen Kochlöffel und Schneidbretter, Bettler lungern herum, während etliche Meter weiter die vornehmen Herrschaften ihre Gelage abhalten und sich verlustieren.

Alle vier Jahre spielen die Memminger diese Episode aus dem Dreißigjährigen Krieg nach. Schon Monate vor dem Spektakel gleicht die Schneiderei des Fischertagsvereins, der dieses Spektakel ausrichtet, einer Kleiderfabrik. Männer lassen, zum Ärger der Friseure, ihre Bärte und Haare wachsen, moderne Brillengestelle weichen einfachen Nickelbrillen, und Raucher steigen von der Zigarette auf Pfeifen und Stumpen um – Authentizität ist Trumpf. Lebendiger kann Geschichtsunterricht kaum sein.

Die Wallenstein-Spiele in Memmingen finden das nächste Mal 2004 statt. Infos: Fischertagsverein Memmingen e.V., Am Einlass 5 1/2; 87700 Memmingen; Tel. 08331/495065; www.wallenstein-mm.de

1138 Konrad III. aus dem Geschlecht der Staufer, die seit 1079 Herzöge von Schwaben sind, erringt die Königswürde. Mehr als ein Jahrhundert lang stellen nun die Staufer die deutschen Könige und Kaiser und machen Schwaben damit zum Stammland des Kaiserhauses. Nach dem Tod des letzten Welfensohns übernehmen sie dessen Ländereien. Unter den Staufern erhalten Memmingen, Kaufbeuren, Leutkirch, Kempten, Wangen und Isny das Stadtrecht.

1268 Mit Konradin stirbt das Geschlecht der Staufer aus. Nun beginnt die Zersplitterung ihres Herrschaftsbereichs in weltliche und geistliche Territorien. Im heutigen Allgäu regieren Hochadel und Ritterschaft, Bistümer und Klöster sowie die Reichsstädte. Der Bischof von Augsburg und der Fürstabt von Kempten gehören zu den mächtigsten Persönlichkeiten der Zeit. Neue Reichsstädte werden gegründet: Lindau (1274), Kaufbeuren (1286), Kempten (1289).

13.–16. Jh. Massive Rodungsarbeiten verändern nach und nach die Allgäuer Landschaft. Wiesen, Weiden und Ackerland prägen nun das einstige Waldland.

15. Jh. Das Allgäu bringt einige glänzende Künstler hervor: Der Maler und Bildhauer Hans Multscher wird 1400 in Reichenhofen bei Leutkirch geboren († 1467), der Maler Bernhard Strigel 1460 in Memmingen († 1528), der Bildschnitzer Jörg Lederer 1475 in Füssen († 1550). Die Grafen von Montfort lassen die Alte Jochstraße bauen und öffnen das Oberallgäu für den lukrativen Salzhandel.

1488 Der »Schwäbische Bund« wird als Vereinigung der schwäbischen Reichsstädte gegründet, um der Ausbreitung des bayerischen Territoriums unter den Wittelsbacherherzögen entgegenzuwirken.

Frühe Neuzeit

1525 Bauernkriege. Die unter Abgaben und dem Joch der Feudalherren leidenden Bauern erheben sich im Frühjahr fast gleichzeitig in mehreren deutschen Städten. Im Allgäu greift die Bewegung von Kempten aus auf andere Städte über. Unter dem Eindruck der Reformation verabschieden die Bauern am 14./15. März im Memminger Haus der Kramerzunft die »Zwölf Artikel der Bauernschaft in Schwaben«, deren Wirkung weit über die Grenzen des Allgäus hinausreicht. Sie fordern darin die Aufhebung des Zehnten, der Leibeigenschaft und der Frondienste. Neben dem Recht auf freie Jagd, freien Fischfang und Holzeinschlag fordern sie auch freie Wahl des Pfarrers. Der 4000 Mann starke »Allgäuer Haufen« wird bei Wurzach durch den als grausam bekannten Truchsess Georg von Waldburg (»Bauernjörg«), den Vertreter des Schwäbischen Bundes, vernichtend geschlagen. Allein im Allgäu werden 10 000 Bauern hingerichtet.

1527 Die Freien Reichsstädte Memmingen, Kaufbeuren, Kempten und Isny werden lutherisch.

1533 Der Schwäbische Bund zerbricht an der unterschiedlichen konfessionellen Parteinahme seiner Mitglieder.

1543 Im Kloster Ottobeuren wird eine Universität gegründet.

1555 Der »Augsburger Religionsfriede« sichert den Reichsständen die freie Konfessionswahl und legt fest, dass die Untertanen die Religion ihrer Fürsten annehmen.

1618–48 Während des Dreißigjährigen Krieges ziehen plündernde Landsknechtshorden durchs Land, die Städte, Kirchen und Klöster, darunter Stift und Reichsstadt Kempten, zerstören. Der Feldherr Albrecht von Wallenstein zieht 1630 als Sieger in Memmingen ein. Dort erleidet er aber auch seine größte Schmach: Er wird als Oberbefehlshaber des kaiserlichen Heeres abgesetzt. Hungersnöte und Seuchen reduzieren die Allgäuer Bevölkerung um zwei Drittel. Der Stadt Kempten bleiben von 9000 Einwohnern im Jahr 1618 dreißig Jahre später ganze 900.

1651/52 Wiederaufbau Kemptens mit Residenz und Lorenzkirche, dem ersten großen Barockkirchenbau Süddeutschlands.

1701–14 Während des Spanischen Erbfolgekrieges streiten sich Wittelsbacher und Habsburger auch um Allgäuer Territorium.

18. Jh. Immer mehr Bauern lösen sich aus der Dorfgemeinschaft heraus und bauen sich Einödhöfe inmitten ihrer Wiesen und Felder. Auf diese Weise entsteht mehr zusammenhängendes Weideland, das auch leichter zu bearbeiten ist – Vorraussetzung für den erfolgreichen Aufbau der Milchwirtschaft im 19. Jh. In dieser politisch stabilen Zeit setzt außerdem eine rege Bautätigkeit ein. Die Baulust der Barockäbte zeigt sich vor allem in Ottobeuren, das nicht grundlos als »schwäbischer Escorial« bezeichnet wird. Aber auch einfache Pfarrkirchen werden in dieser Zeit barockisiert.

Neuzeit

1802/03 Die Bauwut des Klerus findet durch die Säkularisation ein jähes Ende. Die einst mächtigen Klöster werden verstaatlicht und müssen Rechte und Besitztümer dem jeweiligen Landesherrn übertragen. Klöster und Kirchen werden zu Wohnhäusern, Zuchthäusern und Schrannenhallen umgebaut, Kunstschätze zerstört oder verschleppt.

1803–10 Durch Napoleon erfährt Süddeutschland eine Neugliederung. Die Reichsstädte verlieren ihre Unabhängigkeit. Der bayerische König erhält den größten Teil des Allgäus, Württemberg den kleineren Teil im Westen. Bayerische Beamte lassen Kunstschätze aus den Allgäuer Residenzen nach München bringen.

1815	Erneute Umverteilung Europas als Ergebnis des Wiener Kongresses. Der größte Teil des Allgäus bleibt bei Bayern, der kleinere Teil im Westen, das Kleine Walsertal wird Österreich zugeschlagen.
1827	Der Schweizer Senn Johann Althaus bei Lindenberg führt auf der Aualpe im Gunzesrieder Tal die Käseherstellung nach Schweizer Vorbild ein: die Geburtstunde des Allgäuer Emmentalers.
1830	Bergsteiger entdecken die Allgäuer Berge.
1832–37	Der bayerische Kronprinz Maximilian baut die Ruine Schwanstein zum Schloss Hohenschwangau um.
1847	Die erste Eisenbahn im Allgäu fährt von Augsburg nach Kaufbeuren und sechs Jahre später weiter bis Lindau, was enorm zum wirtschaftlichen Aufschwung der Region beiträgt.
1855	Der Heimatdichter Ludwig Ganghofer wird in Kaufbeuren geboren.
Mitte des 19. Jh.	Die Wirtschaft des Allgäus wird umstrukturiert: Aus dem »blauen Allgäu«, in dem der Flachsanbau die bäuerliche Wirtschaft prägt, wird das »grüne Allgäu« mit der Milchwirtschaft als Basis.
1864	Nach dem Tod Maximilians II. wird Ludwig II. König von Bayern.
1869	Grundsteinlegung zum Schloss Neuschwanstein.
1886	Ludwig II. stirbt unter ungeklärten Umständen im Starnberger See. Sebastian Kneipp, Pfarrer in Bad Wörishofen, veröffentlicht die Schrift »Meine Wasserkur« und löst damit den ›Kneipp-Boom‹ aus.
1921	Die Einrichtung der »Allgäuer Butter- und Käsebörse« (seit 1950 Süddeutsche Butter- und Käsebörse) in Kempten macht die gemeinsame Vermarktung Allgäuer Milchprodukte auch über die Landesgrenzen hinaus möglich.
1945–47	Das Allgäu wird vertriebenen Böhmen und Schlesiern zur neuen Heimat. Die Bevölkerung wächst um ein Drittel.
ab 1950	Das Allgäu entwickelt sich zu einer der wichtigsten Ferienregionen in Deutschland.
1972	Im Zuge der Gebietsreform entstehen die Landkreise Oberallgäu, Unterallgäu und Ostallgäu. Kempten, Memmingen und Kaufbeuren sind kreisfreie Städte.
1990	Mit dem »Ökomodell Hindelang« macht das Allgäu einen ersten Schritt in Richtung sanfter Tourismus.
2000	Projekte aus dem Allgäu sind auf der Expo 2000 in Hannover vertreten. Im April erlebt das Musical »Ludwig – Sehnsucht nach dem Paradies« im eigens dafür erbauten Musicaltheater in Füssen am Forggensee seine Premiere.
2001	Hindelang, seit 1965 Kneippkurort, wird zum Kneippheilbad ernannt.
2004	Eröffnung der THERME Bad Wörrishofen.

der Walser

Kultur und Leben

Fronleichnamsprozession in Riezlern
im Kleinwalsertal

ALLGÄUER LEBENSART

Schwaben oder Bayern?

Das Allgäu gehört zum Regierungsbezirk Schwaben des Freistaats Bayern. Bayerisch sind die Allgäuer aber erst seit 200 Jahren, zuvor hatten sie mit den Bayern gar nichts zu schaffen. Sie verstehen sich bis heute als Schwaben, sprechen eine schwäbisch-alemannische Mundart und pochen auf Eigenheiten, wenn es z. B. darum geht, ihre Spätzle gegen den Vormarsch des bayerischen Knödels zu verteidigen.

Dass zwischen den Gebirglern aus dem Allgäu und jenen aus Oberbayern eine gewisse Wesensverwandtschaft besteht, ist nicht zu leugnen, wenngleich der Allgäuer Bergbauer weniger redselig sein soll, die leiseren Töne bevorzugt und ein ausgeprägter Individualist ist. »Sie sind staader (ruhiger) als die Burschen im Altbayerischen mit ihrer sakrischen Schneid. Ihr Wesen ist mehr behaglich, fröhlich, ähnlich dem Charakter der Landschaft, die mit Ausnahme der Bergmasse auch mehr anmutig, als großartig ist«, schrieb F. J. Bronner 1910 in seinem Buch »Bayerisch' Land und Volk« über den Allgäuer.

Brauchtum und Feste

Das Brauchtum im Allgäu lebt, und ein Grund zum Feiern ist schnell gefunden. Die meisten Feste sind Konstanten des Kirchenjahrs, viele orientieren sich zu-

dem am Rhythmus der Jahreszeiten und damit der Landwirtschaft. Die Kirchweih beispielsweise erinnert zum einen an die Weihe der Dorfkirche, ist aber andererseits das bäuerliche Fest zum Abschluss der Erntearbeit des Sommers. Im Sommer finden regelmäßig Bergmessen statt, die einst der Seelsorge für die Senner und Alpbewohner dienten.

Prozessionen zu Fuß und mit dem Pferd

Ein besonderer Höhepunkt des Kirchenjahres ist die **Fronleichnamsprozession,** bei der fast das ganze Dorf auf den Beinen ist. Ein farbenprächtiges Spektakel bieten auch die **Wallfahrten** hoch zu Ross. Der heilige Georg, Schutzpatron der Pferde, wird Ende April mit einer prächtigen Pferdeprozession in Bodelsberg (Gemeinde Durach) südlich von Kempten, aber auch auf dem Auerberg bei Stötten gefeiert. Am zweiten Freitag im Juli wird in Bad Wurzach das

MAN TRÄGT TRACHT

Es lebe die Tracht! Ob beim Festumzug, beim Musik-, Trachten- oder Schützenfest oder an hohen kirchlichen Feiertagen – im Allgäuer Voralpenland gibt es für die Einheimischen zahlreiche Gelegenheiten, sich stolz in Dirndl oder Trachtenanzug zu präsentieren.

Bis Mitte des 19. Jh. war die »Tracht« jede Art von Kleidung, ob Alltags- oder Sonntagsgewand. Und das Dirndl, Abkürzung für »Dirndlgewand«, war ursprünglich nichts anderes als die Arbeitskleidung des weiblichen Gesindes. Die Tracht folgte festen Regeln und markierte die Unterschiede von Herkunft, Familienstand, sozialem Status, Berufs- oder Religionszugehörigkeit. In protestantischen Gegenden beispielsweise trug man meist Braun oder Schwarz, während die Katholiken leuchtende Farben bevorzugten. Als Rohmaterial verwendete man das, was die Natur hergab: Das Leder für Hosen und Schuhe lieferten die Kühe und die Hirsche, die Wolle für Socken und Jacken stammte von den Schafen, und der Flachs für die Hemden wuchs auf den Feldern. Erst nach und nach wurde die Tracht von der einheitlichen Konfektionskleidung abgelöst.

Parallel dazu entdeckten und romantisierten im ausgehenden 19. Jh.. die »besseren Kreise« auf der Suche nach verlorenen Traditionen auch die bäuerliche Tracht. Das »Bauerngwand« weckte Sehnsucht nach Natur und heiler Welt, was nicht zuletzt auch durch den aufstrebenden Tourismus gefördert wurde. Doch da waren die traditionellen Allgäuer Trachten, die kostbaren Radhauben der Frauen, die Dreispitze der Männer, die Gehröcke mit den Silberknöpfen schon fast verschwunden, verdrängt von der Alpenländischen Tracht, die man aus Oberbayern, Tirol und Vorarlberg übernommen hatte. Die kurze Lederhose, der mit dem Gamsbart verzierte Hut und das schmucke Miedergewand kamen nicht zuletzt durch die Vorlieben des Münchner Königshofes in Mode.

Erst nach dem Zweiten Weltkrieg erinnerte man sich an die traditionelle Allgäuer Tracht (die eigentlich eine schwäbische ist). Trachtenvereine trieben deren Erneuerung voran. Mehr und mehr fanden die roten »Leibl« mit den schwäbischen Tuch-Bundhosen in den Heimatvereinen und Musikkapellen im Flachland wieder Anklang. In den 1960er Jahren entbrannte unter den Trachtenvereinen ein wahrer ›Trachtenkrieg‹ um die wahre und alleingültige Allgäuer Tracht, in dem die Anhänger der erneuerten Schwaben-Tracht und die Befürworter der Alpenländischen Tracht sich heiße (Wort-)Gefechte lieferten.

Der Trachtenstreit ist längst geschlichtet. Die Burschen platteln weiter in Lederhosen, die Dirndln drehen sich in beschürzten Kleidern. Nicht zuletzt dank des Tourismus leben die Trachten im Allgäu in unterschiedlichsten Formen fort, die Trachtenvereine haben keine Nachwuchssorgen. Und wieder einmal hat auch ein städtisches Publikum die Tracht im modernen Gewand als »Landhausmode« wiederentdeckt.

Heilig-Blut-Fest begangen. Mehr als 1700 Reiter ziehen in der zweitgrößten Reiterprozession Mitteleuropas zusammen mit bis zu 15 000 Wallfahrern auf den Gottesberg, um in der Heilig-Kreuz-Kirche eine Reliquie des Heiligen Blutes zu verehren. Anfang Oktober ist St. Coloman in Schwangau Ziel einer Reiterprozession mit rund 200 Teilnehmern. Dem Patron der Hirten, dem hl. Wendelin, zu Ehren finden ebenfalls im Oktober Ritte u. a. in Fischen und Scheidegg statt. Während einer Pferdeseuche im Jahr 1652 wurde in Blaichach bei Oberstdorf der Martinusritt ins Leben gerufen, der alljährlich im November durchgeführt wird.

Fasnachtstreiben und Funkenfeuer

Wenn die Narren mit bunten Kostümen und hölzernen Masken durch die Städte poltern und Rathäuser stürmen oder gruselige Hexen durch die Gassen toben, dann spürt man wenig Verwandtschaft mit den Büttenreden und Karnevalsumzügen des Rheinischen Karnevals. Der Winter will vertrieben werden, und dazu braucht es furchterregende Masken und viel, viel Krach.

Beim **Scheidegger Fastnachtsumzug** beispielsweise lehren 3500 Musiker und Maskierte das Fürchten, darunter die originellen »Käsmolle«, die sich wie überdimensionale Käselaibe mit Kopf durch die Straßen wälzen. In Wangen und Umgebung wagen Gestalten wie der »Flachsnarr«, der »Spindlenarr« und das »Schellenweiblein« in ihren bunten Gewändern den Narrensprung und hüpfen so hoch, dass sie den Dämonen der Kälte ins Genick treten können.

So manches Mal war das närrisch-ausgelassene Treiben im Lauf der Jahrhunderte von der gestrengen Obrigkeit verboten worden, die um Sitte und Moral fürchtete, besiegen konnte sie es nicht. Und seit man sich nach dem Ersten Weltkrieg zu Narrenzünften zusammenschloss, sind die Narren wieder schwer in Form.

Am Abend des ersten Sonntags nach Fasnacht lodern auf den Hügeln des Allgäuer Voralpenlandes die Funkenfeuer. Es gilt, den Winter zu vertreiben und das Ende der dunklen Jahreszeit zu markieren. Zu diesem Zweck versammelt sich Alt und Jung bei Einbruch der Dunkelheit bei Glühwein und »Funkenkiachle« und verbrennen die »Funkenhex«, eine Strohpuppe. Das Feuer selbst gibt angeblich Aufschluss über das kommende Jahr: Je höher und heller es brennt, desto fruchtbarer und besser, so glaubt man, wird das folgende Jahr.

In Sonthofen geht dem Funkenfeuer das **Egga-Spiel,** ein pantomimisches Spektakel, voraus, das 1955 wiederbelebt wurde und seither alle drei Jahre auf dem Rathausplatz aufgeführt wird. Eine Hexe symbolisiert die dämonischen Kräfte, die für alles Unheil verantwortlich gemacht werden. Sie lässt alles misslingen, »eggt« überall an, bis man ihrem Treiben symbolisch durch das Verbrennen im Funkenfeuer ein Ende setzt.

In Oberstdorf lebt alle fünf Jahre der **Wilde Männle Tanz** wieder auf, ein archaischer Hüpftanz, den 13 Männer in urtümlichen Kostümen aufführen.

Alphornbläser

Vom Maibaum bis zum Almabtrieb

Der Wonnemonat wird überall mit einem zünftigen Fest begrüßt, zu dem das feierliche Aufstellen des Maibaums gehört. Bis es so weit ist, will der Baum allerdings gut bewacht werden, damit ihn nicht ›Diebe‹ aus dem Nachbardorf entwenden. Die Schmach ist groß, wenn der Baum mit einem Fass Bier ausgelöst werden muss.

Zwischen Mitte und Ende September wird das Vieh, das den Sommer auf der Alp verbracht hat, wieder abgetrieben und würdevoll im Tal empfangen. Der Viehscheid hat sich zum Volksfest entwickelt. Nachdem die Rinder ihren Besitzern zurückgegeben wurden, trifft man sich im Festzelt zu Bier und Musik.

Klausentreiben

Empfindsame Gemüter sollten am 6. Dezember (Nikolaus) nach Einbruch der Dunkelheit die Straßen mehrerer Allgäuer Orte meiden. Dann nämlich machen ledige Burschen die Gegend unsicher: Mit Tierfellen bekleidet, geschmückt mit Stierhörnern, Geweihen und einem Gurt aus Kuhschellen schlagen sie mit Ruten nach den Schaulustigen. Über die Bedeutung

DER VIEHSCHEID

Rund hundert Tage hat die Sommerfrische angedauert, seit die Kühe Anfang Juni auf eine der 650 Allgäuer Almen getrieben wurden. Gut gemundet hat ihnen das mit Bergkräutern durchsetzte Gras hoch oben auf der Alp, frisch war die Luft, und für reichlich Auslauf war auch gesorgt. Aber irgendwann im September geht der Alpsommer zu Ende, der Tag des Alpabtriebs, der Viehscheid, ist gekommen.

Ist der Alpsommer ohne Zwischenfälle verlaufen und kein Tier in den Bergen zu Schaden gekommen, dann darf das »Kranzrind«, das schönste und kräftigste Tier der Herde, ein kunstvolles Kranzgebinde aus Natur- und Seidenblumen, Gräsern, Farnen, Silber- und Golddisteln tragen. Ein kleiner Spiegel, der die bösen Geister vertreiben soll, ergänzt den Schmuck, genau wie das Kreuz zur Anrufung der himmlischen Mächte. Gut, wenn man sich nach allen Seiten absichert! Auch die übrigen Tiere – in einigen Gemeinden machen alle Herden zusammen mehr als tausend Tiere aus – sind herausgeputzt für die Kameras der Fotografen und kündigen sich mit ohrenbetäubendem Glocken- und Schellengeläut an. Am Scheidplatz, der meist außerhalb des Ortes liegt, wird der eigentliche Viehscheid abgehalten. Jeder Hirte ruft den Namen des Bauern auf, der ihm seine Tiere anvertraut hat. Dann scheidet (trennt) er die jeweiligen Kühe aus der Herde. Er kennt natürlich jede einzelne genau, so dass dabei kein Fehler passiert. Die Zeremonie verläuft kurz und schmerzlos, denn nach einem arbeitsreichen Sommer gilt es erstmal, ausgiebig zu feiern.

Für das leibliche Wohl ist natürlich gesorgt. Auf Hirten, Bauern und Besucher warten im Festzelt Bier vom Fass, »Scheidwürste«, Brotzeiten und Blasmusik – ein Mordsspektakel, das sich längst zur Touristenattraktion entwickelt hat. Was wäre das Allgäu schließlich ohne seine Kühe?

des Klausentreiben kann nur spekuliert werden. Eine Theorie führt es zurück auf die Zeit der Kelten, bei denen die Wochen vor der Wintersonnenwende als Periode der Enthaltsamkeit galten. Um die Bauern vor dem Brechen des Gebots zu warnen, heißt es, zog ein »Wilder Klaus« durch die Straßen, der demonstrieren sollte, dass die trotz Verbots gezeugten Kinder den Eltern durch Naturkräfte wieder genommen würden.

Bis heute erinnert das traditionelle Gebäck zum Klausentag an die keltischen Sitten. Die »Laible« symbolisieren die Sonne (Wintersonnenwende), während die »Klausenmändle« ursprünglich eine Naturgottheit darstellten, deren Kraft man sich durch das Verspeisen einverleibte.

Zwischen Alphorn und Musical – Musik und Theater

Ohne Musik läuft nichts im Allgäu – keine Wallfahrt, kein Umzug, kein Fest ohne die Begleitung einer der traditionellen Blasmusikkapellen. Anders die »Stubenmusik«. Wenn an langen Winterabenden Familien zur Hausmusik zusammenkamen, erklangen die leisen Töne vom Hackbrett oder der im Allgäu weit verbreiteten Scherrzither, einer einfachen Form der Zither, deren Saiten mit einem Plektron geschlagen (»gescherrt«) werden. Dazu wurde gesungen oder auch gejodelt.

Der Jodler kam wohl mit Tiroler Wanderarbeitern ins Allgäu. Möglicherweise liegen seine Ursprünge in den Lockrufen der Hirten. Die Technik ist kompliziert: Soll der Triller nicht als heiseres Krächzen aus der Kehle kommen, bedarf es ständiger Übung, aber auch einer gewissen Naturbegabung, denn das ständige Überschlagen von der tiefen Bruststimme in die hohe Kehlkopfstimme ist nicht jedermanns Sache. Konzentration, ein überdurchschnittliches Gehör und Intonationsstärke gehören zu den Voraussetzungen für erfolgreiche Jodler. Erst im 20. Jh. fanden sich im Allgäuer Alpenraum wieder Jodlerchöre zusammen. Die Tradition wird heute durch Trachtenvereine aufrecht erhalten und bei regelmäßigen Auftritten (nicht nur bei touristischen Heimatabenden) zelebriert.

Dass Musik- und Naturgenuss sich nicht ausschließen, kann man bei den regelmäßigen Konzerten und musikalischen Messen in luftiger Höhe erleben, die besonders auf den Oberstdorfer Bergen Tradition haben.

Laienspiel

Auch Theaterspielen liegt den Allgäuern im Blut. Im hintersten Winkel des Ostallgäus, in Waal, ist ähnlich wie im viel berühmteren oberbayerischen Oberammergau die Passionsspieltradition lebendig geblieben. Im Gegensatz zu den Oberammergauern haben die Waaler keinen festen Rhythmus. Etwa alle 12 Jahre (zuletzt 2001) kann die Passion Christi, deren Aufführung bis auf das Jahr 1791 zurückverfolgt werden kann, auf der Waaler Bühne miterlebt werden.

WO DAS ALPHORN SCHALLT ...

Wo und wann es erstmals von den Bergen schallte, ob in den Schweizer Alpen oder gar im fernen Tibet, wird wohl immer Gegenstand der Spekulation bleiben. Das lange, wohlklingende Horn wurde auf jeden Fall überall dort geblasen, wo Vieh gehütet wurde, und sicher ist, dass es zunächst Kommunikationsmittel der Hirten war, ein »Hirten-Handy« sozusagen. Von abgelegenen Alpen konnte man damit zum Beispiel die Hilfe der Talbewohner herbeiholen.

Dass das Alphorn seit mehr als 400 Jahren im Allgäu heimisch ist, beweist eine Darstellung in der kleinen Rohrmoos-Kapelle in Oberstdorf-Tiefenbach, die am Flügel des Altars einen Alphorn blasenden Hirten zeigt. Schon damals wurde das Horn wahrscheinlich aus dem Stamm einer Rottanne gebaut. Der Baum musste an einem Steilhang gewachsen sein, denn nur so bekommt er die richtige Krümmung für den Trichter, und möglichst in einer Höhe von über 1200 m. Dort oben sind die Vegetationszeiten so kurz, dass die Jahresringe nur sehr schmal sind und eng beieinander liegen, das gibt dem Holz die nötige Festigkeit.

Im 16. und 17. Jh. waren die Bläser angesehene Leute, die in einer eigenen Zunft zusammengeschlossen waren. Doch nach und nach geriet das »Allgewische Waldhorn« in Vergessenheit, erst in der zweiten Hälfte des 20. Jh. wurde es von emsigen Heimatpflegern wieder ausgegraben. Man besorgte ein Horn in der Schweiz und beauftragte den damaligen Volksmusikpfleger Michael Bredl mit dem Aufbau des Alphornwesens im Allgäu. 1958 erschallte wieder ein Alphornruf von Hindelangs Höhen über das Ostrachtal. Die Begeisterung schwappte auf viele Volksmusikfreunde über, die inzwischen in mehr als 80 Alphorngruppen organisiert sind. Heute kommt kein Heimatabend ohne die fast 4 m langen, vorne aufgebogenen Hörner aus. Wahre Fans des wohlklingenden Horns werden selbst aktiv: Alphorn-Blaskurse werden in Bad Hindelang angeboten (Info: Tel. 08324/8920).

Nicht ganz so alt ist die Tradition des Laientheaters in Altusried. Seit rund 120 Jahren inszeniert man hier Freilichtspiele, alle 4–5 Jahre große Historienspiele wie das eigens für die Altusrieder Bühne verfasste »Anno 1525 – Bauernkrieg im Allgäu«.

Ludwig II. als Musicalheld

Im April 2000 wurde der Märchenkönig endlich auch Musicalheld, und das Allgäu wurde Ziel für Musicalfans. Mehr als 1,5 Mio. Zuschauer spürten bis zur letzten Vorstellung am 31. Dezember 2003 »Sehnsucht nach dem Paradies«. Dann kam das Aus für das insolvente Ludwig-Musical. Finanziers retteten inzwischen das weltweit einzige am Originalschauplatz errichtete Musicaltheater. An einem neuen Musical rund um den »Kini« werde schon fleißig gearbeit, heißt es. Und im Herbst 2004 soll sich der Vorhang in Füssen wieder heben.

KUNST UND ARCHITEKTUR

Römische Badekultur und christliche Mission

Zu einer Zeit, als die einheimische Bevölkerung lediglich Holz verbaute, errichteten die Römer bereits Siedlungen mit Tempeln und Thermenkomplexen. Vor allem die Ausgrabungen bei Kempten, die im Archäologischen Park Cambodunum zu sehen sind, geben Aufschluss über die Epoche der römischen Fremdherrschaft.

Im 8. Jh. kam mit den St. Gallener Mönchen Theodor und Magnus Entwicklungshilfe aus der Schweiz. Aus der Frühzeit des Christentums kann man heute noch in der Krypta der ehemaligen Klosterkirche St. Mang in Füssen Reste eines Freskenzyklus bewundern, der die beiden Missionare zeigt und auf das späte 10. Jh. datiert wird. Damit gelten die Wandmalereien als die ältesten erhaltenen in Bayern.

Glanz des Mittelalters

Städte wie Lindau, Isny, Wangen, Memmingen oder Kaufbeuren, die zum Teil noch während der Stauferherrschaft gegründet worden waren, erlebten vor allem im 15. Jh. einen politischen und wirtschaftlichen Aufschwung. Vom Wohlstand des Bürgertums zeugen heute noch prächtige Rat- und Bürgerhäuser.

Die Zeiten waren günstig für Künstler, so dass in dieser Periode des Friedens einige der besten Bildhauer und Maler aus dem Allgäu weit über die engen Grenzen der Heimat hinaus Ruhm erlangten. Dazu gehörten vor allem der in Kaufbeuren ansässige Jörg Lederer und die Memminger Künstlerfamilie Strigel. Lederer, um 1475 wohl in Füssen geboren, verlegte 1503 Wohnsitz und Werkstatt nach Kaufbeuren. Sein Hauptwerk ist der so genannte »Hindelanger Altar«, der 1519 entstand und heute in der Kirche Mariä Himmelfahrt und St. Jodok in Hindelang-Bad Oberdorf zu sehen ist.

Berühmtestes Mitglied der Familie Strigel war der 1460 in Memmingen geborene Sohn des Bildhauers Ivo Strigel, Bernhard Strigel. Er malte die Kirchen seiner Heimatstadt aus, war aber vor allem auch ein gefragter Porträtmaler, der Patrizier aus den großen Handelsstädten der Region, Mitglieder des schwäbischen Adels und sogar Kaiser Maximilian I. zu seinen Auftraggebern zählte.

Kirchen- und Klosterbauten der Gegenreformation

Soziale und religiöse Spannungen kennzeichneten das 16. und frühe 17. Jh. Kriege, Aufstände, Plünderungen und Seuchen ließen keinen Raum für künstlerisches Schaffen, im Gegenteil: Als sich die Freien Reichsstädte der Reformation anschlossen, wurden unzählige Kunstwerke zerstört und Fresken übertüncht, um schlichte Predigerkirchen zu schaffen.

Anders die Katholiken: Mit Prunk und Pathos propagierten sie ihren

Glauben. Schon 1652, kurz nach dem Ende des Dreißigjährigen Krieges, wurde der Grundstein für den ersten großen barocken Kirchenbau in Süddeutschland, die Klosterkirche St. Lorenz in Kempten, gelegt. Im 18. Jh. trugen auch oberbayerische Künstler wie die Gebrüder Zimmermann dazu bei, dass Perlen barocker Baukunst entstanden, allen voran die Benediktinerabtei von Ottobeuren, die der Baupassion des Abts Rupert Neß entsprang und als Vollendung süddeutschen Klosterbaus gilt.

Mit der Gegenreformation blühte auch das Wallfahrtswesen auf. Zahllose kleine Gnadenstätten entstanden, die den großen, aufwändigen Pilgerfahrten nach Rom, Jerusalem oder Santiago den Rang abliefen. Die bekannteste Wallfahrtskirche der Region, Maria Steinbach, wurde im 18. Jh. von bis zu 100 000 Pilgern pro Jahr aufgesucht.

Sehnsucht nach dem Mittelalter – die Königsschlösser

Burgenbau hat Tradition im Allgäu: Nicht weniger als 60 Burgen, Schlösser und Burgruinen sind hier zu besichtigen. Zwischen dem 12. und 15. Jh. wuchsen vor allem im Ostallgäu stolze Burgen wie Hohenfreyberg, Eisenberg oder Falkenstein empor, die mit dem Niedergang des Rittertums gegen Ende des Mittelalters verlassen wurden.

Vom Stil mittelalterlicher Burgen ließen sich die Wittelsbacher Könige Maximilian II. und Ludwig II. im 19. Jh. zu ihren Schlössern Hohenschwangau und Neuschwanstein inspirieren, die heute als Hauptwerke des Historismus in Süddeutschland gelten. Das 19. Jh. ist geprägt von der Rückwendung zur Vergangenheit, die für die enttäuschende politische Realität und die fehlende nationale Einheit entschädigen sollte. Das an der Stelle einer mittelalterlichen Burg erbaute Schloss Hohenschwangau wurde von dem Architekten Domenico Quaglio neugotisch gestaltet, Moritz von Schwind, der bekannteste Vertreter der Münchner Historienmalerei, entwarf die Fresken, die ihre Motive in der Lohengrinsage fanden.

War für den Vater die Kunst noch ein Mittel zur Volkserziehung, so strebte Ludwig II. nur nach der Verwirklichung seiner privaten Träume. Er beschwor in seinen Schlössern Epochen herauf, in denen er lieber König gewesen wäre: Neuschwanstein mit seinen neoromanischen und neogotischen Versatzstücken etwa beschwört das Mittelalter herauf, wie er es sich vorstellte.

Schloss Linderhof

Bäuerliche Kunst

Die bäuerliche Bevölkerung baute seit jeher vor allem in Holz, das reichlich in den Bergwäldern vorhanden war. Nie waren die unscheinbaren Gehöfte, Blockbauten mit flachen, verschindelten Dächern, so auf Außenwirkung bedacht wie die mit mächtigen Balkonen versehenen oberbayerischen Bauernhäuser.

Die Einrichtung war stets einfach und zweckmäßig. Lediglich die Schlafkammer (Gaden) ist aufwändig ausgestattet, denn diese war Teil der Aussteuer der Hausfrau und wies auf deren Stand hin. Einige der prächtig bemalten Bauernmöbel sind in den Heimatmuseen der Region ausgestellt. Hier findet man nicht nur reich verzierte Schränke, Truhen und Wiegen, sondern auch Himmelbetten mit einem handfesten praktischen Nutzen: Sie schützten vor herabrieselndem Heu. Die Bemalung von Möbeln mit naiven profanen und religiösen Motiven entsprach der Gestaltungsfreude der ländlichen Bevölkerung, vor allem im 18. und frühen 19. Jh.

Doch sollte man sich von den Prachtexemplaren in Museen nicht täuschen lassen. Die einfache Bevölkerung kam ohne solchen Zierrat aus. Dagegen sollten besonders schön bemalte ländliche Möbel ab dem Ende des 19. Jh. auch Bürgerwohnungen in der Stadt zieren.

Verschindeltes Bauernhaus in Oberstdorf

ESSEN UND TRINKEN

Ausgefallene Gewürze und raffinierte Sößchen sucht man in der Allgäuer Küche vergeblich. Einfache, aber frische Zutaten machen ihren Reiz aus. Schon Goethe ließ seinen Reineke Fuchs sagen: »Lass uns nach Schwaben entfliehen! Es findet süße Speise sich da und alles Gute in Fülle ... man bäckt im Lande das Brot mit Butter und Eiern ... klar und rein ist das Wasser, die Luft ist heiter und lieblich ...«

Mehlspeisen über alles

Wer an die Allgäuer Küche denkt, denkt an Kässpatzn. Diese wurden auf der Alp erfunden, heißt es, denn viel stand dem Senner oben in den Bergen nicht zur Verfügung. Mehl konnte er mitnehmen, und Käse gab es mehr als genug. Dass der Original-Spatznteig ohne Eier gerührt wird, ist alte Senntradition, denn Hühner konnte man am Berg nicht halten. Die gute Hausfrau wird ihrem Teig aber sicher mehrere Eier beigeben.

Mehlspeisen unterschiedlicher Art, das traditionelle Arme-Leute-Essen, lieben die Allgäuer auch heute noch. Sie finden sich auf jeder Speisekarte und sind eine willkommene Alternative zu Fleischgerichten. Man hat die Qual der Wahl zwischen Knöpfle (knopfförmigen Mini-Spätzle), Spinatspatzn, Krautspatzn (mit Sauerkraut) oder Maultaschen (Teigtaschen gefüllt mit Brät, Zwiebeln und Spinat). Eine interessante Variante sind Schupfnudeln, fingerdicke Nudeln aus Spätzle- oder Kartoffelteig, die meist mit Kraut serviert werden.

Kochen mit (Un-)Kräutern

Auf den Wiesen sprießen die Kräuter, und was den Kühen eine Delikatesse ist, sollte auch dem Menschen munden, überlegten innovative Allgäuer Köche und begannen, die einfachen Allgäuer Gerichte zu veredeln.

Die »Allgäuer Heuwirte« kreierten ungewöhnliche Gerichte mit Bergheu:

Kässpatzn

Mit etwas Übung ist die Allgäuer Leib- und Magenspeise leicht nachzukochen.

Für 4 Personen: 500 g Weizenmehl, 4–5 Eier, etwas Wasser, 1 TL Salz, 200 g Emmentaler und 100 g Bergkäse, beide gerieben, 100 g Butter, 1 Zwiebel, Pfeffer und Salz. In einer Schüssel schlägt man Mehl, Eier, Wasser und Salz, bis der Teig Blasen wirft. Mit einem Spätzlehobel lässt man ihn ins kochende Wasser tropfen, Fortgeschrittene schaben ihn vom Brett. Sobald die Spätzle an der Oberfläche schwimmen, können sie abgeschöpft werden. In eine angewärmte Schüssel gibt man schichtweise Spätzle, Käse, Salz und Pfeffer und mischt alles gut durch. Zum Schluss gibt man gebräunte Zwiebeln und Butter darüber.

Allgäuer Leibspeise: Schupfnudeln

Bergwiesenheusuppe, gebackene Heukartoffeln mit Schnittlauchtopfen oder Schupfnudeln mit Heublumen (z. B. der Gasthof Mohren in Oberstdorf, das Du-Familotel Krone in Oberjoch oder der Allgäuer Berghof in Ofterschwang).

Jüngst wurde der Bärlauch, ein Verwandter des Knoblauchs, für die Küche wiederentdeckt. Bärlauch-Maultaschen oder Quarknocken mit Bärlauch klingen nicht nur verführerisch, sondern überzeugen auch im Geschmack und finden sich heute auf so mancher Speisekarte – leider nur zur Bärlauch-Saison im Frühjahr!

Im Alpengasthof Hörnlepass in Riezlern schließlich macht man aus Brennnesseln nicht nur Tee, sondern eine köstliche Soße zu den Schupfnudeln – nur ein Beispiel für eine innovative (Un)-Kräuterküche.

Die Käseküche Deutschlands

Der klassische Käse des Allgäus ist der Bergkäse. Das Geheimnis der Emmentaler Käserei enthüllte der Schweizer Senn Johann Althaus 1827 den Allgäuern. Carl Hirnbein, der die Milchwirtschaft zur Basis der Landwirtschaft im Allgäu machte, lernte wenige Jahre später in Holland, wie man Limburger und Romadur zubereitet. Seither ist das Spektrum der Käsesorten ständig gewachsen.

Ein höchst eigenartiges Produkt, das wahrlich zum Himmel stinkt, ist der Weißlacker, der in Wertach erfunden wurde und seine Existenz einer Nachlässigkeit zu verdanken hat. Der eigentlich geplante Limburger war ganz einfach in der Salzlake vergessen worden. Als man ihn nach einem halben Jahr entdeckte, warfen man ihn – die Allgäuer sind sparsam! – nicht auf den Kompost, sondern probierte ihn erst einmal und merkte, dass ein Käse »mit Charakter« entstanden war.

Aus Käse kann man nicht nur Kässpatzn zubereiten. Käsesuppe, Käsmus, Käsknödel oder Käsesalat werden von vielen Gasthöfen im Sennalpgebiet oder entlang der Westallgäuer Käsestraße (s. S. 192) angeboten.

Fleisch und Fisch

Schweins- oder Rinderbraten gehören zu den Klassikern in Allgäuer Gasthöfen. Wildgerichte oder Lammbraten werden als Spezialitäten serviert, wie auch die Fischgerichte. Außer am Bodensee – die leichte Bodenseeküche kennt als Basis natürlich Seefisch, meist Felchen, aber auch Barsche, Forellen oder Zander.

Allgäuer Braukunst

Das »Bier zum Käs« liefert eine Reihe mittelständischer und kleiner Brauereien. Jede Brauerei verfügt über ihre Hausspezialitäten, die so manchen Bierkenner überraschen. Selbstverständlich unterliegt auch das Allgäuer Bier dem ältesten Lebensmittelgesetz der Welt, dem Reinheitsgebot für das bayerische Bier, das 1516 von Herzog Wilhelm IV. erlassen wurde. Wer mehr über den Gerstensaft wissen möchte, belegt ein Bierseminar im Brauereigasthof Post in Nesselwang (Tel. 08361/30960, info@post-brauerei-nesselwang.de) oder lässt sich durch das hauseigene Brauereimuseum führen.

Dass die Mönche für die Bierkultur viel geleistet haben, ist nicht zu bestreiten. Im Kloster Irsee zum Beispiel (s. S. 103) wird noch heute hervorragendes Bier gebraut. Ein Gasthof mit kleinem Braumuseum ist angegliedert und Führungen durch die Brauerei sind möglich.

Wein vom Bodensee

Im westlichsten Zipfel Bayerns, am Bodensee, wird seit der Römerzeit Wein angebaut, und seit der Christianisierung des Bodenseeraums im 7. Jh. wurde der Anbau von den Klöstern fortgeführt. Man trinkt einen frischen, spritzigen Weißwein aus der klassischen Rebe der Bodenseeregion, Müller-Thurgau, und einen leichten Roten, den blauen Spätburgunder.

Bodenseewein

Am besten probiert man den Bodenseewein in einer der Rädlewirtschaften in Nonnenhorn. In diesen Lokalen – andernorts heißen sie Besenwirtschaft oder Buschenschank – dürfen Winzer die eigenen Weine ausschenken. Dazu müssen sie lediglich ein kleines Wagenrad an einer Stange vor dem Haus aufhängen, um anzuzeigen, dass jedermann, der Lust auf ein Glas Wein und eine deftige Brotzeit hat, herzlich willkommen ist.

Tipps für Ihren Allgäu-Urlaub

Auf dem Fellhorn

TIPPS FÜR IHREN URLAUB

Das Allgäu hat nicht nur immer Saison, es hat auch für Urlauber mit unterschiedlichsten Interessen und Bedürfnissen gleichermaßen viel zu bieten. Naturfreunde und Aktivurlauber, Familien mit Kindern, Gesundheitsurlauber, aber auch Kulturliebhaber sind im Allgäu an der richtigen Adresse.

Highlights für Kunstliebhaber

Neuschwanstein ist zweifellos eine Reise wert, aber das Allgäu hat auch darüber hinaus einiges zu bieten. Vor allem die Städte Lindau, Wangen, Isny, Memmingen, Kempten und Kaufbeuren, aber auch die historischen Stadtbilder von Füssen und Mindelheim laden zu einem Bummel durch die mittelalterliche Vergangenheit ein.

Neben dem barocken Gesamtkunstwerk Kloster Ottobeuren locken vor allem entlang der Oberschwäbischen Barockstraße barocke Kirchen und Residenzen.

Allgäu für (K)urlauber

Kneippkur, Schrothkur, Heukur oder Moorkur – Kuren hat im Allgäu Tradition, und die gesunde Luft tut ein Übriges. Die klassischen Kurorte, die sich fast ausschließlich dem Gesundheitstourismus verschrieben haben, sind Bad Wörishofen im Unterallgäu und das oberschwäbische Bad Wurzach. Aber auch zahlreiche andere Gemeinden bieten Kuren an.

Die Broschüre »Kneipp & Co.« des Tourismusverbandes informiert über Bäder, heilklimatische Kurorte und Luftkurorte und ihre Therapiemöglichkeiten.

Dass so eine Kur nicht teuer sein muss, zeigen die »Allgäuer Gesundheitshöfe«, ein Zusammenschluss hervorragend ausgestatteter Bauernhöfe, die vom Kneipp-Bund anerkannte Kneippkuren in persönlicher Atmosphäre anbieten (Informationen unter www.gesundheitshoefe.de).

Wer sich besonders für die Heilkraft der Kräuter interessiert, ist auf einem der Kräuterlandhöfe bestens aufgehoben (www.allgaeuer-kraeuterland.de oder Kräutergarten artemisia, Tel. 08386/96 05 10).

Im Allgäu findet man auch die richtige Adresse, wenn man nur mal ausspannen, sich verwöhnen lassen, den Stress für ein paar Tage vergessen will – Wellness heißt das Zauberwort. Über ein besonders großes Angebot an Wellnesshotels verfügt Oberstaufen.

Allgäu für Familien

Fast jeder Urlaubsort bietet zumindest in den Hauptferienzeiten ein umfangreiches Kinderprogramm, Stadtrundgänge für Kinder oder geführte Familienwanderungen. Kinderfreundliche Unterkünfte und Familienhotels gibt es ebenfalls überall und in allen Preisklassen. Das Angebot geht dabei erfreulicherweise weit über Kinderspeisekarten und Kinderstühle hinaus. Vor allem aber: Kinder haben Auslauf, Platz zum Toben und Spielen inmitten der Natur. Ponyhöfe, Reit- und Kletterkurse, Badeseen, Sommerrodelbahnen und Erlebnisparks sorgen für genügend Abwechslung während des Familienurlaubs.

Sommerrodelbahnen

Alpspitzbahn/Nesselwang: über 1000 m lang. Tel. 083 61/92 30 40.
Hündle/Oberstaufen: 850 m lang, bei trockenem Wetter tägl. 9.30–18 Uhr.
Tegelberg/Schwangau: 760 m lang, bei trockenem Wetter tägl. 10.30–18 Uhr, www.tegelbergbahn.de.

Erlebnisparks

Skyline-Park (zwischen Mindelheim und Bad Wörishofen): Fahrgeschäfte, Indianerkanus und Dampfkarussells. Skyline-Park, Im Hartfeld 1, Wörishofen, Tel. 082 45/96 69-0, www.skylinepark.de, März–Nov. tägl. ab 9.30 Uhr.
Freizeitpark Illerparadies (nördlich von Kempten): Wildgehege, Reitbahn, Westerneisenbahn, Karussells etc. Illerparadies, Lauben, Hinwang 2, Tel. 01 80/59 25 444-307, www.leonhardus.de.
Ravensburger Spieleland (Meckenbeuren; nicht direkt im Allgäu, aber als Tagesausflug problemlos machbar): Für Kinder von 2–12 Jahren. Bei den zahlreichen Mitmachaktionen und Wettspielen fiebern auch die Eltern (www.Spieleland.com, Tel.

Bergtour in der Nagelfluhkette

07542/4000, April–Nov. tägl. 10–17 Uhr, im Sommer bis 18 Uhr).
Legoland (Günzburg): Die neuste Familienattraktion vor den Toren des Allgäus (www.legoland.de, Info-Hotline: 08221/700700).

Schlechtwetterprogramm

Bei Regen warten zahlreiche Heimatmuseen auf einen Besuch, außerdem das Bauernhofmuseum Illerbeuren (s. S. 164), das Puppentheatermuseum in Kaufbeuren (s. S. 98), der Reptilienzoo in Scheidegg (s. S. 194) oder das Automobilmuseum in Wolfegg (s. S. 178).
Miniaturpark Allgäu (zwischen Kempten und Isny): Der einzige überdachte Freizeitpark Europas zeigt Modelle berühmter Bauwerke aus aller Welt und viele andere Attraktionen. Miniaturpark Allgäu, Hofen, Zur Eisenschmiede 1–3, 27. März–1. Nov. tägl. 10–19 Uhr.
Miniland Modelleisenbahn: Wengen (zwischen Isny und Kempten), März–Nov. 9.30–18 Uhr, im Winter nur wochenends, www. miniland-allgaeu.de.

Ferien auf dem Bauernhof

»Mit Natur und Kuh auf Du und Du« – versprechen die Allgäuer Ferienbauernhöfe. Besonders Familien zieht es in die preisgünstigen Bauernhofquartiere. Vom kinderfreundlichen Hof mit Ponyreiten bis zum Wellness-Bauernhof ist die Spannbreite beachtlich. Es werden sowohl Ferienwohnungen (z. T. mit Klassifizierung) als auch Zimmer angeboten. Einen Überblick über die Angebote in den verschiedenen Regionen gibt die Broschüre »Urlaub auf dem Bauernhof in Allgäu/Bayerisch-Schwaben«, die über den Landesverband »Urlaub auf dem Bauernhof e. V.« zu beziehen ist: Tel. 089/534312, www.bauernhof-urlaub.com. Weitere Infos unter www.urlaub-allgaeu.de

Wer einen Biohof bevorzugt, wird fündig im Reiseführer »Urlaub auf Biohöfen in Deutschland«, Blattgrüner Verlag oder unter: www.biohoefe.de.

Urlaubsaktivitäten

Wandern und Klettern

Höhenwege von insgesamt 60 km Länge verbinden die Hauptgipfel der Allgäuer Alpen – eine Tour, für die geübte Bergwanderer 6–7 Tage benötigen. Die Hütten am Weg sind während des Bergsommers bewirtschaftet, sollten aber rechtzeitig vorgebucht werden (Infos im Prospekt »Über den Grat«). Für geübte Bergsteiger bieten sich Varianten an, z. B. über den Mindelheimer oder Hindelanger Klettersteig. Zahlreiche Bergsteigerschulen machen fit für Abenteuer in luftiger Höhe, z. B. Alpinschule Oberstdorf (Tel. 08322 /95322, www.alpinschule-oberstdorf.de), Bergschule Oberallgäu (Tel. 08321/81956, www.alpinschule.de), Bergschule Kleinwalsertal (Tel. 0043/(0)5517/5860), www.bergschule-kleinwalsertal.de).

Wandern im Allgäu – dabei geht es aber nicht zwangsläufig hoch hinauf. Auch im relativ flachen Voralpenland locken herrliche Wanderwege im Bereich von Flüssen, Seen oder Mooren.

VIA CLAUDIA AUGUSTA – RADELN AUF RÖMISCHEN SPUREN

Der Weg, den Caesars Adoptivsohn Drusus im Jahr 15 v. Chr. über die Berge genommen hatte – über den Reschenpass ins Inntal und weiter ins nördliche Alpenvorland –, wurde zwei Generationen später ausgebaut und zur Staatsstraße ernannt. Soldaten, Beamte, Kaufleute und Vagabunden reisten auf der *Via Claudia Augusta,* per pedes, auf Maultieren, Ochsen, in Reisewagen und auf Lastkarren. Landkarten, Straßenverzeichnisse und Meilensteine dienten der Orientierung. Straßenmeistereien und Pferdewechselstationen sorgten für bequemes Fortkommen, eine Straßenpolizei für Sicherheit. Handelsstationen und Städte entwickelten sich entlang des immer bedeutender werdenden Verkehrsweges.

Auf ihrem Weg nach Augsburg führte die Römerstraße zwischen Füssen und Auerberg auch durch das Allgäu. Ihr Verlauf ist für das kundige Auge heute noch erkennbar, und manches Teilstück wurde freigelegt und kann erradelt werden.

In Füssen verläuft die heutige Reichenstraße direkt über der Via Claudia, zwischen Füssen und Roßhaupten führte die römische Straße geradewegs durch den 1954 erstmals gefluteten Forggensee. Im Spätwinter, wenn das Wasser des Stausees abgesenkt ist, ragt der Straßendamm aus dem Wasser und ist begehbar.

Im Sommer radelt man gemütlich von **Füssen** auf dem Radweg neben der B 16 am Forggensee entlang, bis man im Riedener Ortsteil **Dietringen** auf dem Uferweg auf ein Stück der alten Straße trifft, markiert durch einen Meilenstein (ca. 9 km). Von Dietringen geht es weiter über den **Hartenberg** und auf gut ausgebauten Feldwegen zum **Schmutterweiher.** Auf dem Radwanderweg Lechbruck–Marktoberdorf, einer aufgelassenen Eisenbahntrasse, radelt man bis zur alten Flößerstadt **Lechbruck** (ca. 10 km). Am Lech entlang geht es weiter bis **Dessau,** wo man dem Wegweiser nach **Bernbeuren** folgt, um von dort den **Auerberg** zu erradeln (ca. 10 km). Zum Abschluss der Tour auf den Spuren der Römer kann man die erst in den 1960er und 70er Jahren ausgegrabenen römischen Wallanlagen bestaunen und den Blick auf Alpenkette und Umland genießen.

Der Rückweg kann zwischen Juni und Oktober ab Roßhaupten oder Dietringen mit Hilfe der Forggenseeschifffahrt abgekürzt werden (Infos über Fahrzeiten Tel. 08362/921363). Die Mitnahme von Fahrrädern in begrenzter Zahl ist möglich.

Tipp: Die römischen Siedler ließen sich ihre gewohnten Leckereien wie Feigen, Trauben oder Olivenöl aus Italien kommen. Allgäuer Köstlichkeiten fürs Picknick können die Via-Claudia-Radler direkt auf vielen Höfen entlang der Strecke kaufen. Nicht wenige Bauernhöfe bieten darüber hinaus ein Bett (nicht nur im Heu) an.

Am Forggensee

Wer die Aussicht nicht missen, aber die Berge nicht im Schweiße seines Angesichts erklimmen mag, den befördern Bergbahnen auf die schönsten Aussichtsberge. Und schließlich ist die Bergstation auch immer Ausgangspunkt für Wanderungen unterschiedlichster Schwierigkeitsgrade.

Großer Beliebtheit erfreuen sich Kulturwanderwege, die viele Gemeinden in den letzten Jahren angelegt haben. Auf Info-Tafeln entlang des Weges wird über Geologie, Flora, Fauna und Kultur der Region informiert. Am Schwangauer Tegelberg beispielsweise hat man die Wahl zwischen dem Schutzengelweg und dem Ahornreitweg, in Oberstaufen lockt der familienfreundliche Erlebniswanderweg Hündle-Schwandalpe, im Westallgäu kann man auf der Westallgäuer Käsestraße wandern (oder radeln). Im Oberallgäu gehören die Sennalpen zu den schönsten Wanderzielen.

Radwandern und Mountainbiking

Ideale Reviere für Genussradler sind das seenreiche Ostallgäu, das flache Unterallgäu und das sanfthügelige Westallgäu mit der Bodenseeregion. Mountainbiker finden im Oberallgäu zahlreiche Herausforderungen.

Die ausführliche Broschüre »Radeln« des Allgäuer Tourismusverbandes fasst die Möglichkeiten für Radsportler in den einzelnen Gemeinden zusammen und beschreibt und bewertet zudem einige der schönsten Routen. In vielen Verkehrsämtern sind spezielle Radkarten sowie Hinweise zu organisierten Touren erhältlich. Räder sind in allen Ferienorten auszuleihen.

Die Fremdenverkehrsgemeinschaft Vitales Land stellt in ihrem Rad-& Bike-Atlas Touren für Familien, Anfänger und Könner vor. (Zu beziehen über: AVA Verlag Allgäu GmbH, Kempten. Tel.

0831/5 71 42-0, Fax: 0831/7 90 08, info@ava-verlag.de)

Seen und Bäder

Wenige Besucher kommen für einen reinen Badeurlaub ins Allgäu, viele sind jedoch überrascht über den Reichtum an erstklassigen Badeseen, die an heißen Sommertagen für Abkühlung sorgen (und im Winter zu vorzüglichen Eislaufplätzen werden).

Zahlreiche Seen bürgen für ausgezeichnete Wasserqualität, viele verfügen auch über Freibäder. Wer Rummel mag, ist am Forggensee (Ostallgäu), am Großen Alpsee bei Immenstadt oder natürlich am Bodensee bestens aufgehoben. Ruhige Badefreuden genießt man am Bannwaldsee oder Alpsee (beide Schwangau) und an zahlreichen kleinen Moorweihern. Wunderbare Familienseen sind u. a. Hopfensee, Weißensee und Schwansee (Ostallgäu) oder der Niedersonthofener See bei Kempten.

Die Zahl der Frei- und Hallenbäder ist beachtlich. Sehr beliebte Allwetterbäder mit Saunalandschaften und vielen Extras sind u. a. die Kristalltherme in Schwangau (vor allem Gesundheitsurlauber), das Aquaria in Oberstaufen, das Kristallbad in Oberstdorf, das CamboMare in Kempten oder das ABC in Nesselwang (alle Familienbäder).

Wassersport

Erste Wahl für Segler, Surfer und solche, die es werden wollen, sind der Bodensee, der Große Alpsee bei Immenstadt, Forggensee und Hopfensee bei Füssen sowie der Niedersonthofener See. Die Broschüre »Wassersport« des Tourismusverbandes hält weitere Infos bereit.

Auf Ostrach oder Iller kann man **Wildwasserfahrten** mit Kajak oder Schlauchboot unternehmen: ICO Adventures GmbH, Tel. 083 21/870 33, Fax 083 21/689 51, www.impuls-company.de; Wildwasserschule Oberstdorf, Kirchstr. 6. Tel. 083 22/982 62, www.wildwasserschule.com.

Angeln

Tages- oder Wochenangelscheine gibt es für eine ganze Reihe von Seen, dazu gehören Niedersonthofener See, Großer Alpsee oder Grüntensee. Den Angelschein erhalten Sie bei den jeweiligen Fremdenverkehrsämtern.

Weitere Informationen entnimmt man der Broschüre »Angeln« des Tourismusverbandes.

Golf

Im Allgäu gibt es nicht weniger als 12 Golfplätze, am Golfplatz Wiggensbach findet sich Deutschlands höchstgelegener Abschlagplatz. Greenfee-Spieler

mit Platzreife bzw. Mindesthandicap sind auf den Allgäuer Golfplätzen willkommen. Viele Golfclubs bieten Schnupperkurse an.

Sieben Golfclubs (Memmingen-Westerhart, Waldegg-Wiggensbach, Hellengerst, Ofterschwang, Bregenzerwald, Oberstaufen-Steibis, Oberstdorf) und 40 Hotels haben sich zur »Golfregion Allgäu« zusammengeschlossen und einen gemeinsamen Golfpass entwickelt, mit dem die erwähnten Golfplätze zu besonderen Konditionen nutzbar sind. (Mehr Infos in der Broschüre »Golf-Clubs« des Tourismusverbandes.)

Ballonfahren

Bei geeignetem Wetter kann man das Allgäu von oben erkunden: Ballon Sport Alpin, Hans-Böckler-Str. 86, Sonthofen-Rieden, Tel. 083 21/70 91, www.ballonsport-alpin.de; Bavaria Ballonfahrten, Seeg, Tel. 083 64/ 98 60 68.

Gleitschirm- und Drachenfliegen

Der Tegelberg bei Schwangau gilt als Mekka der Drachen- und Gleitschirmflieger. Auf Tandem-Flügen kann man die eigene Eignung für den Sport testen: Aktiv Flugsport, Tegelbergstr. 1, Schwangau, Tel. 083 62/92 14 57, www.flugschule-aktiv.de; Flyzone, Sonthofen, Tel. 083 21/67 78 52, www.flyzone.de; Robert Blum, Tandem-Gleitschirmflug, Oberstdorf, Tel. 083 22/ 81 39, www.gleitschirmtandemflug.de.

Reiten

Reiter finden in allen Regionen des Allgäus gute Möglichkeiten vor. Alles über Reiterferien, Kutschfahrten oder Ponyhöfe für Kinder findet man in der

Auf der Breitach im Kleinwalsertal

Broschüre »Reiten« des Tourismusverbandes.

Wintersport

Zwischen Mitte Dezember und Ende März ist in schneereichen Wintern das Allgäu ein beliebtes Ziel für Wintersportler. Unter den etwa 50 Skiorten sind Oberstdorf und Oberstaufen mit entsprechendem Après-Ski-Programm sicher die bekanntesten. Familien fühlen sich in den kleineren Orten wie Fischen, Oberjoch (Hindelang) oder Balderschwang wohl. Zu den unzähligen Schlepp- und Sesselliften und den 250 km Skiabfahrten kommen 450 gut gespurte Loipenkilometer. Rodelreviere findet man am Tegelberg bei Schwangau oder am Imberger Horn bei Hindelang.

Auf Eisläufer und Eisstockschützen warten zugefrorene Seen und angelegte Eisbahnen. In den Bundesleistungszentren für Eiskunstlauf in Oberstdorf (Roßbichlstr. 2–6, Tel. 083 22/91 51 30) und Füssen (Am Kobelhang, Tel. 083 62/507 50) kann man das ganze Jahr über Schlittschuh laufen.

Feste und Festivals

Festivalsommer

Für Musikliebhaber sind allein die zahlreichen Musikveranstaltungen ein Grund für eine Allgäureise:

Das **Festival Tage Alter Musik** im Königswinkel und der **Füssener Orgelsommer** knüpfen an Füssens Ruhm als Musikstadt an.

Der **Oberstdorfer Musiksommer** bringt hochkarätige klassische Interpreten und Musikstudenten zusammen (Festivalbüro des Oberstdorfer Musiksommers, Tel. 083 22/70 02 67, www.oberstdorf.de/musiksommer).

Bad Wörishofen ist Gastgeber des **Internationalen Musikfestivals.** Die **Schlosskonzerte Neuschwanstein** erinnern an den Musikliebhaber Ludwig II.

Auch ein Blick über die Grenze lohnt: Die **Bregenzer Festspiele** sind vom Allgäu aus gut zu erreichen. Tel. 00 43/ 5574 407-0, www.bregenzerfestspiele.com.

Klostermusik

Musik ertönt auch in den oberschwäbischen Klöstern Irsee bei Kaufbeuren und Ottobeuren, deren Kirchenschiffe und Klostersäle eine herrliche Akustik haben. Die **Ottobeurer Konzerte** sind mittlerweile weltberühmt (Tel. 083 32/ 92 19 50). Musik aus dem 17. und 18. Jh., gespielt auf Originalinstrumenten dieser Zeit, bietet die Konzertreihe **Klang&Raum** in Kloster Irsee (Tel. 083 41/90 66 99, www.musikfestival-irsee.de).

It's time for Jazz ...

Freunde der Jazzmusik kommen nicht zu kurz und haben die Qual der Wahl zwischen dem **Kemptener Jazzfrühling** (Info-Tel. 08 31/292 76), den **Immenstädter Jazztagen** (Tel. 083 23/ 91 41 08) und dem **Allgäuer Jazz-Meeting** in Kaufbeuren (Tel. 083 41/ 142 71, info@allgaeu-jazz.de).

Historische Feste

Alljährlich kurz vor Beginn der Sommerferien wird in Memmingen der **Fischertag** begangen, der auf den Brauch des Stadtbachausfischens vor dessen großer Reinigung zurückgeht.

Alle vier Jahre hält der Feldherr Wallenstein Einzug in die Metropole des Unterallgäus. Das Historienspektakel der **Wallenstein-Spiele** (das nächste Mal 2004) gehört zu den Highlights im Allgäuer Festkalender. Lagerleben, Musik, Theater und Umzüge in historischen Kostümen gehören auch in Mindelheim dazu, wenn die Stadt alle drei Jahre (das nächste Mal 2006) das **Frundsbergfest** begeht.

Kinderfeste

Die Kinderfeste im Juli, meist kurz vor Beginn der bayerischen Sommerferien, sind Höhepunkte des sommerlichen Festkalenders mehrerer Allgäuer Städte, z. B. Lindau und Memmingen. Eine Kinderprozession in historischen Kostümen ist während des Kaufbeurer **Tänzelfestes** zu sehen. Gehört der Tag auch in erster Linie den Kindern, so kommen die Erwachsenen keinesfalls zu kurz: Es ist auch für Musik, Tanz und kulinarische Schmankerln gesorgt.

Reisezeit

Das Allgäu hat fast das ganze Jahr über Saison. Wintersportler kommen von Mitte Dezember bis Ende März auf ihre Kosten. Und während im Gebirge noch die letzten ihren Einkehrschwung praktizieren, beginnt am Bodensee schon das Frühjahr – vier bis sechs Wochen früher als in den Bergen. Das milde Klima und die Pracht der blühenden Obstbäume sind dann zwei schlagkräftige Gründe für einen Abstecher ins Westallgäu.

Von Mai bis Ende Juli verwandeln sich Berghänge und Almwiesen in kleine Blumenparadiese. Wanderer können bereits im späten Frühjahr die ersten Touren planen, aber das Wetter wird stabiler, je weiter das Jahr fortschreitet. Die besten Bedingungen, auch in hohen Lagen, bieten die Monate August bis Oktober.

Während der Sommer-Hauptsaison werden natürlich besonders Familien mit Kindern durch ein attraktives Freizeitprogramm umworben. Jetzt locken die zahlreichen Seen Badegäste und Wassersportler an.

Die ruhigsten Monate sind November und die Wochen vor Ostern. Viele Gemeinden und Hotels umwerben jetzt ihre Gäste mit Sonderangeboten – eine ideale Zeit für Kur- und Wellnessurlauber.

Ausrüstung

Unverzichtbar für Wanderer sind Bergstiefel, die bis über den Knöchel gehen. Auch an sonnigen Tagen gehören ein Pullover und Regenschutz in den Rucksack, da das Wetter in den Bergen schnell umschlagen kann. Eine mit Tee oder Wasser gefüllte Flasche darf ebenfalls nicht fehlen. Mit einem Handy kann im Unglücksfall schnell Hilfe gerufen werden.

UNTERWEGS IM ALLGÄU

Ein Leitfaden für die Reise und viele Tipps für unterwegs.

Genaue Beschreibungen von Städten und Dörfern, Sehenswürdigkeiten und Landschaften, Ausflugszielen und Reiserouten.

Das Allgäu erleben: Ausgesuchte Familienhotels und Pensionen, Gasthöfe und Sennalpen.

Brotzeit am Widderstein im Kleinwalsertal

Ostallgäu

Bauernhof bei
Hergatsried

Allgäu-Atlas S. 238–239 und S. 234

FÜSSEN UND SEINE SEENPLATTE

Wer über die Romantische Straße nach Füssen kommt, dem zeigt sich die Stadt von ihrer schönsten Seite: Aus einem Meer verwinkelter Dächer ragen das Hohe Schloss und das Kloster St. Mang heraus. Die Kulisse der Ammergauer und Thannheimer Alpen, der Lech und die Seenlandschaft ringsum tragen dazu bei, dass sich Füssen als städtisches Gesamtkunstwerk rühmen darf.

Füssen

Allgäu-Atlas: S. 239, D 2
Das historische Zentrum der 14000-Einwohner-Stadt erhebt sich hoheitsvoll über dem Lech. Diese bevorzugte Lage prägte die Stadtgeschichte ganz wesentlich. Hier querte die Römerstraße *Via Claudia Augusta,* die Oberitalien mit der römischen Provinzhauptstadt *Augusta Vindelicum* (Augsburg) verband, den Lech. Hoch über dieser Stelle, auf dem heutigen Füssener Schlossberg, legten die Römer bereits im 3. Jh. das Militärlager *Foetibus* an. Damit gehört Füssen zu den ältesten Siedlungen im Voralpenland. »Es ist ein allerliebstes Gemälde der Natur, die Gegend um Füssen«, schwärmte der Schriftsteller Karl Julius Weber 1843. Daran hat sich bis heute nichts geändert.

Das Kloster als Keimzelle

Im 8. Jh. kam der St. Gallener Wandermönch und Missionar Magnus auf Geheiß des Augsburger Bischofs ins Ostallgäu. Er gründete eine Zelle und ein Oratorium und missionierte erfolgreich bis zu seinem Tod. Aus der Zelle entwickelte sich das Benediktinerstift St. Mang, und um das Kloster herum wuchs eine Siedlung, die 1295 erstmals als Stadt erwähnt wurde. 1313 übernahmen die Augsburger Fürstbischöfe für fast 500 Jahre die Stadtherrschaft. Füssen war, anders als Kempten oder Memmingen, nie Freie Reichsstadt.

Handelsstadt Füssen

Dass aus der geistlichen Metropole auch eine lebendige Handelsstadt wurde, hatte die Stadt wiederum ihrer Lage zu verdanken. Wie schon zu Römerzeiten war sie im Mittelalter Stapelplatz für den Handel zwischen den Städten dies- und jenseits der Alpen. Zahlreiche Bürgerhäuser gaben der Stadt ein herrschaftliches Gepräge, das auch Kaiser Maximilian I. gefiel. Er beehrte die Stadt rund 40-mal mit seinem Besuch, obwohl seine kaiserliche

Veste Ehrenberg nur 15 km entfernt lag. Böse Zungen behaupteten, er habe Füssen aus Sparsamkeit vorgezogen. Als Gast des Bischofs lebte er günstig, außerdem wusste er die Jagdgründe des geistlichen Freundes zu schätzen. Im 16. Jh. wurde Füssen zur Stadt der Lautenmacher (s. S. 67), Kunst und Kultur blühten.

Mit dem Dreißigjährigen Krieg setzte der Niedergang ein. Erst während der Friedensperiode des 18. Jh. begann man wieder zu bauen. Berühmte Baumeister wie Johann Jakob Herkomer bauten und modernisierten im Stil des Barock.

Der König kommt

Im 19. Jh. wurde schließlich auch die Stagnation der Wirtschaft überwunden: Die Gründung der Mechanischen Seilerwarenfabrik (heute Füssener Textil AG) schuf Arbeitsplätze. Gleichzeitig begann auch eine neue ruhmreiche Kultur-Epoche, als Kronprinz Maximilian, der spätere Bayernkönig Max II., im Zuge der Mittelalter-Begeisterung die alte Burg Hohenschwangau zum Sommersitz der königlichen Familie umgestaltete. Dass sein Sohn Ludwig mit Neuschwanstein einen wesentlichen Impuls für den Allgäu-Tourismus ab

Füssen, St. Mang

dem späten 19. Jh. geben sollte, konnte bei Baubeginn niemand ahnen. Die Füssener profitierten aber schon zu Lebzeiten des Königs von den Arbeitsplätzen, die durch die königlichen Baustellen geschaffen wurden.

Die im 20. Jh. boomende Begeisterung für Ludwig II. machte Füssen zu einem Fremdenverkehrszentrum, das obendrein davon profitierte, dass sich hier zwei bedeutende Ferienstraßen kreuzen: die Deutsche Alpenstraße und die Romantische Straße. Die Premiere des Musicals »Ludwig – Sehnsucht nach dem Paradies« im Frühjahr 2000 schließlich brachte neues Publikum ins Allgäu und ließ die Zahl der Übernachtungen noch einmal nach oben schießen.

Die Reichenstraße

Die Reichenstraße mit ihren prächtigen Bürgerhäusern, Straßencafés und Boutiquen ist zweifellos die gute Stube der Stadt. Hier treffen sich quirlig südländisches und gemütliches Allgäuer Lebensgefühl. Gotische Giebel harmonieren mit barocken Fassaden, zu denen auch die der **Krippkirche St. Nikolaus** 1 zählt, die Johann Jakob Herkomer 1717 hier für die Jesuiten erbaute, die im 17. Jh. im Zuge der Gegenreformation vom Augsburger Bischof in die Stadt gerufen worden waren.

Die Herren der Gesellschaft Jesu waren ab 1618 auch im heutigen Kolpinghaus daheim. Der Fürstbischof überließ ihnen das ehemalige Bäckermeisterhaus, das später zur Stadtvogtei umfunktioniert wurde. Der Vogt war ein bischöflicher Beamter, ihm oblag die landesherrliche Gerichtsbarkeit. Nach der Säkularisation 1803 wurde Füssen bayerisch und in die Vogtei hielt das Landgericht Einzug.

Die alte Schranne

1483 wurde am **Schrannenplatz** das alte **Kornhaus** 2 , die »Schranne« mit den markanten rot-weißen Fensterläden, errichtet. In seiner Halle wurden zweimal in der Woche Getreidemärkte abgehalten, während im Obergeschoss die Knaben der Lateinschule über dem ABC schwitzten. Das lange Zeit u. a. als Feuerwehrhaus zweckentfremdete Gebäude wird inzwischen wieder als Markthalle genutzt. Während es damals jedoch um die Versorgung mit dem Grundnahrungsmittel Getreide ging, kommen heute unter den mittelalterlichen Gewölben Feinschmecker auf ihre Kosten. Neben einheimischen Käsespezialitäten kann man auch Feines vom Mittelmeer erwerben und sich zum Kosten niederlassen.

Ein schön gearbeitetes Sandsteinrelief in der **Brunnengasse** markiert das Haus des Barockbildhauers Anton Sturm (1690–1757), der aus Österreich kam, um bei der Innenausstattung von St. Mang mitzuwirken, eine reiche Füssener Bürgerstochter ehelichte und sich im weiteren Verlauf seiner steilen Karriere auch in der Reichsabtei Ottobeuren sowie der Wallfahrtskirche Wies verewigte.

Am **Brotmarkt** erinnert seit 1990 ein Brunnen von Josef Michael Neustifter an Füssens Bedeutung als Stadt der Lautenmacher – Kaspar Tieffenbrucker,

MUSIKMETROPOLE FÜSSEN

Heute sägen und schmirgeln sie wieder und bringen das Holz aus den heimischen Wäldern zum Klingen. Zwei Geigenbauer und ein Saiteninstrumentenbauer fertigen in ihren Werkstätten wieder hochwertige Musikinstrumente – wie zu den Zeiten, als Füssen als Hauptstadt der Lautenmacher Weltruhm genoss. Als 1562 hier die erste Lautenmacherzunft Europas gegründet wurde, arbeiteten in der damals kaum 2000 Einwohner zählenden Stadt bis zu 20 Lautenmachermeister – mehr als Tischlermeister. Zur Barockzeit stellte man sich auf den Bau der nun populäreren Geige um, nicht weniger als 80 Geigenbauer belieferten nun vom Ostallgäu aus ganz Europa.

Was machte ausgerechnet das kleine Füssen zur Musikstadt? Zum einen fanden sich die besten Klanghölzer zur Genüge in den Bergwäldern des Ammergebirges – Fichtenholz für die Decken, Eibenholz für den Resonanzkörper. Günstig war auch die Lage der Stadt an wichtigen Handelswegen, doch entscheidend war schließlich die kulturelle Aufgeschlossenheit der Stadt, die die Aufträge für die Musikinstrumentenmacher garantierte. Kloster und Hohes Schloss, die Residenz der Augsburger Fürstbischöfe, förderten die Schönen Künste großzügig, Kaiser Maximilian I. brachte bei seinen zahlreichen Aufenthalten in Füssen stets seine eigene Hofkapelle und bekannte Komponisten mit.

Wer trotz allem hier kein Auskommen fand, zog nach Wien, Prag, Padua oder Venedig, wo Füssener Lautenbauer mit offenen Armen empfangen wurden. Allein im Venedig des 17. Jh. wetteiferten etliche Opernhäuser samt Orchestern um die Gunst des Publikums. Unter den Gastarbeitern in Italien waren auch die Söhne der berühmten Lautenbauerfamilie Tieffenbrucker aus Roßhaupten. An einen von ihnen, Kaspar Tieffenbrucker, erinnert heute ein Brunnen am Füssener Brotmarkt.

Füssen hält seine Tradition als Musikstadt bis in die Gegenwart aufrecht. Konzertzyklen wie die »Fürstensaalkonzerte« in der barocken Kulisse des Klosters St. Mang, der »Füssener Orgelsommer« oder die »Tage Alter Musik im Königswinkel« zeugen auch heute von der Musikbegeisterung der Stadt.

Berühmtheit erlangte Füssen auch mit einem anderen Genre: Im Musical »Sehnsucht nach dem Paradies« tanzte König Ludwig II. seit der Premiere im April 2000 bis zur letzten Vorstellung am 31. Dezember 2003 vor rund 1,5 Mio. Zuschauern über die Bühne. Der Bau des Musicaltheaters am Ufer des Forggensees orientierte sich an einem Entwurf des Architekten Gottfried Semper, den Ludwig ursprünglich für ein Wagner-Festspielhaus in München gewinnen wollte. Der Komponist Franz Hummel versuchte sich erstmals – und mit großem Erfolg – an ›leichter‹ Musik und schuf ein berauschendes Potpourri aus Arien und Walzern, Blasmusik und Sphärenklängen, die den unglücklichen König bis zu seinem tragischen Tod begleiten. Die Massen strömten, bis den Machern das Geld ausging. Ab Herbst 2004 soll der König zu neuen Klängen singen und tanzen.

dessen Porträt den Brunnen ziert, war einer von ihnen. 1436 hatte sich hier der erste von zahlreichen Füssener Lautenmachern niedergelassen, die die Stadt zu einem Zentrum des gewerbsmäßig betriebenen Saiteninstrumentenbaus in Europa machten. Eine Geigenbauerwerkstatt am Platz hält alte Traditionen aufrecht.

Entlang der Stadtmauer

Die Franziskanergasse führt durch ein schönes Stück Alt-Füssens, und über die schmale Drehergasse erreicht man die Kirche **St. Sebastian** 3 am **Alten Friedhof.** Das ursprünglich spätgotische Gotteshaus wurde im 18. Jh. barockisiert. Der Friedhof selbst ist ein idyllischer Platz am erweiterten Stadtmauerring. Das neugotische Sandsteinmonument, gestiftet von König Max II., erinnert an Domenico Quaglio (1787–1837), den Architekten von Schloss Hohenschwangau.

Die 1338 angelegte und 1502 erweiterte **Stadtmauer** ist nur noch teilweise erhalten. 1812 wurden große Teile

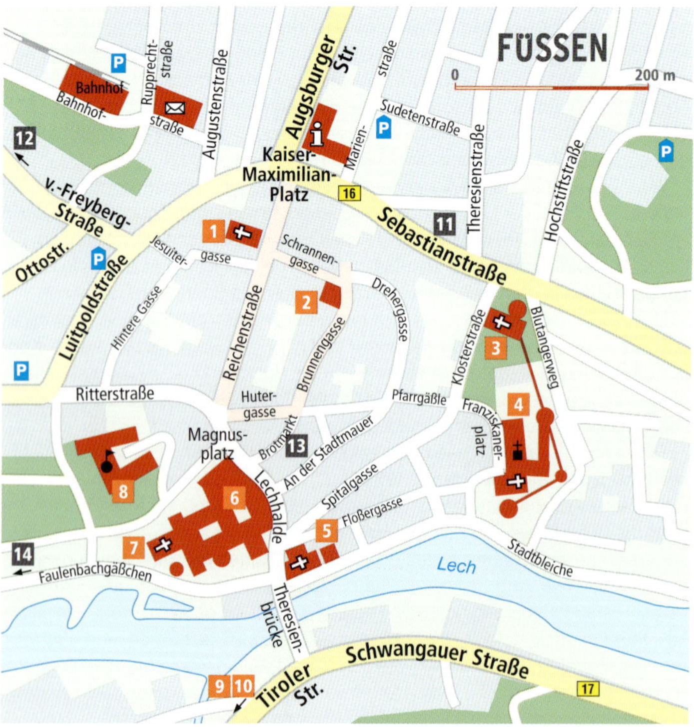

geschleift, um die Stadt neuen Verkehrsbedingungen und Wirtschaftsformen zu öffnen. Ein längerer restaurierter Abschnitt am Friedhof entlang erinnert mit Satteldach, Wehrgang, Pulverturm und Sebastianstor an die einstige Wehrhaftigkeit der Stadt.

Im **Franziskanerkloster** 4, das 1629 im Zuge der Gegenreformation errichtet wurde, leben heute nur noch wenige Mönche, die sich der aktiven Seelsorge widmen, sich also um Kranke, Alte und Jugendliche kümmern. Neben der Klosterkirche weist ein Schild auf das Ende der Romantischen Straße hin, die seit 1950 die mittelalterlichen Städte Würzburg, Rothenburg, Dinkelsbühl, Nördlingen und Füssen verbindet.

Von diesem erhöhten Platz aus erfasst der Blick das Stadtbild, das die alte Ständeordnung widerspiegelt. Das Hohe Schloss als Symbol weltlicher Macht thront auf dem höchsten Punkt, begleitet von Kirche und Kloster St. Mang als Zeichen geistlicher Macht. Die Bürgerhäuser wiederum überragen die Häuser der Flößer und Leinweber, die hier unten am Lech ihrer harten Arbeit nachgingen.

Sehenswürdigkeiten

1 Krippkirche St. Nikolaus
2 Kornhaus
3 St. Sebastian
4 Franziskanerkloster
5 Heilig-Geist-Spitalkirche
6 Benediktinerkloster St. Mang mit Museum der Stadt Füssen
7 St. Mang
8 Hohes Schloss mit Staatsgalerie und Städtischer Gemäldegalerie
9 Lechfall
10 Kalvarienberg

Übernachten

11 Hotel Hirsch
12 Jugendherberge

Essen und Trinken

13 Gasthof Schwanen
14 Alpenschlössle

Leinweber und Flößer

Durch das **Bleichertörle** führte einst der Weg hinaus zur Stadtbleiche, auf der die Leintücher gebleicht wurden. Die Schweden ramponierten es, als sie während des Dreißigjährigen Krieges durch das bescheidene Tor in die Stadt stürmten. Malerisch im wahrsten Sinne des Wortes präsentiert sich diese Ecke der Stadt heute. Schon Carl Spitzweg fand hier das Motiv für seine Skizze »Nichts ist so fein gesponnen«, die wunderbar den Geist des Biedermeier einfängt.

Der Lech war immer schon eine wichtige Handelsstraße. Viele der Waren – Wein, Olivenöl, Erz –, die mit Pferdefuhrwerken aus Italien über die Alpenpässe ins Allgäu kamen, wurden in Füssen auf die schnelleren Flöße umgeladen. Am anderen Ufer des Lech, wo heute die Füssener Textil AG ihren Sitz hat, lag damals der Flößerplatz.

Auf dem schön angelegten Lechuferweg kann man bis zum Musicaltheater spazieren oder, in die andere Richtung, zum Ortsteil Bad Faulenbach. Wendet man sich wieder stadteinwärts, fällt der Blick auf die reich geschmückte **Heilig-Geist-Spitalkirche** 5, die 1465 als Zunftkirche der Flößer gegründet wurde. Den barocken Neubau nach einem Brand (1749) zieren farbige Fresken, die unter anerem den Heiligen Christophorus darstellen, den Patron der Flößer, dessen Beistand die waghalsigen Gesellen nicht selten anrufen mussten.

Das Kloster St. Mang

Das **Benediktinerkloster St. Mang** 6 geht zurück auf den Heiligen Magnus, den »Apostel des Allgäus«, der als Entwicklungshelfer in Glaubensangelegenheiten aus St. Gallen kam, aber auch ein praktisch veranlagter Mann war, der Wälder rodete und das Land urbar machte. Am 6. September 750 starb er in Füssen.

Der Hof, durch den man den einstigen Klosterbereich betritt, war im Mittelalter von Handwerkern bevölkert, die für das Kloster arbeiteten. St. Mang, das politische, religiöse und wirtschaftliche Zentrum der Stadt, erhielt sich selbst und war weitgehend autark. Seine heutige Gestalt erhielt das Kloster, das auch in seiner Blütezeit nur von wenigen Mönchen bewohnt war, zu Beginn des 18. Jh. durch den in Italien ausgebildeten Barockarchitekten Johann Jakob Herkomer (1652–1717), der es verstand, dem kompakten Bau italienische Leichtigkeit zu verleihen.

Füssener Geschichte im Museum

Die Räume des Klosters sind nur durch das **Museum der Stadt Füssen** zugänglich. Es bietet einen spannenden Rundgang durch 1000 Jahre Klostergeschichte, angefangen bei dem wieder ausgegrabenen romanischen Kreuzgang bis zu den barocken Klosterräumen, in denen auch eine Sammlung kostbarer Musikinstrumente untergebracht ist.

Die hellen Barockräume erzählen von der ihrer Zeit eigenen Lust an der Dekoration und vom Prunk, in dem die hohen geistlichen Herren lebten. Die streitbaren Äbte waren die bedeutendsten Großgrundbesitzer weit und breit. Allein von ihren 67 Weinbergen in Südtirol importierten sie 80 000 l Wein – nicht zu wenig, wenn man bedenkt, dass jedem Mönch täglich vier Liter Wein zustanden. Bibliothek und Speisesaal sind durch ein ovales ›Guckloch‹ in der Decke miteinander verbunden – eine Anspielung auf die Einheit von geistiger und leiblicher Nahrung, von Geist und Körper.

Im Papstzimmer übernachtete 1782 Papst Pius VI. Der Papstbesuch lockte 40 000 Menschen an, die sich bis auf den Kalvarienberg hinauf ein Plätzchen suchten, um den Segen des Papstes vom Erker der Abtei aus zu empfangen (April–Okt. Di–So 11–16, Nov.–März Di–So 14–16 Uhr).

Die Annakapelle

Nicht entgehen lassen sollte man sich den Besuch der Annakapelle, der ebenfalls nur vom Museum aus möglich ist. Die Fundamente der ersten Kirche des Klosters gehen auf das 9. Jh. zurück. Zahlreiche Ritter und Äbte fanden hier ihre letzte Ruhestätte. Besondere Aufmerksamkeit zieht der berühmte »Totentanz« von Jakob Hiebeler auf sich, der 1602 als ältester Totentanz-Zyklus in Bayern geschaffen wurde. Nach dem Motto »Sagt Ja, sagt Nein. Getanzt mueß sein«, führt der Füssener Tod auf 20 Bildtafeln Arme wie Reiche, Junge wie Alte zum letzten Tanz, der von recht schaurigen Gesängen begleitet wird. Nie geschieht dies mit Strenge, immer buhlt er um sein Opfer, zieht vor der Jungfrau galant den Hut, reicht der Edelfrau den Arm – eine barocke Allegorie auf die Vergänglichkeit des Lebens, gepaart mit einem Schuss Ständekritik. Denn es ist sicher kein Zufall, dass gerade der Abt von zwei Gerippen zum Mitkommen genötigt wird.

Pfarrkirche St. Mang

Auch die heutige **Pfarrkirche St. Mang** 7 ist ein Werk des Allroundkünstlers Herkomer, der Maler, Baumeister und Stuckateur in einer Person war. Während der Arbeit stürzte er vom Gerüst und starb, sein Neffe vollendete die Kirche. Die Deckenfresken illustrieren das Leben des Heiligen Magnus. Den Hochaltar schmücken Marmorfiguren der Benediktinerheiligen Benedikt, Scholastika, Columban, Gallus und Magnus von Anton Sturm, der auch die Kanzel und die Wangen der Bänke schuf. Der Volksaltar zeugt, wie auch andere Kunstwerke in St. Mang, vom Mut des Pfarramtes zur Moderne. Über dem Altar hängen in einem gläsernen Kreuz die wertvollen Reliquien des Kirchenpatrons Magnus, der als Schutzpatron gegen das Ungeziefer zu den Vierzehn Nothelfern gezählt wird. Dazu gehört der Magnusstab, der in wundergläubigeren Zeiten häufig im Umland unterwegs war, um Wiesen und Felder von Schädlingen zu befreien.

Nach dem barocken Kirchenraum wirkt die **Ostkrypta** vor dem Hochaltar archaisch. Ihr Bau geht wohl auf die Zeit des Heiligen zurück, auch wenn die Theorie, dass er hier seine letzte Ruhestätte fand, umstritten ist. Die um das Jahr 1000 entstandenen Wandmalereien, ursprünglich wohl Teil eines Zyklus der Legende des heiligen Magnus, gelten als die ältesten Bayerns und werden einem Künstler der Reichenauer Schule zugeschrieben. (Mai, Juni, Okt. Di 16 Uhr, Juli, Aug., Sept. Di, Do 16 Uhr, Nov.–April Sa 10.30 Uhr sowie nach allen sonntäglichen Gottesdiensten.)

Das Hohe Schloss

Das **Hohe Schloss** 8, eine der bedeutendsten spätgotischen Schlossanlagen Deutschlands, thront an historischer Stelle, nämlich dort, wo im 3. Jh. bereits die Römer ein Feldlager errichteten. Herzog Ludwig der Strenge hatte Ende des 13. Jh. mit dem Bau einer Burg begonnen. Nachdem Füssen an das Augsburger Hochstift verpfändet worden war, wurde die Anlage nach und nach erweitert und schließlich um 1500 grundlegend umgestaltet. Es ent-

Atlas: S. 239

stand ein prächtiges, aber dennoch wehrhaftes Burgschloss, dominiert von einem Torturm, der bis 1960 als Gefängnis diente. Einzigartig in Deutschland ist die illusionistische Fassadenmalerei, mit der Fidelis Eichele aus Hechingen 1499 das Schloss schmückte. Die Wände überzog er mit Schein-Erkern und Scheinfenstern, die echten Fenster rahmte er mit Wimpergen und Kreuzblumen.

Der Habsburger-Kaiser Maximilian weilte mit seinem Hofstaat häufig in Füssen und wird so manches Mal den prunkvollen Rittersaal mit der herrlich geschnitzten Kassettendecke durchschritten haben.

Heute beherbergt das Schloss das höchstgelegene Amtsgericht Bayerns, die **Staatsgalerie im Hohen Schloss** und die **Städtische Gemäldegalerie Füssen** (April–Okt. Di–So 11–16, Nov.–März Di–So 14–16 Uhr).

Die ehemaligen Residenzräume der Fürstbischöfe von Augsburg bilden eine ideale Kulisse für die Gemälde Allgäuer und schwäbischer Künstler, die eindrucksvoll Zeugnis geben von der Periode zwischen Spätmittelalter und früher Neuzeit. In der Städtischen

Am Forggensee

Tieren gejagt, hier in einem Satz über den Lech sprang und dabei seinen Fußabdruck hinterließ. Geologen ohne Sinn für Romantik sprechen von den Spuren eiszeitlicher Erosion.

Ebenfalls an der Tiroler Straße liegt die kleine Kirche **Zu unserer lieben Frauen,** Ausgangspunkt für die Besteigung des **Kalvarienbergs** 10. Die Anstrengung des Aufstiegs wird mit prächtigen Ausblicken auf Stadt, Königsschlösser und Lechtal belohnt.

Freizeitparadies Forggensee

Füssen liegt am Forggensee, dem einzigen See der Region, der nicht von den eiszeitlichen Gletschern geschaffen wurde, sondern in den 1950er Jahren durch Aufstauung des Lech entstand. Die Wassermassen begruben

Gemäldegalerie dominiert die Bilderwelt des 19. Jh.

Beim Abstieg vom Schloss lohnt ein Schlenker in den großzügig angelegten **Baumgarten,** die grüne Oase der Stadt.

Der Lechfall

Ein Spaziergang über den König-Max-Steg führt zum **Lechfall** 9, dem Durchbruch des manchmal recht ungestümen Lech bei Füssen. Unmittelbar am Wasserfall gibt der sagenumwobene **Magnustritt** Rätsel auf. Man erzählt sich, dass Magnus, von wilden

Radtour um den Forggensee

Eine familientaugliche Radtour (32 km) führt rund um den Forggensee. Grandiose Ausblicke gehören dazu genau wie lauschige Plätze für die wohlverdienten Pausen, z. B. am romantischen kleinen Illasbergsee mit Badestelle und Kiosk. Und wenn gar nichts mehr geht, kann mit dem Schiff abgekürzt werden.

u.a. das Dorf Forggen, das als Namensgeber für den See fungierte, aber auch die typische Lechlandschaft mit Auen, Kiesbänken und engen Schluchten. In den Sommermonaten ist der viertgrößte See Bayerns heute ein beliebter Tummelplatz für Wassersportler. Im Winter, wenn der See ausgelassen wird, tritt das Flussbett des Lech wieder hervor, bis das Schmelzwasser im späten Frühjahr erneut riesige Wassermassen mit sich bringt.

Füssener Seenland

Neben Füssen-Stadt gibt es mehrere Ortsteile, die Urlaubern mit unterschiedlichen Bedürfnissen viel zu bieten haben.

Bad Faulenbach ist Mineral- und Moorheilbad sowie Kneippkurort, ein Stadtteil, in dem das Thema Gesundheit auf jeden Fall ganz groß geschrieben wird. Wanderungen sind im autofreien Faulenbacher Tal das reinste Vergnügen, und nach der Anstrengung laden die Naturfreibäder am **Obersee** und **Mittersee** zum Abkühlen ein. Der geheimnisvoll wirkende **Alatsee** dagegen, dessen beachtliche Tiefe (32 m) auch im Hochsommer für kühle Wassertemperaturen sorgt, ist eher ein Ort zum Träumen.

Eine schöne und nicht anspruchsvolle Wanderung führt vom Wanderparkplatz Bad Faulenbach zu den Badeseen Ober- und Mittersee und weiter zum Alatsee. Die Seenrunde nimmt etwa $2^1/_2$ Stunden in Anspruch. Wer Lust und ein bisschen Kondition hat, läuft vom Altasee bergauf weiter zur bewirtschafteten **Alpe Salober** (45 Min.), die direkt hinter der Grenze zu Österreich liegt. Bevor man sich mit einer deftigen Brotzeit oder einer Portion Kässpatzn stärkt, sollte man die Viertelstunde zum **Vierseenblick** weiterlaufen. Hier hat man außer Weißensee, Hopfensee, Forggensee und Bannwaldtsee weite Teile des Ostallgäus im Blick.

Der Ortsteil **Weißensee,** dessen ländliche Idylle besonders Familien mit Kindern schätzen, leitet seinen Namen vom gleichnamigen See ab, in dessen klarem Wasser sich der mächtige Säuling (2074 m) spiegelt.

Ein idealer Badesee ist auch der Hopfensee im Ortsteil **Hopfen am See,** der sich im Sommer schnell erwärmt. Seine zum Flanieren einladende Uferpromenade und seine schönen Badestrände verhalfen ihm zum Beinamen »Allgäuer Riviera«. Hier macht auch das Radeln Spaß (Fahrradverleih vor Ort)

Füssen Tourismus: Kaiser-Maximilian-Platz 1, 87629 Füssen, Tel. 083 62/938 50, Fax 93 85 20, www.fuessen.de
Tourist Information Hopfen am See: Uferstr. 21, 87629 Hopfen am See, Tel. 083 62/74 58, Fax 399 78.
Tourist Information Weißensee: Seeweg 4, 87629 Weißensee, Tel. 083 62/65 00, Fax 392 65.

Biohotel Eggensberger: Ringweg 6, 87629 Füssen/Hopfen am See, Tel. 083 62/910 30, Fax 395 82. Kurklinik und Wellnesshotel in herrlicher Lage über dem Hopfensee, DZ ab 118 €.
Hotel Landhaus Sommer: Weidachstraße 74, Tel. 083 62/914 70, Fax 91 47 14. Ruhige Lage am Forggensee, Beautyfarm und Schwimmbad, DZ ab 144 €.

Appartementhotel Seespitz: Pfrontener Straße 45, 87629 Füssen-Weißensee, Tel. 08362/38899, Fax 38890, www.seespitz.de. Komfortable Apartments am See, Schwimmbad und Gästekindergarten für Kinder ab 4 Jahren, DZ ab 80 €, FeWo ab 70 € (inkl. Kinderbetreuung).
Hotel Hirsch 11: Kaiser-Maximilian-Platz 7, 87629 Füssen, Tel. 08362/93980, Fax 939877. Traditionsreiches Cityhotel, DZ ab 75 €.
Poppeler Ferienhaus und Bauernhof: 87629 Füssen, Augsburger Straße 35 u. 37, Tel. 08362/91510, Fax 915141. Zentrumsnah und doch ganz ländlich, Ferienwohnungen, Reitpferde, FeWo ab 30 €.
Jugendherberge 12: 87629 Füssen, Mariahilferstr. 5, Tel. 08362/7754.
Campingplatz Hopfen am See: Tel. 08362/917710.

Alpenschlössle 14: Alatseestraße 28, Bad Faulenbach, Tel. 08362/4017. Innovative Gourmetküche im kleinen Kurhotel, teuer.
Gasthof Schwanen 13: Brotmarkt 4. Feine schwäbische Küche im Stadtzentrum, moderat.
Fischerhütte: Uferstr. 16, Hopfen am See, Tel. 08362/91970. Ein Muss für schöne Sommerabende – leckerer Seefisch auf der Seeterrasse, moderat.
Eiscafé Hohes Schloss: Reichenstraße 14, Eisspezialitäten zum Dahinschmelzen.

Antiquitäten Frübing: Magnusplatz 4. Nicht nur Sammler von antiken Bierseideln werden hier fündig.
Stadtapotheke: Reichenstraße 12. Die schönste Apotheke der Stadt verkauft Honigspezialitäten.

Ludwig-Musical (www.ludwigmusical.de): Am 31. Dezember 2003 fand die vorerst letzte Vorstellung im Musicaltheater statt. Ab 2004 ist eine Neuinszenierung geplant. Über Termine informiert Füssen Tourismus.
Fürstensaalkonzerte: im Kloster St. Mang (Juni–Sept.).
Tage Alter Musik im Königswinkel im September, Infos über Füssen Tourismus.

Fronleichnamsprozession im Juni.
Magnusfest: So nach dem 6. Sept.

Baden: Hallenbad Füssen, Feistelstr. 5; Naturschwimmbäder an Mittersee, Obersee (beide Bad Faulenbach), Hopfensee und Weißensee.
Tretboote und **Ruderboote** am Forggensee, Hopfensee und Weißensee.
Segel- und Surfkurse: Surfschule Hopfen am See, auch Kurse für Kinder, Tel. 08364/1487, Yachtschule Forggensee, Tel. 08367/471.
Forggenseeschifffahrt: Rundfahrten Mitte Juni–Anfang Okt., Zeiten unter Tel. 08362/921363. Haltestellen in Füssen: Bootshafen, Musical-Theater. Mitnahmemöglichkeit für Fahrräder
Fahrradverleih: Radsport Zacherl, Rupprechtstr. 8, Tel. 08362/3292. Jeti's Mountainbike-Shop, Kemptener Str. 87, Tel. 08362/397 12. Flori's Sporthütte, Campingplatz Hopfensee, Tel. 08362/397 70. Fahrrad Kattler, Feriendorf Weißensee, Tel. 08362/3387 (überall auch Kinder- und Jugendräder sowie Kindersitze).
Eislauf: Publikumseislauf im Bundesleistungszentrum für Eishockey Juli–April tägl. 14–15.50 Uhr, Tel. 08362/50750.
Gästekindergarten: in der Appartementanlage Seespitz (s. Hotels).

Busse: nach Bad Faulenbach, Hopfen am See und Weißensee. Fahrpläne bei Füssen Tourismus.
Anrufsammeltaxi: Tel. 08362/940044
Autoverleih: Achtner, Augsburger Str. 8, Tel. 08362/6662; Schlichting, Kemptener Str. 26, Tel. 08362/922122.

HOHENSCHWANGAU UND NEUSCHWANSTEIN

Schwangau, das Dorf der Königsschlösser und einziger heilklimatischer Kurort im Ostallgäu, ist Rummel gewohnt, aber dennoch beschaulich geblieben. Die meisten Besucher zieht es ohnehin zu den beiden weltberühmten Bauwerken in der Umgebung. Vor allem Schloss Neuschwanstein ist zu einem unverzichtbaren Muss jedes Europatrips geworden.

Hohenschwangau

Allgäu-Atlas: S. 239, D 2
Bereits im 12. Jh. errichteten die Ritter von Schwangau hoch über dem Alpsee eine Burg Schwanstein, die ab dem 16. Jh., nach dem Aussterben des Geschlechts der Schwangauer, verfiel. Erst im 19. Jh. weckte der damalige Kronprinz von Bayern, Maximilian, der die Mittelaltersehnsucht der Romantiker teilte, sie aus ihrem Dornröschenschlaf. Nicht von einem Architekten, sondern von seinem ehemaligen Zeichenlehrer, dem Architektur- und Theatermaler Domenico Quaglio, ließ er sich ein romantisches Schloss im Stil der englischen Neugotik als königliche Sommerresidenz entwerfen, die mittelalterlichen Geist atmete, aber gleichzeitig mit höchstem Wohnkomfort versehen war. Bald ragten die Zinnen und Türme von Hohenschwangau in den Allgäuer Himmel.

An der Innenausstattung war der Wiener Malerpoet Moritz von Schwind maßgeblich beteiligt. Nicht zuletzt seine Wandgemälde trugen dazu bei, dem Schloss »Gemütlichkeit«, Wohnlichkeit zu verleihen. Motive aus Sagen und Legenden schmücken viele der Räume, so die Sage von Lohengrin im Schwanenrittersaal, die Wagner zu seiner gleichnamigen Oper inspirierte.

Der Schwan, Wappenvogel der Ritter von Schwangau, war auch ein Lieblingsmotiv der Romantik, es zieht sich wie ein roter Faden durch das Schloss. Der gotischen Anmutung der meisten Räume steht die Exotik des Orientzimmers entgegen, mit dem Max II. seinen Reisesouvenirs aus der Türkei einen würdigen Rahmen schuf.

Maximilians Sohn Ludwig verbrachte in Hohenschwangau unbeschwerte Kindheitstage. »Dies ist einer der schönsten Plätze, die zu finden sind...«, jubelte er. Der von ihm später so geschätzte und bewunderte Richard Wagner bewohnte während seiner häufigen Besuche im Schloss das Authari-Zimmer im zweiten Stock. Im Hohenstaufenzimmer steht noch heute das Tafelklavier, auf dem er musizierte.

Letzter Bewohner des Schlosses war Prinzregent Luitpold, Ludwigs Onkel, der das Schloss mit den neuesten Errungenschaften der Technik wie elektrischem Licht und Fahrstuhl versah. (16. Okt.–14. März 10–16 Uhr, 15. März–15. Okt. 9–18 Uhr. Nur mit Führung; die Nummer der Führung ist auf dem Ticket vermerkt und wird am Eingang aufgerufen. Für Kinder sind am Eingang Spezialführungen auf Kassette kostenlos erhältlich. Termine für Familienführungen sind im Verkehrsamt zu erfragen.)

Auch die Umgebung des Schlosses gestalteten die Wittelsbacher: Reitwege wurden angelegt, königliche Jagdhütten wie die Bleckenau oder das Tegelberghaus gebaut. Überliefert sind romantische Schlittenfahrten bei Fackelschein, die Königin Marie an langen Winterabenden mit ihren Söhnen Ludwig und Otto unternahm.

In diesem mittelalterlichen Ambiente Hohenschwangaus wurde Ludwig zum weltentrückten Träumer. Tag für Tag fiel sein Blick auf den Pöllatfelsen. Ein Schloss dort oben, ein neues Hohenschwangau, wurde ihm zur fixen Idee.

Schloss Hohenschwangau

Schloss Neuschwanstein

Allgäu-Atlas: S. 239, D 2
Im Stil alter deutscher Ritterburgen sollte das neue Hohenschwangau entstehen – erst nach dem Tod des Königs wurde es in Neuschwanstein umbenannt –, denn das Mittelalter war für Ludwig eine Zeit, in der er lieber König gewesen wäre als im nüchternen 19. Jh.

Unter der Leitung des Königlichen Hofbaumeisters Eduard Riedel, dem später Georg Dollmann folgen sollte, wuchsen die weißen Türme ab 1869 in den Himmel – jedoch nur langsam. Als Ludwig 1886 starb, war Neuschwanstein ein Fragment geblieben.

Wohnschloss oder Luftschloss?

Die obligatorische Schlossführung führt durch Zimmer, die, anders als im benachbarten Hohenschwangau, von vorneherein nicht zum Wohnen gedacht waren. Sie präsentieren vielmehr ein Bildprogramm, in dem der König sein Innerstes offenbart. Die Welt der alten Sagen und Mythen ist allgegenwärtig. Tristan und Isolde, Tannhäuser und Parzival agieren pathetisch wie auf der Bühne.

Im **Thronsaal** stand nie ein Thron. Er erinnert weniger an einen Raum zur Ausstellung weltlicher Macht als vielmehr an einen byzantinischen Sakralraum, einen weihevollen Saal zur Feier des Königtums in einer Zeit, als der bayerische König eine Marionette der Machenschaften seiner Minister war. Dazu passt, dass die Kostbarkeit der Ausstattung nur vorgegaukelt ist. Für teure Materialien war kein Geld vorhanden: Glas ersetzt Edelsteine, das Kunsthandwerk regiert über die Kunst. Nur der Blick vom Balkon auf Hohenschwangau, die umliegenden Seen und die Alpenkette ist wahrhaft königlich.

Die ›Wohnräume‹ sind sämtlich im Stil der Neoromanik gehalten, nur im **Schlafzimmer** dominiert die Neugotik mit prachtvollem Schnitzwerk, das 14 bayerische Holzschnitzer vier Jahre lang beschäftigte. Das Bett erinnert denn auch eher an ein gotisches Prunkgrab als an ein Schlafmöbel. Keine erotischen Figuren bilden das Bildprogramm des Zimmers, sondern die leidvolle Trennung Liebender. So wie

Zu Fuß zum Schloss

Steil bergauf zieht sich der Weg zum Schloss. Alternativ fahren Kutschen in der Nähe des Ticket-Counters ab und Mini-Busse am Hotel Lisl. Viel romantischer ist aber der auch während der Hochsaison nie überlaufene Weg durch die Pöllatschlucht hinauf zum Schloss. Beim Rauschen des Bergbaches fühlt man sich Ludwig ein Stück näher. **Rückweg:** Vom Ausgang aus ist der Fußweg zur Marienbrücke ausgeschildert. Am schönsten ist der Blick über den 45 m hohen Wasserfall auf Ludwigs »Gralsburg« in den blauen Stunden, wenn sich die Besucherscharen verlaufen haben.

Schloss Neuschwanstein

Tristan und Isolde erst im Tode zueinander finden, so kennzeichnet Unerfüllbarkeit Ludwigs eigenes Liebesleben. Schuld und Erlösung waren für ihn allgegenwärtige Themen. Im so genannten **Wohnzimmer** steht wie in Hohenschwangau die Geschichte Lohengrins im Mittelpunkt. Symbole verbinden die Lebensgeschichte des Bayernkönigs mit dem Mythos des Gralsritters. Viel deutet darauf hin, dass Ludwig sich selbst als Gralsritter träumte.

Ein Saal für den Gralsritter

Vorbild für den **Sängersaal** war der gleichnamige Saal in der Wartburg, der Schauplatz des legendären Minnesängerwettstreits, den Wagner im »Tannhäuser« thematisierte. Hier findet der Weg durch die Welt der Sagen und Mythen seinen Abschluss in der Parzivalssage, die wiederum mit der Gralsidee verknüpft ist. Auch der prächtige Festsaal wurde nie als solcher genutzt. Heute bildet er eine passende Kulisse für die Reihe der Schlosskonzerte im September.

Nach der Führung werden die Besucher durch die Schlossküche und die unfertigen Zimmer geleitet, in denen der Museumsshop und ein Café eingerichtet wurden.

Das Schloss, dessen voller Symbolgehalt sich nur Eingeweihten offenbart, ist mehr als ein simpler Abklatsch der Kunst vergangener Zeiten. Neuschwanstein gilt heute als eines der Hauptwerke des Historismus. Dennoch scheiden sich die Geister an der Gralsburg auf dem Pöllatfelsen – ist es Kunst oder Kitsch?

»EIN EWIG RÄTHSEL BLEIBEN WILL ICH MIR UND ANDERN« – LUDWIG II.

»Ein ewig Räthsel bleiben will Ich Mir – und andern...« schrieb Ludwig II. im April 1876 an die Hofschauspielerin Marie Dahn-Hausmann. Tatsächlich gibt der scheue, in seiner Jugend ausnehmend schöne Bayernkönig bis heute Rätsel auf. Er gehört zu den schillernden Gestalten der Weltgeschichte, deren Leben reichlich Stoff für Filme, Romane oder eben Musicals hergibt. Er war ein unglücklicher Mensch, ein Träumer voll Sehnsucht nach einer Welt, in der nicht Staatsbudgets und Waffengewalt regieren, sondern die hehren Künste. Nicht zuletzt deshalb liebt(e) ihn das Volk. Die rund 60 bayerischen Ludwig-Vereine zählen mehr als 6000 Mitglieder und zelebrieren den Ludwig-Kult, Millionen von Menschen besuchen Jahr für Jahr die drei Königsschlösser Neuschwanstein, Linderhof und Herrenchiemsee.

Ludwig wurde am 25. August 1845 als ältester Sohn des späteren Königs Maximilian II. von Bayern und seiner Frau Marie im Schloss Nymphenburg zu München geboren. Der Thronfolger und sein Bruder Otto erfuhren eine strenge, lieblose Erziehung und waren am glücklichsten während der regelmäßigen Aufenthalte der königlichen Familie in der Sommerresidenz Hohenschwangau.

Nach dem frühen Tod des Vaters bestieg der verträumte junge Mann 18-jährig den Thron und wurde mit der Realität der Staatsgeschäfte konfrontiert. Eine Rückzugsnische wurde für ihn die Musik Richard Wagners. Der Musiker wiederum fand in dem König einen Mäzen, der ihm eine sorgenfreie Existenz ermöglichte. 1867 wollte Ludwig dem Freund sogar ein Festspielhaus in München errichten lassen, ein Projekt, das am Veto der Münchner Beamten scheiterte. Erst später konnte es in der Bayreuther Provinz verwirklicht werden. Doch da hatten sich die beiden ungleichen Männer bereits entzweit, weil Wagners Nationalkult sich an Ludwigs Frankreichneigung rieb. Der Verlust der Freundschaft traf den König tief.

Der Verzicht auf Liebe brachte eine tragische Komponente in das Leben des Königs. Seine homoerotischen Neigungen konnten keine Erfüllung finden, die aus politischen Gründen geschlossene Verlobung mit seiner Cousine Sophie ließ er platzen. Sehnsucht und Entsagung werden in den Bildmotiven seiner Schlösser immer wieder thematisiert.

Auch in der Politik schien sich alles gegen ihn verschworen zu haben. Gegen seinen Willen wurde der Pazifist Ludwig in Kriege verwickelt. 1871, nach der Gründung des deutschen Reiches, verlor Bayern seine Souveränität. Der »Kini« reagierte mit immer stärkerem Rückzug ins Private. Bauen wurde ihm zum Lebensinhalt. 1869 wurde der Grundstein für Neuschwanstein gelegt, 1878 Herrenchiemsee begonnen. Beide Schlösser blieben Fragmente, lediglich Linderhof wurde 1879 fertig gestellt. Die Baukosten für sämtliche Schlösser waren be-

trächtlich, Ludwigs Vermögen aber war begrenzt. Da die Staatskasse tabu war, musste der Bayernkönig das Baugeld anderweitig zusammenschnorren. Bittbriefe ereilten Sponsoren aus Adel und Großunternehmen. Sogar seine Zustimmung zur Wahl des Preußenkönigs zum Deutschen Kaiser ließ Ludwig sich versilbern.

Im Zeitalter der Industrialisierung förderte Ludwig weder Fabriken noch Eisenbahnen, sondern schuf mit seinen Schlössern Gegenwelten. »Ich halte dafür«, insistierte Ludwig bereits 1878, »dass das Glück der Völker nicht in der Menge ihrer Eisenbahnen liegt. (...) Auch für zahllose andere Menschen, als ich einer bin, wird eine Zeit kommen, in der sie sich nach einem Land sehnen und zu einem Fleck der Erde flüchten, wo die moderne Kultur, Technik, Habgier und Hetze noch eine friedliche Stätte weit vom Lärm, Gewühl, Rauch und Staub der Städte übriggelassen hat.«

Ludwig, der Träumer, der Fortschrittsfeind, der Naturschützer? Für die Köpfe des bayerischen Staates war er ein gefährlicher Spinner. Anfang Juni 1886 erklärte man den unbequemen König für »seelengestört« und ließ ihn entmündigen. »Dass man mir die Krone nimmt, könnte ich verschmerzen, aber dass man mich für irrsinnig erklärt hat, überlebe ich nicht ...«, klagte Ludwig. Am 13. Juni ertrank der als guter Schwimmer bekannte Bayernkönig zusammen mit seinem Nervenarzt Dr. Gudden im kniehohen Wasser des Starnberger Sees. Die näheren Umstände wurden nie geklärt.

Fest steht jedenfalls, dass der menschenscheue König, der Neuschwanstein als seinen Rückzugsort gebaut hatte, seine Schlösser lieber in die Luft gesprengt hätte, als sie von Menschenmassen entweiht zu sehen. Stattdessen wurde Neuschwanstein schon wenige Wochen nach Ludwigs Tod von Schaulustigen gestürmt. Der Schöpfer von Kulträumen ist heute Gegenstand eines unvergleichlichen Starkults. Es gibt König-Ludwig-Eintopf und König-Ludwig-Dunkelbier, man kann sogar eine königlich-bayerische Hochzeit buchen. Ludwig II. würde sich angesichts von Neuschwanstein-Golfbällen, »Kini«-Zuckerlöffeln und Ludwig-Bierkrügen im Grab umdrehen. Doch der Kult um ihn sorgt in der strukturschwachen Region des Ostallgäus dafür, dass die Arbeitslosenzahlen so niedrig sind wie sonst kaum irgendwo in der Republik – allein dafür sei ihm gedankt, dem Kini.

Öffnungszeiten: 1. Okt.–31. März 10–16 Uhr, 1. April–30. Sept. 9–18 Uhr, 24., 25. und 31. Dez., 1. Jan. und Faschingsdienstag geschlossen. Eintrittskarten sind nur im Ticketcenter erhältlich und nur für die ausgewiesene Führung gültig. **Tipp:** Während der Hauptsaison ist eine Vorbuchung ratsam: Tel. 083 62/93 08 30, www.ticketcenter-hohenschwangau. de.

Jagdhütte Bleckenau und Alpsee

Nach der Besichtigung des Schlosses entflieht man Souvenirrummel und Massengastronomie am besten dorthin, wo sich auch Ludwig am wohlsten fühlte: in die Berge oder an den See. Von dem **Aussichtspunkt Jugend** oberhalb des Schlosses gelangt man in einstündigem Fußmarsch bergauf zur ehemaligen königlichen **Jagdhütte Bleckenau,** heute ein beliebter Berggasthof. (Es fahren auch geländegängige Busse an der Infostelle unweit des Ticketcounters oder am Aussichtspunkt Jugend ab. Die genauen Zeiten kann man beim Verkehrsamt erfragen.)

Oder man geht das kurze Stück bis zum **Alpsee,** den Ludwig regelmäßig durchschwamm. Der bis zu 60 m tiefe und entsprechend kühle, grünlichblaue See zog Ludwig II. magisch an. In Vollmondnächten unternahm er gern Ruderpartien, und zu seinem 20. Geburtstag ließ er auf dem Alpsee eine Passage aus Wagners »Lohengrin« inszenieren. In dem sauberen, klaren Wasser gedeihen Seeforelle und Seesaibling, was den See zu einem lohnenden Ziel für Angler macht. Eine altmodische Badeanstalt ist ein wunderschöner Platz für Nostalgiker. Wanderer schätzen den Weg rund um den See oder den Alpenrosenweg am nördlichen Schwarzenberghang entlang über Hohenschwangau ins Lechtal.

St. Coloman

Allgäu-Atlas: S. 239, D 2
Als Johann Schmuzer die Kirche St. Coloman baute, schuf er damit das Urbild der bayerisch-barocken Zwiebelturmkirche. Die Kirche steht vor der Alpenkulisse auf freiem Feld, an der Stelle, an der der Märtyrer Coloman im Jahre 1012 gerastet haben soll. Im 14.

Jh. bereits war hier ein Kirchlein errichtet worden, das im 17. Jh. dem barocken Neubau weichen musste, einem Höhepunkt der Sakralkunst in Schwangau. Das Gotteshaus ist auch Ziel einer zünftigen Reiter-Wallfahrt am zweiten Sonntag im Oktober mit 200 festlich geschmückten Pferden. Ein Gottesdienst im Freien gehört dazu, aber, damit weltliche Freuden nicht zu kurz kommen, auch zünftige Blasmusik und eine gute Brotzeit. Am 26. Mai, dem »Wurmfeiertag«, bedankt man sich für die Hilfe bei einer Engerlingsplage vor rund 150 Jahren. Ist St. Coloman auch berühmt für seine Lage, so sollte man nicht vergessen, einen Blick ins Innere zu werfen. Die meisterhaften Stuckarbeiten allein lohnen es (25. März–13. Okt. tägl. 14.30–16.30. Kirchenführung Do 15 Uhr).

Der Tegelberg

Allgäu-Atlas: S. 239, D 2
Der Tegelberg ist das Tor zum Naturschutzgebiet Ammergebirge, Deutschlands größtem Alpenreservat für Gämse, Adler und Edelweiß. An der Talstation der Bergbahn kommen Kinder bei Sommerrodelbahn, Spielplatz und Scooterbahn auf ihre Kosten. Ausgrabungen eines **Römerbades** aus dem 2. Jh. erinnern an die frühe Besiedlung der Region. Der schön angelegte **Kulturpfad Schutzengelweg** mit Schautafeln über das Werden von Natur und Kultur in der Region führt von hier zur Bergstation, von wo aus man herrliche Blicke über Schwangau, Füssen und das Seenland genießt und den Drachen- und Gleitschirmfliegern zuschauen kann.

Der **Naturpfad Ahornreitweg** nimmt an der Bergstation Tegelberg seinen Ausgang. Auf alpinem Pfad geht es bis zum Branderfleck und von dort weiter auf ehemaligen königlichen Reitwegen zum einstigen königlichen Jagdhaus und heutigen Berggasthof **Bleckenau.**

Doch nicht nur Bergwanderer kommen auf ihre Kosten. Ausgedehnte Spazierwege sind für Radler, Kinderwagen, Rollstuhlfahrer oder Inline-Skater gleichermaßen geeignet. Eine ganze Reihe von Seen mit weitgehend frei zugänglichen Ufern laden zum Baden ein.

Der **Bannwaldsee** ist ein verschwiegenes Baderevier, beliebt nicht zuletzt deswegen, weil sich sein mooriges Wasser im Sommer schnell erwärmt. Das Naturschutzgebiet mit seltenen Schmetterlingen ist auch das Refugium von Frauenschuh und anderen seltenen Pflanzen, während im Schilfgürtel seltene Vogelarten brüten. Unweit des Idylls trafen sich im Sommer des Jahres 1947 im Haus der Dichterin Ilse Schneider-Lengyel am Bannwaldsee eine Reihe von Schriftstellern zum allerersten Treffen der berühmten »Gruppe 47«, der die bekanntesten westdeutschen Autoren der Nachkriegszeit angehörten: Ilse Aichinger, Heinrich Böll, Walter Jens und Martin Walser.

Schöne Spielwiesen und Badestege inmitten des Schwanseeparks, den Maximilian II. im Englischen Stil anlegen ließ, machen den nahen **Schwansee** zu einem Badeparadies.

Kurverwaltung/Verkehrsamt Schwangau: Münchener Str. 2, 87643 Schwangau, Tel. 083 62/81 98-0, Fax 81 98 25, www.schwangau.de

Schlosshotel Lisl mit Jägerhaus: 87643 Hohenschwangau, Tel. 083 62/88 70 Fax 811 07, www.lisl.de. Zimmer, wie sie auch Ludwig gefallen hätten. Königsschlösser und Alpsee nur einen Katzensprung entfernt, DZ ab 134 €.
Hotel Rübezahl: Am Ehberg 31, 87643 Schwangau-Horn, Tel. 083 62/88 88, Fax 817 01. Familienfreundliches Haus mit Beautyfarm, gutem Restaurant und Blick auf die Königsschlösser, DZ ab 80 €, im App. ab 50 € p. P.
Feriengasthof Helmer: Mitteldorf 10, 87643 Schwangau, Tel. 083 62/98 00, Fax 98 02 00. Sympathischer Familienbetrieb mit gemütlichen Zimmern. DZ ab 60 €.
Landhaus Beim Joaser: Achweg 9, 87643 Schwangau-Mühlberg, Tel. 083 62/983 80, Fax 98 38 10. Alter Bauernhof, ansprechend renoviert, ruhig. DZ ab 55 €.
Beim Landhannes: Familie Mayr, Am Lechrain 22, 87643 Schwangau, Tel. 083 62/83 49, Fax 83 49. Urlaub auf dem Bauernhof in zentraler Lage, gemütliche Zimmer, Kuhglockengebimmel inklusive. DZ ab 38 €, FeWo ab 45 €.
Campingplatz Bannwaldsee: 87643 Schwangau, Tel. 083 62/930 00, Fax 93 00 20.

Der Tegelberg

Colomansfest: Reiter-Wallfahrt zur St. Colomankirche mit ca. 200 festlich geschmückten Pferden und Gottesdienst im Freien, 2. Sonntag im Oktober.

Baden: Kristalltherme, Am Kurpark, Tel. 08362/819630. Erst 2000 eingeweihtes Sole-Thermalbad mit Saunalandschaft und Panoramasauna mit Neuschwansteinblick. Freibadeplätze am Forggensee, Bannwaldsee, Schwansee (Familienbad) und Alpsee (für stille Genießer).
Forggenseeschifffahrt: Rundfahrten Mitte Juni–Anfang Okt., Haltestellen in Schwangau: Brunnen, Waltenhofen, Zeiten unter Tel. 08362/921363. Mitnahmemöglichkeit für Fahrräder.
Bootsverleih: am Forggensee: Waltenhofen (Ruderboote), Brunnen (Ruder- und Segelboote, Kanu); Alpsee (Ruder- und Tretboote); Bannwaldsee (Ruder- und Tretboote).
Fahrradverleih: Braun, Füssen-Horn, Füssener Str. 112; Campingplatz Bannwaldsee, Sillmann, Füssen-Waltenhofen, König-Ludwig-Str. 74.
Tegelbergbahn: Tel. 08362/98360, Fax 983620, www.tegelbergbahn.de.
Der Tegelberg ist ein ideales Revier für Drachen- und Gleitschirmflieger: Flugschule Aktiv, Tel. 08362/921457, Firma onTour, Tel. 08362/983647.
Golf: Schnupperkurse für Anfänger im Golf-Center Neuschwanstein, Tel. 08362/983041.
Sommerrodelbahn: Tegelberg-Talstation.
Ponyreiten: Ponyhof Fischer, Seestr. 37, Schwangau-Brunnen, Tel. 08362/8281.

Autoverleih: Hertz, Schwangau-Horn, Füssener Str. 112, Tel. 08362/986580.

Campingplatz Brunnen am Forggensee: 87643 Schwangau, Tel. 08362/8273, Fax 8630.

Rübezahl (s. Unterkunft): moderat
Berggaststätte Bleckenau: Tel. 08362/81181. Das ehemalige königliche Jagdhaus ist ein beliebtes Ausflugsziel, Brotzeitkarte und liebevoll zubereitete Tagesgerichte, preiswert bis moderat.

Schlosskonzerte im Sängersaal von Neuschwanstein im September. Kartenvorverkauf im Kurhaus Schwangau ab Februar, Infos bei der Kurverwaltung.
Alphornblasen am Alpsee, Mai–Sept. Mo 20 Uhr.

ABSTECHER INS OBERBAYERISCHE

Einige der interessantesten Sehenswürdigkeiten Oberbayerns wie die Wieskirche, Schloss Linderhof und der Passionsspielort Oberammergau liegen wenige Kilometer östlich der Grenze des Ostallgäus im Pfaffenwinkel bzw. Werdenfelserland und lassen sich auf einem Tagesausflug besichtigen.

Die Wieskirche

Allgäu-Atlas: S. 239, E 1
Unweit von Steingaden erhebt sich, auch heute noch tatsächlich mitten auf der grünen Wiese, die Wieskirche oder, mit vollem Namen: die »Wallfahrtskirche zum gegeißelten Heiland in der Wies«. Das Gotteshaus ist das wohl berühmteste Werk des bayerischen Rokoko und zu Recht als Weltkulturerbe der UNESCO klassifiziert. »Pfaffenwinkel« nennt man den an Klöstern und Kirchen überreichen Landstrich zwischen der Südspitze von Ammersee und Starnberger See und dem Ammergebirge. Hier wirkten zwischen 1600 und 1800 die bedeutendsten Stuckateure Europas.

Als Rokokozauberer par excellence gelten die Gebrüder Zimmermann, Johann Baptist (1680–1758) und Dominikus (1685–1766). Die vielseitig Talentierten gingen im Laufe ihres Lebens getrennte und gemeinsame Wege, in der Wieskirche vereinten sie ihre Talente als Architekten, Freskenmaler und Stuckateure im gemeinsamen Meisterwerk.

Die Wallfahrt zur Wies

Die Wallfahrt zur Wies geht zurück auf das »Tränenwunder«, das sich 1738 vor den Augen der Wiesbäuerin, Maria Lory, abspielte: Sie beobachtete nämlich, dass eine ausrangierten Prozessionsfigur des Gegeißelten Heilands echte Tränen vergoss. Als die Pilgerscharen zum Ort des Wunders von Jahr zu Jahr anschwollen, beauftragte man 1746 die Gebrüder Zimmermann mit dem Bau einer Kirche, die sie sechs Jahre später vollendeten.

Ein weißes Kircherl auf der grünen Wiese, Kuhgebimmel in Hörweite – eine wahre Idylle. Aber nur wenn man vor den Ausflugsbussen kommt! Im Inneren erwartet den Besucher ein schwebend leichter Raum, eine vollendete Harmonie von Licht, Farbe und Form. Im Zusammenspiel von Architektur, Bauplastik und Malerei entstand ein Gesamtkunstwerk des Rokoko, in dem die Grenzen zwischen den künstlerischen Gattungen verwischt sind. Doch in der Wies ist auch Platz für Zeugnisse der Volksfrömmigkeit: Rechts und links vom Altar zeugen anrührende Votivbilder vom intakten Glauben an Wunder. Gerade in den letzten Jahren hat die Wallfahrtsbewegung wieder einen Aufschwung erlebt (tägl. 8–19 Uhr; Konzerte in der Wies: Infos Tel. 08862/ 1062).

Oberammergau

Allgäu-Atlas: S. 239, F 1
Bis in die fernsten Winkel der Welt kennt man den Namen Oberammergau – dank eines Großereignisses, das alle zehn Jahre über die Oberammergauer wie eine Naturkatastrophe hereinzubrechen scheint. Anspannung, Stress und klingelnde Kassen – das alles bedeuten die Passionsspiele für die 5000-Seelen-Gemeinde.

1633 hatte die in Deutschland wütende Pest auch diese Gebirgsregion erreicht. Da sie keine andere Möglichkeit wussten, sich vor ihr zu schützen, gelobten die Oberammergauer, alle zehn Jahre die Passion Christi aufzuführen, sollten sie verschont bleiben. Der Seuche wurde Einhalt geboten,

Jesus und Judas: Passionsspiele in Oberammergau

und aus Bauern wurden Schauspieler.

Zur Zeit der Gegenreformation waren die Oberammergauer nicht die einzigen Passionsspieler der Region. Allein für die erste Hälfte des 17. Jh. sind im bayerisch-österreichischen Raum 40 Spiele dokumentiert. Viele von ihnen sind inzwischen vergessen, die Oberammergauer aber hielten an ihrer Tradition fest und konnten im Jahr 2000 die Passionsspiele zum 40. Mal feiern.

Das Passionsspielhaus

Natürlich führt der erste Weg ins Passionsspielhaus, wo nicht nur die Bühne zu besichtigen ist, auf der das Leiden Christi in Szene gesetzt wird, sondern auch eine Ausstellung zur Geschichte der Spiele mit Originalkostümen und -requisiten (im Sommer Führungen tägl. zwischen 10 und 17 Uhr). Die Spiele wurden über die Jahre professionalisiert, keine Frage. Ein gewaltiger Kraftakt sind sie geblieben, denn immer noch ist die Passion ein Laienspiel, an dem fast die Hälfte der Einwohner in irgendeiner Form beteiligt ist.

Ein junges Team um den Spielleiter Christian Stückl hat im Jubiläumsjahr 2000 frischen Wind in die jahrzehntealten Strukturen gebracht. Streichungen und die Eliminierung aller antisemitischen Anklänge bekamen dem Text gut. Markus Zwinck, der musikalische Leiter, bearbeitete die Passionsmusik und der Bühnen- und Kostümbildner Stefan Hageneier befreite die Bühne von hausbackenem Naturalismus. Die Oberammergauer diskutierten derweil ausgiebig die Frage, ob die Darstellerin der Maria älter als 35 und noch dazu verheiratet sein dürfe. Sie durfte schließlich, und nicht nur das: Auch Einwohner, die nicht in Oberammergau geboren wurden, dürfen nun mitwirken, wenn sie wenigstens zwanzig Jahre im Ort ansässig sind. In den Sommern zwischen den Passionsspieljahren spielt man Opern auf der Bühne (Programm unter www.oberammergau.de).

Lüftlmalerei und Herrgottsschnitzer

Eine weitere Besonderheit des Ortes sind die »Lüftlmalereien«, eine Form illusionistischer Fassadenmalerei mit vorwiegend religiösen Motiven, die sich im 18. Jh. besonders im Werdenfelser Land großer Beliebtheit erfreute.

Ob die Bezeichnung wirklich daher kommt, dass in frischen »Lüftln« gemalt wurde, darf bezweifelt werden. Eher geht der Name auf Franz Seraph Zwinck (1748–1792) zurück, den wohl berühmtesten »Lüftlmaler«, der zeitweise im Haus »Zum Lüftl« lebte.

Von ihm stammt auch das wohl schönste Beispiel dieser Kunst: das **Pilatushaus** (Ludwig-Thoma-Str. 10), das er 1784 mit Scheinarchitektur und religiösen Szenen aufs Bunteste schmückte. Im Innern geben die »Lebenden Werkstätten« Einblick in die Oberammergauer Volkskunst (Mai–Okt. Mo–Fr 13–18 Uhr).

Die »Herrgottsschnitzerei« kam im 16. Jh. auf, um den Bauern ein Zubrot zu verschaffen. Traditionen weiß man in Oberammergau zu pflegen, und so gibt es neben der Fachschule für Holzschnitzerei heute fast 30 Schnitzwerkstätten, neuerdings können auch Urlaubsgäste Schnitzkurse buchen.

Farbenfroh zeigt sich auch die Pfarrkirche **St. Peter und Paul,** ein weiteres Beispiel der Sakralkunst des Rokoko.

Im Ludwig-Landl

Oberammgau ist schon »Ludwig-Landl«, und weil vom Ruhme des Monarchen und dem Geld, das dieser mit sich bringt, auch ein Stück auf das Umland seiner Schlösser abfällt, ehrt man den Bayernkönig denn auch jeweils am Vorabend seines Geburtstags, am 24. August. Aus Brennholz-Scheiten wird auf dem Oberammergauer Hausberg, dem Kofl, eine riesige Königskrone errichtet, die nach Anbruch der Dunkelheit mit musikalischer Untermalung feierlich entzündet wird. Es lebe der »Kini«!

Kloster Ettal

Allgäu-Atlas: S. 239, F 2
Vor dramatischer Bergkulisse erhebt sich die überdimensionale Kuppel der Wallfahrtskirche des Klosters Ettal. 1330 schon stiftete Ludwig der Bayer an der Stelle, wo das Pferd des Kaisers vor einer Tanne dreimal in die Knie gegangen sein soll, ein Kloster, dessen kostbarster Besitz eine vom Kaiser aus Italien mitgebrachte marmorne Marienfigur wurde. Sie wurde Zentrum einer Wallfahrt. Zu Ruhm und Ehren gelangte das Kloster aber erst in der Barockzeit. Während des Nationalsozialismus fanden die Widerstandskämpfer Pater Rupert Mayer und Dietrich Bonhoeffer hier Unterschlupf, obwohl der Abt bereits von der Gestapo verhaftet worden war. Allerdings musste sich auch Kloster Ettal im Rahmen der jüngsten Zwangsarbeiterdiskussion verantworten.

Barock und Bier

Die Kirche, ein ursprünglich gotischer Bau, erhielt ihre heutige Gestalt als zwölfeckiger Zentralbau im 18. Jh. Himmelwärts führt der Blick durch das gewaltige Kuppelfresko des Tirolers Jakob Zeiler, auf dem die Engel aus 400 Kehlen die Herrlichkeit Gottes und des Benediktinerordens preisen.

Die Besuchermassen strömen von der Kirche geradewegs ins Klosterbräustüberl, um nach barockem Kunstgenuss ebenso barock zu speisen. An kalten Tagen wärmt der berühmte Klosterlikör, für den im Mittelalter der Klosterapotheker Rezepturen komponierte, und an warmen Tagen kühlt das Ettaler Klosterbier, das hier seit dem 16. Jh. gebraut wird. Der Tagesablauf der Mönche ist zwar wie vor 700 Jahren den Regeln des heiligen Benedikt unterworfen, doch das Wirtschaftsle-

Ettaler Mühle

Wer im Klosterbräustüberl keinen Platz gefunden hat, kann in der Ettaler Mühle (an der Abzweigung nach Linderhof) einkehren. Das schöne Gasthaus lockt an Sommertagen mit Biergarten und Spielplatz.

ben hat sich dem 21. Jh. angepasst, davon zeugt nicht zuletzt die klostereigene Website (www.kloster-ettal.de).

Schloss Linderhof

Allgäu-Atlas: S. 239, E 2
Im verschwiegenen Graswangtal liegt Ludwigs intimstes und wohnlichstes Schloss: Linderhof. Hier verbrachte er, anders als in den anderen Schlössern, tatsächlich mehr als nur ein paar Nächte. Eines der Lustschlösser im Park von Versailles, das Petit Trianon, diente als Vorbild für die »Königliche Villa«, wie Ludwig das Schloss gern nannte.

Mittelpunkt des königlichen Appartements war das riesige **Schlafzimmer** mit dem gewaltigen Bett in Ludwigs Lieblingsfarbe Blau. Sein Allerheiligstes ist zugleich eine Huldigung an den Sonnenkönig Ludwig XIV. und das absolute, das ›wahre‹ Königtum.

Im **Speisezimmer** ist das berühmte »Tischlein deck dich« ein trauriges Symbol für die Kommunikationsunfähigkeit des Königs, der an dem bis in die Küche versenkbaren Tisch ohne die Anwesenheit von Dienern speisen

Kloster Ettal

konnte und dafür Gesellschaft mit imaginären ›Seelenverwandten‹ aus dem Frankreich des Sonnenkönigs pflegte.

Ein Höhepunkt ist der prunkvolle **Spiegelsaal,** dessen Wirkung noch beeindruckender sein musste, wenn Ludwig, der Nachtmensch, hier beim Schein unzähliger Kerzen weilte.

Garten der Überraschungen

Der Name Linderhof geht auf eine alte Linde zurück, die Ludwig bei der Anlage des Parks nicht fällen lassen wollte. Vielmehr ließ er in ihrer Krone einen Freisitz errichten – einen herrlichen Platz für ein königliches Frühstück. Ansonsten ist der Garten im streng abgezirkelten französischen Stil angelegt, Wasserspiele jeweils zur vollen Stunde verleihen ihm besonderen Liebreiz.

Von Ludwigs exotischen Träumen erzählt der **Maurische Kiosk,** den Ludwig auf der Pariser Weltausstellung 1867 entdeckte und aufkaufte. Eine Kopie des persischen Pfauenthrons ließ er einfügen. Das **Marokkanische Haus** erwarb er 1878, ebenfalls auf der Weltausstellung. In exotische Gewänder gekleidete, auf Teppichen lagernde Diener bildeten die lebende Bilder, die Ludwig von Zeit zu Zeit inszenierte.

Vor allem aber ließ der Theaterliebhaber Schauplätze aus Wagner-Opern nachempfinden. Die **Hundinghütte** etwa, in der Ludwig Metgelage nach germanischem Vorbild zelebrierte, entführt in den ersten Akt der »Walküre«. Die Idee zur **Einsiedelei des Gurnemanz** lieferte »Parsifal«. Das verfallene Gebäude wurde rekonstruiert, die Innenausstattung ging allerdings unwiderruflich verloren.

Die meisten Besucher zieht es zur **Venusgrotte** aus dem ersten Akt des »Tannhäuser«: eine künstliche Tropfsteinhöhle mit Wasserfall und See. Gern ließ sich Ludwig in einem elektrisch betriebenen Muschelkahn über den See fahren. 24 Dynamo-Maschinen, das erste »Elektrizitätswerk« Bayerns gewissermaßen, sorgten für perfekte Illusion (April–Sept. 9–18 Uhr, Okt.–März 10–16 Uhr, Kartenreservierung Tel. 088 22/920 30).

PFRONTEN UND UMGEBUNG

Wanderer, Radler, Gesundheitsurlauber – sie alle finden hier am Alpenrand, im weiten Talkessel der Vils ein ideales Revier. Der Breitenberg, der Hausberg der Pfrontener, ist durch eine Bergbahn erschlossen, die den Zugang zu einem ausgedehnten Wanderrevier eröffnet, und wen ein Zipperlein plagt, der legt sich zu Kurzwecken ins duftende Bergheu.

Pfronten

Allgäu-Atlas: S. 238, C 2

Das Wahrzeichen Pfrontens, die Pfarrkirche **St. Nikolaus** mit ihrem weithin sichtbaren barocken Turm und eindrucksvoller illusionistischer Kuppelmalerei aus dem 18. Jh., steht in Berg, einem der 13 Ortsteile Pfrontens.

Natürlich will auch Deutschlands höchste Burgruine, die **Burg Falkenstein,** erobert werden. Hier würde sich heute, hätten Zeit und Geldbeutel des Bayernkönigs es zugelassen, ein weiteres Königsschloss erheben. Noch viel märchenhafter als Neuschwanstein hätte es nach den Entwürfen des Bühnenmalers Christan Jank werden sollen. Hier hatte schon 1280 Graf Meinhard von Tirol eine Burg erbaut, eine provokante Drohgebärde in Richtung Herzogtum Bayern gewissermaßen. Als Wohnburg war sie durch die Lage in 1268 m Höhe und die schlechte Versorgungsmöglichkeit mit Wasser und Lebensmitteln wenig attraktiv. Außerhalb der Sommermonate war sie von ihren Burgherren kaum bewohnt, was den Verfall förderte, so dass sie schon Ende des 16. Jh. kaum mehr als ein Steinhaufen war. Während des Dreißigjährigen Krieges wurde Burg Falkenstein gänzlich niedergebrannt und interessierte niemanden, bis die Ruine König Ludwig ins Auge stach. 1883 ließ der Märchenkönig trotz desolater Finanzlage Pläne für ein weiteres Schloss anfertigen, doch lediglich eine Fahrstraße und eine Wasserleitung wurden realisiert, dann kam der Tod des Königs dazwischen. So blieb die letzte Vision des Träumers ein Traum, und Pfronten blieb ruhig und beschaulich. Die Zufahrt zum Falkenstein ist tagsüber nur Gästen des gleichnamigen Hotels möglich; viel schöner ist es ohnehin, ihn zu Fuß zu ersteigen und sich den Ausblick über das Ostallgäu bis zur Zugspitze zu verdienen. Die Ruine wird derzeit restauriert.

Kur- und Verkehrsamt: Allgäuerstr. 6, 87459 Pfronten, Tel. 08363/69888, Fax 69866, www.pfronten.de

Hotel Bavaria: Kienbergstr. 62, 87459 Pfronten-Dorf, Tel. 08363/

9020, Fax 6815. Gehobener Landhausstil, großzügige Bäderabteilung, Bergwiesen-Heukur, DZ ab 136 €.
Burghotel auf dem Falkenstein: Auf dem Falkenstein 1, 87459 Pfronten, Tel. 083 63/91 45 40, Fax 914 54 44. Ruhiges Hotel in 1277 m Höhe, DZ ab 104 €.
Schlossanger Alp: Am Schlossanger 1, 87459 Pfronten, Tel. 083 63/91 45 50, Fax 91 45 55 55, www.schlossanger.de. Berghotel am Fuße des Falkensteins, absolute Ruhe, Schwimmbad, ausgezeichnetes Restaurant, DZ ab 118 €.
Hotel-Garni Zugspitzblick: Edelsbergweg 71, 87459 Pfronten-Halden, Tel. 083 63/ 910 10, Fax 910 199. Schöner Ausblick, Felsenschwimmbad, Sauna, auch Appartements, DZ ab 56 €, FeWo 50–93 €.
Landhaus Zech: 87459 Pfronten-Meilingen, Tel. 083 63/85 88, Fax 85 58. Gemütliche Zimmer und Appartements, Sonnenwiese mit Schwimmbad, DZ ab 32 €, FeWo 30–50 €.
Beim Hummelbaur: Obweg 44, 87459 Pfronten-Heitlern, Tel. 083 63/85 94, Fax 88 53. Kinderparadies auf dem Bauernhof, FeWo 25–75 €.

Schlossanger Alp (s. Unterkunft): Preisgekrönte Küche in herrlicher Lage, moderat bis teuer.
Restaurant St. Magnus im Alpenhotel Krone: Pfronten-Dorf, Tirolerstr. 29, Tel. 083 63/690 50. Ambitionierte Küche mit heimischen Produkten, moderat bis teuer.
Dorfwirt: Tirolerstr. 36, Di geschl. Nette Wirtsstube, Allgäuer Spezialitäten, günstig.

Alpenbad: Pfronten-Meilingen, Falkensteinweg 14, Tel. 083 63/85 85. Familienbad für alle Jahreszeiten.
Breitenbergbahn und Hochalpbahn: Pfronten-Steinach, Tel. 083 63/392 und 58 20
Fohlenhof Sengmüller: Pfronten-Weißbach, Tel. 083 63/85 21

Burgruine Falkenstein

Nesselwang

Allgäu-Atlas: S. 238, B 1
Zwischen Grüntensee und Alpspitze (1575 m) erstreckt sich der Ferienort Nesselwang. Das Ortszentrum, das unter starkem Durchgangsverkehr leidet, wird von der mächtigen Zwiebelhaube der Pfarrkirche St. Andreas dominiert (s. Titelbild).

Ein schöner Fußweg (ca. 45 Min.) führt zur **Wallfahrtskirche Maria Trost** auf dem Wankerberg. Die Geschichte der Wallfahrt begann im 17. Jh. mit einem nach einem Brand unversehrt gebliebenen Muttergottesbild aus Regen in Niederbayern, das auf Umwegen ins Allgäu gelangt war. Die Opfergelder flossen, auch nachdem das Gnadenbild an die rechtmäßigen Erben zurückgegeben und durch eine Kopie ersetzt worden war, so reichlich, dass 1704 die heutige Kirche, die nach und nach prächtig ausgestattet wurde, erbaut werden konnte.

Ein Kleinod ist die zweite Nesselwanger Wallfahrtskirche: **Maria Rain** im gleichnamigen Ortsteil. Das spätgotische Kirchlein aus dem ausgehenden 15. Jh., von außen sehr bescheiden, prunkt im Inneren mit einer kostbaren Ausstattung aus dem 16.–18. Jh.

Das Bierbrauerdorf

Doch nicht nur Kunstfreunde, auch Bierliebhaber kommen hier auf ihre Kosten. Nesselwang liegt an der alten Römerstraße, die ab dem Mittelalter eine wichtige Salz- und Handelsstraße war. Von den Brauerei-Gasthöfen, die schon im 17. Jh. Stützpunkte für Reisende und Fuhrleute entlang der Route waren, haben die Bärenbrauerei und die Post-Brauerei überlebt. »Es braut sich etwas Gutes zusammen ...« ist denn auch das Thema der Brauereiwanderung durch Nesselwang.

Die Alpspitz-Bahn erschließt ein ausgedehntes Wandergebiet. Neben zwei ortseigenen Badeweihern garantiert der nahe Grüntensee Badespaß inmitten der Natur.

Gästeinformation: Lindenstr. 16, 87484 Nesselwang, Tel. 083 61/ 194 33 und 92 30 40, www.nesselwang.de

Brauereigasthof Hotel Post: Hauptstr. 25, 87484 Nesselwang, Tel. 083 61/309 10, Fax 309 73. Im Ortszentrum, gepflegte Regionalküche; Führungen durch das hauseigene Brauereimuseum, Bierseminare, DZ ab 78 €.
Alpenseehof: Attlesee 14, 87484 Nesselwang, Tel./Fax 083 61/637. Bauernhof in herrlicher Lage am Attlesee-Weiher, Spielplatz, Ponyreiten, Badestube, Golfübungswiese, FeWo ab 28 €.
Ferienhof Mayr: Attlesee 5a, 87484 Nesselwang, Tel. 083 61/12 00 und 569, Fax 17 66. Bio-Bauernhof mit Spielplatz, Ponyreiten, Bademöglichkeit, FeWo ab 25 €.

Brauerei-Gasthof Bären: Hauptstr. 3, Tel. 083 61/32 55. Zünftige Allgäuer Schmankerl und Bierspezialitäten aus hauseigener Brauerei, Kinder-Happy-Hour im Sommer, moderat.

Baden: Attelsee und Kögelweiher, Alpspitz-Bade-Center, Tel. 083 61/ 92 16 20, Erlebnisbad mit Saunalandschaft. **Alpspitzbahn** mit **Sommerrodelbahn:** Tel. 083 61/12 70 oder 771. **Nordic Walking:** Infos über Kurse und Routen im Fremdenverkehrsamt.

Burg Hohenfreyberg

Eisenberg

Allgäu-Atlas: S. 238, C 1
Der Ferienort Eisenberg besteht aus 17 Dörfern und Weilern. Der Ortsteil Zell wird überragt von den imposanten Burgruinen Eisenberg und Hohenfreyberg. Vom Ortszentrum gehen mehrere beschilderte Wanderwege aus. Die Zufahrt bis zur Schlossberg-Alpe ist möglich.

Burg Eisenberg

Die Burg wurde 1340 als Sitz der Edelfreien von Hohenegg erstmals erwähnt. Bevor sie im Bauernkrieg kurzzeitig von aufständischen Bauern besetzt und beschädigt wurde, hatte sie mehrfach den Besitzer gewechselt. Während des Dreißigjährigen Krieges wurde sie wie die nahe gelegenen Burgen Hohenfreyberg und Falkenstein niedergebrannt, weil man fürchtete, sie würden den Schweden in die Hände fallen. 1980 wurde sie von der Gemeinde aufgekauft und nach und nach instandgesetzt. Die so genannte Mantelmauer, eine sehr hohe Ringmauer, die die auf eiförmigem Grundriss stehende Kernburg wie ein Mantel umschließt, ist heute noch gut auszumachen. Vom außerhalb stehenden Viereckturm genießt man herrliche Blicke auf die Ortschaften im Tal und den Alpenkamm.

Burg Hohenfreyberg

Ein kurzer Spaziergang verbindet Burg Eisenberg mit Hohenfreyberg, einer der größten Burgruinen Bayerns. Sie gehörte im frühen 15. Jh. zu den letzten Burgen, die überhaupt errichtet wurden, denn die Zeit des Rittertums neigte sich ihrem Ende zu. Das Aufbegehren der Ritterschaft gegen die neue Zeit zeigt sich deutlich am Beispiel des Burgherrn Friedrich Freyberg zu Hohenfreyberg, der die mächtige Gipfelburg mit hohen Mauern und Türmen bewusst im Stil einer zweihundert Jahre älteren Anlage erbauen ließ.

Heute wird die Romantik des Verfalls zusehends von Traktor und Mischmaschine gestört, denn seit 1995 wird die Ruine Hohenfreyberg fachkundig restauriert.

Das **Burgmuseum** im Ortsteil Zell informiert über die Geschichte des Burgenlandes Allgäu und stellt Funde aus den Burgen Eisenberg und Hohenfreyberg aus (Sa, So, Fei 13–16 Uhr).

Die **Wallfahrtskirche Maria Hilf** (17. Jh.) in Speiden besticht durch ihre ganz und gar nicht aufdringlichen Stuckarbeiten und die schön beschnitzten Kirchenbänke. Eine gelungene Mischung aus Eleganz und Volkstümlichkeit zeichnet das Gotteshaus aus. Nebenan hält eine Holzschnitzerwerkstatt alte Traditionen aufrecht. In der Nachbarschaft der Kirche hat in Bayern ein Wirtshaus zu stehen: In Speiden handelt es sich gleich um eine Brauerei mit angeschlossenem Gasthaus.

Gemeinde Eisenberg: 87637 Eisenberg, Tel. 08364/1237, Fax 987154, www.eisenberg-allgaeu.de

Gockelwirt: Probstener Str. 23, 87637 Eisenberg, Tel. 08364/830, Fax 8320. Landgasthof mit gepflegtem Restaurant und Hallenbad, auch Ferienwohnungen, DZ ab 70 €.

Sudhaus Kössel-Bräu: Speiden. Brauhaus mit Bier aus eigener Brauerei, Speisen vom kalten und warmen Büfett, nach Hausschlachtung Fleisch- und Wurstspezialitäten, Di–Fr 15.30–24 Uhr. Sa, So ab 10 Uhr, moderat bis günstig.

Schlossberg-Alpe: Idyllischer Platz mit Bergblick, deftige Allgäuer Spezialitäten, Mo Ruhetag, günstig.

Seeg

Allgäu-Atlas: S. 238, C 1

»Die Seeger Kirche ist die Bürgersfrau, die Wies ist die feine Hofdame«, hieß es einst, und noch heute wird die Pfarrkirche St. Ulrich in Seeg gern als die »kleine Wies« bezeichnet. Das Gotteshaus wurde 1700–1711 nach Plänen des Füsseners Johann Jakob Herkomer erweitert. Stuckaturen, Fresken und Altäre aus dem späten 18. Jh. verwandelten St. Ulrich in ein Rokoko-Juwel.

Natürlich gibt es auch in Seeg mehr Wanderwege, als man im Laufe eines Urlaubs erwandern kann. Wer müde ist, reitet hoch zu Kamel durch die Voralpenlandschaft. Die Seegerin Christine Sieber widmet sich, seitdem sie 1997 mit dem einzigen deutschen Kamelclub zu Studienzwecken in Arabien weilte, der Aufzucht von Dromedaren. Anschließend lockt der Schwaltenweiher zur Abkühlung.

Verkehrsamt: Hauptstr. 39, 87637 Seeg, Tel. 08364/983033, Fax 983040, www.seeg.de

Alpe Beichelstein: Tel. 08364/397, Do Ruhetag. Beliebtes Ausflugsziel mit Aussichtsterrasse.

Wildfarm Gamshof mit Streicheltieren, Spielplatz und Brotzeitstube, Langegg 248, Tel. 08364/666, Di Ruhetag. **Kamelsafaris:** Engbolz 115, Tel. 08364/339, www.rent-a-camel.de.

KAUFBEUREN UND UMGEBUNG

Die größte Stadt des Ostallgäus ist auch das Geschäftszentrum der Region. Im benachbarten Neugablonz fand nach dem Zweiten Weltkrieg die sudetendeutsche Schmuckindustrie eine neue Heimat. Kloster Irsee schließlich ist ein Pilgerort für Liebhaber barocker Kirchenkunst und vollendeter Bierbrauerkunst gleichermaßen.

Kaufbeuren

Allgäu-Atlas: S. 234, C 2/3
Die ehemalige Freie Reichsstadt mit heute rund 44 000 Einwohnern kann auf eine mehr als 1000-jährige Geschichte zurückblicken. Ein karolingischer Königshof, der an der Stelle des späteren Franziskanerinnenklosters stand, bildete die Keimzelle der Stadt, die 1286 zur Reichsstadt erhoben wurde. Zuvor hatte man ihr durch den Bau der Stadtmauer Wehrhaftigkeit verliehen. Tuchhandel und Weberei vor allem brachten Kaufbeuren in den folgenden Jahrhunderten zu Wohlstand. Man konnte es sich leisten, die Stadt aufs Schönste zu schmücken, heute noch zeugen Mauerreste, Türme, stolze Bürgerhäuser und gotische Kirchen von der Blütezeit Kaufbeurens.

Diese Ära ging mit dem Dreißigjährigen Krieg zu Ende. Krieg und Seuchen verringerten die Bevölkerungszahlen. 1802 teilten die Kaufbeurer das Schicksal der anderen Schwabenstädte im Allgäu: Sie gerieten unter bayerische Herrschaft.

Stadtrundgang

Die **Kaiser-Max-Straße** ist zweifellos die gute Stube der Stadt. Der staufische Straßenmarkt, wo seit 1286 Wochenmarkt abgehalten wird, ist die wichtigste Einkaufsstraße der Stadt geblieben. Noch heute präsentiert sich eindrucksvoll mittelalterlicher Reichtum. Den Abschluss der Straße bildet das **Rathaus** [1], das zwar erst Ende des 19. Jh. im Stil der Neo-Renaissance erbaut wurde, sich aber würdig in das Mittelalter-Ensemble einfügt.

Schräg gegenüber vom Neptunbrunnen liegt das beliebte Café Weberhaus. Es war bis 1805 das Zunfthaus der Weber, die noch vor den Waffenschmieden die wichtigste Zunft der Stadt bildeten.

Der Bau der **Dreifaltigkeitskirche** [2] war ein Ergebnis der Spannungen zwischen den Religionen. 1604 war den Protestanten verboten worden, die St. Martinskirche weiterhin für ihren Gottesdienst zu nutzen. Prompt ließen die reichen lutherischen Kaufleute in kürzester Zeit das ehemalige Kaiserhaus, in dem Kaiser Maximilian I. während seiner zahlreichen Besuche in Kaufbeuren genächtigt hatte, zu einer der ersten protestantischen Kirchen in Deutschland ausbauen. Es entstand eine typische Predigerkirche, in der nicht der Altar, sondern die Kanzel den Mittelpunkt bildet.

Im Schutz der Stadtmauer fand im **Spielberger Hof** das **Puppentheatermuseum** 3 eine Heimat (Ludwigstr. 41a, Do-Sa 10–12, 14.30–17 Uhr, So 10–12 Uhr). Im **Jörg-Lederer-Haus** 4 hatte einer der begabtesten Holzschnitzer der Spätgotik seine Werkstatt. Er lebte und arbeitete von 1507 bis zu seinem Tod im Jahr 1550 in Kaufbeuren und hinterließ der Stadt einige seiner schönsten Werke. Im ehemaligen **Irseer Hof,** Ludwigstr. 44, unterhielten die Mönche der Abtei Irsee eine Stadtresidenz.

Kaufbeurer Mittelalter

Zu den erhaltenen Türmen der Stadtmauer gehört der 1420 als Wehrturm errichtete **Hexenturm** 5. Wahrzeichen der Stadt ist der im selben Jahr erbaute **Fünfknopfturm** 6 mit der noch von der Enkelin des letzten Türmers bewohnten Türmerstube.

Hier im Westen der Altstadt zieht sich der längste erhaltene Teil der einst 1500 m langen Stadtmauer entlang, die über drei Tortürme und neun Wehrtürme verfügte. Die bereits 1200 erbaute Mauer wurde zweihundert Jahre später durch einen Wehrgang ergänzt. Die spätgotische **St. Blasius-Kirche** 7 ist zweifellos das Schatzkästchen unter den Kaufbeurer Kirchen und erfreut durch stilistische Einheitlichkeit. Herausragend aber ist der von Jörg Lederer geschaffene Altar, wenn auch die Schnitzfiguren neben dem Kirchenpatron aus einem früheren Altar stammen. Mit Blasius, dem Patron der Wollhändler, Erasmus, dem Patron der Garnbinder, und Ulrich, dem Patron der Waffenschmiede sind hier die Schutzherren der wichtigsten Kaufbeurer Zünfte vereint. Der Wehrgang führt durch die Kirche hindurch bis zum angrenzenden Blasiusturm. So konnten die Angehörigen der Bürgerwehr in der Kapelle ein Gebet verrichten, ohne ihren Posten zu verlassen (tägl. außer Mo 10–12, 14–16 Uhr; Schlüssel im Mesnerhaus gegenüber erhältlich).

Das Cescentia-Kloster

Ein letzter Blick über die Dächer und Türme der Stadt, dann geht es, vorbei an kleinen Giebelhäusern, in denen im 15./16. Jh. auch Kaufbeurer Leineweber lebten, zum **Crescentia-Kloster** 8. Wo einst die hl. Crescentia wirkte und 1744 starb, erinnert heute eine Gedenkstätte in dem ihr geweihten und immer noch von Schwestern bewohnten Kloster an ihr Lebenswerk. Die Oberin der Franziskanerinnen ist die jüngste Heilige des Schwabenlandes: Der Festtag ihrer Heiligsprechung ist der 25. November 2002. Die Reliquien der wackeren Ordensfrau, die in einem Schrein im Kirchlein ruhen, wurden anlässlich der Seligsprechung 1900 gefasst. (Am Obstmarkt 5, Mi 15 Uhr, jeden ersten und letzten Sa im Monat 15 Uhr.) Auf dem Weg zum **Geburtshaus der hl. Crescentia** 9 passiert man

KINDER SPIELEN STADTGESCHICHTE

Hoch zu Ross hält Kaiser Maximilian Einzug in die Stadt. Vor dem Rathaus haben sich die Vertreter der Zünfte versammelt, der Kaiser hält eine Rede. Doch Maximilian verhaspelt sich. Das Mikro rauscht, er kämpft mit seiner Würde und atmet auf, als Applaus aufrauscht.

Unbestrittener Höhepunkt des Kaufbeurer Festkalenders ist das Tänzelfest, das älteste Kinderfest in Bayern. Lange Zeit glaubte man, der Kaiser habe das Tänzelfest 1497 anlässlich eines seiner Besuche in Kaufbeuren gestiftet. Tatsächlich sind die Ursprünge des Festes, das sich auf jeden Fall bis ins 16. Jh. zurückverfolgen lässt, bis heute nicht geklärt, möglicherweise entstand es wie zahlreiche andere Kinderfeste im Allgäuer Raum im Mittelalter, als kindliche Imitation von Zunftfesten.

Immer hat das Tänzelfest seine Zeit gespiegelt. In kriegerischen Zeiten standen militärische Übungen im Mittelpunkt, nach dem Dreißigjährigen Krieg sollte das Fest in erster Linie der Freude der Kinder dienen, die um eine unbeschwerte Kindheit betrogen worden waren. Heute steht es unter dem Motto »Kinder spielen die Geschichte ihrer Stadt«.

In einem gewaltigen Umzug mit Pferden und Musikkapellen ziehen 1600 Kinder in mittelalterlichen Trachten und Renaissance-Gewändern durch die Straßen. Jagdgesellschaften und Gauklertruppen gehören ebenso dazu wie die Kaufbeurer Zünfte, Landsknechtsgruppen aus dem Dreißigjährigen Krieg, schmucke Bauernpaare und biedermeierliche Gruppen aus dem 19. Jh. Zunft- und Reigentänze werden aufgeführt, ein zünftiges Lager abgehalten, und das Allerbeste ist: Auch die »Alten« dürfen mitfeiern.

Atlas: S. 234

den **Tänzelfestbrunnen.** Er zeigt Anna vom Hof, der Sage nach die Gründerin des Frauenklosters, und Tänzelfestkinder – eine Hommage an das wichtigste Fest der Stadt.

In dem Haus in der Neuen Gasse wurde 1682 Anna Höss als Tochter armer schwäbischer Webersleute geboren, die wie der Großteil der Handwerkerfamilien der katholischen Minderheit angehörten. Sie trat ins Kloster ein und nahm den Ordensnamen Crescentia an. Als praktisch veranlagte und zudem überaus geistreiche Oberin stand sie dem Franziskanerinnenorden vor. Darüber hinaus war die tatkräftige Seelsorgerin, die den kirchlichen Würdenträgern durchaus Kontra geben konnte, Beraterin wichtiger Persönlichkeiten ihrer Zeit und zählte allein 70 Fürsten zu ihren Briefpartnern.

Kaufbeurer Literaten

Im **Stadtmuseum** 10, das Informationen zur Stadt- und Regionalgeschichte aufbereitet hat, wird auch der bayerische Heimatdichter schlechthin, Ludwig Ganghofer, geehrt. Er erblickte in Kaufbeuren das Licht der Welt, aber

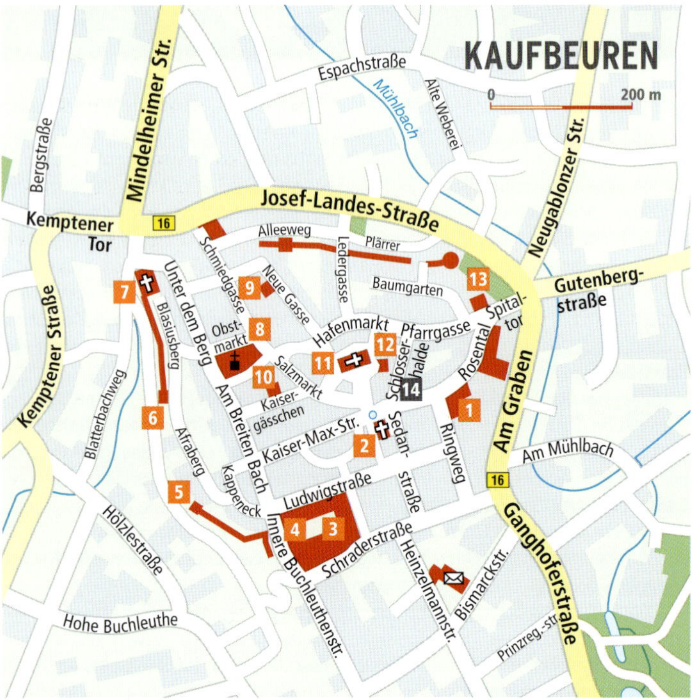

seine berühmten gemütvollen Romane, Erzählungen und Volksstücke schrieb er in Oberbayern. Bis heute ist er der meistverfilmte deutsche Schriftsteller. (Kaisergässchen 12–14, Di–Sa 9–12, 14–17 Uhr, So/Fei 9–12 Uhr.)

Die spätgotische katholische **Stadtpfarrkirche St. Martin** 11 betritt man noch durch das Portal des romanischen Vorgängerbaus. Der Innenraum wurde im Laufe der Jahrhunderte mehrfach umgestaltet, zunächst barock, später neugotisch. An die Zeit künstlerischer Hochblüte in Kaufbeuren erinnern einige spätgotische Schnitzarbeiten wie die Anbetung der Könige von Hans Kels d. Ä. (1525).

Im **Ganghofer-Haus** 12 wurde 1855 der Heimatdichter Ludwig Ganghofer geboren. Seine Jugend in Kaufbeuren beschreibt er in seiner Autobiografie »Lebenslauf eines Optimisten«. Zwei weitere Vertreter der schreibenden Zunft stammen aus Kaufbeuren: 1731 wurde in der Ludwigstraße 2 Sophie von La Roche geboren, die Verfasserin des Romans »Das Fräulein von Sternheim« und Herausgeberin der ersten deutschen Frauenzeitschrift, 1929 kam der Lyriker und Essayist Hans Magnus Enzensberger zur Welt.

Die Architektur des 1996 eröffneten **Kunsthauses** 13 an der alten Stadtmauer empfindet mit modernen Mitteln mittelalterliche Bauformen nach. Neben wechselnden Ausstellungen nimmt die Kunstvermittlung einen großen Raum ein.

Sehenswürdigkeiten

1 Rathaus
2 Dreifaltigkeitskirche
3 Spielberger Hof mit Puppentheatermuseum
4 Jörg-Lederer-Haus
5 Hexenturm
6 Fünfknopfturm
7 St. Blasius-Kirche
8 Crescentiakloster
9 Geburtshaus der hl. Crescentia
10 Stadtmuseum
11 St. Martinskirche
12 Ganghofer-Haus
13 Kunsthaus

Essen und Trinken

14 Rathaus-Café

Die Dampflokrunde

Eine schöne Radtour führt von Kaufbeuren über Lechbruck, Stötten und Marktoberdorf wieder zurück zum Ausgangspunkt. Ein Großteil der Strecke (78 km) wird auf stillgelegten Bahntrassen zurückgelegt. Infos unter dem Stichwort »Dampflokrunde« bei den Verkehrsämtern.

Neugablonz

Der Kaufbeurer Stadtteil Neugablonz wurde nach dem Zweiten Weltkrieg

NEUGABLONZ – EIN SONDERFALL DER GESCHICHTE

Nach dem Ende des Zweiten Weltkriegs fanden Flüchtlinge und Heimatvertriebene aus dem Osten, aus Böhmen, Schlesien und dem Sudentenland, im Allgäu eine neue Heimat. So viele kamen ins Land, dass die Allgäuer Bevölkerung um ein Drittel anstieg.

Einzigartig aber war die Ansiedlung von 18 000 Heimatvertriebenen aus Gablonz im Sudetenland im Raum Kaufbeuren. Sie schufen sich im Allgäu eine neue Existenz und machten den neu entstandenen Ortsteil Neugablonz zum Markenzeichen. Im heimischen Sudetenland hatten sie durch die Erzeugung von Modeschmuck Weltruf erworben. Was lag näher, als mit diesem Know-how im Westen neu anzufangen? Auf dem Gelände einer einstigen Dynamit-Fabrik, das die Stadt Kaufbeuren zur Verfügung gestellt hatte, begann alles. Der wirtschaftliche Erfolg kam schnell, Schmuck aus Neugablonz erlangte bereits Anfang der 50er Jahre wieder weltweite Bedeutung. Die Gablonzer Neubürger waren ganz und gar keine Sozialfälle, was jedoch auch den Neid der alteingesessenen Allgäuer schürte. Die Integration ging nur langsam voran, obwohl bereits 1947 die erste ›Mischehe‹ geschlossen wurde. Ein Zeichen des guten Willens der Allgäuer wurde schließlich gesetzt, als eine Kaufbeurer Brauerei die erste Gaststätte in Neugablonz eröffnete.

Doch die junge Generation zog es fort. Bereits in den 1960er Jahren gingen viele junge Leute zum Studium in die Universitätsstädte, ein großer Teil von ihnen kam nicht mehr ins Allgäu zurück. Zahlreiche Betriebe blieben ohne Nachfolger.

Heute hat Neugablonz 14 000 Einwohner, aber längst keine homogene Bevölkerungsstruktur mehr. In den Wohnblocks der Nachkriegszeit leben heute viele Russlanddeutsche und Türken – eine Mischung, die erneut für Zündstoff sorgt ...

durch die Ansiedlung von 18 000 Sudetendeutschen aus dem tschechischen Gablonz (Jablonec nad Nisou) zum Zentrum des Modeschmucks in Deutschland. Heute macht den Betrieben freilich die Konkurrenz aus Billigländern zu schaffen. Von der Schmuckherstellung hat man mehr und mehr auf die Produktion technischen Zubehörs für Großbetriebe umgestellt.

In dieser größten Ansiedlung Heimatvertriebener in ganz Europa werden die Traditionen und die Mundart der verlorenen Heimat bis heute sorgfältig gepflegt. Man stellte den alten Gablonzer Stadtbrunnen des Jugendstil-Bildhauers Franz Metzner wieder auf, und im **Gablonzer Haus.** Und das im Jahr 2003 neu eröffnete **Isergebirgsmuseum** im Gablonzer Haus (www.isergebirgs-museum.de) ermöglicht ei-

Die Pfarrkirche von Irsee

ne unterhaltsame Reise durch die deutsche Geschichte und führt in die Glitzerwelt der Gablonzer Schmuckwarenindustrie ein (Marktgasse 8, Di–So 14–17 Uhr). Im **Haus der Gablonzer Industrie** ist eine Schmuckausstellung (mit Verkauf) zu sehen (Neue Zeile 11, Mo–Fr 9–12, 13–17 Uhr, Sa 9–12 Uhr).

Kloster Irsee

Allgäu-Atlas: S. 234, C 2
Die barocke Pfarrkirche von Irsee, bis zur Säkularisation 1803 Klosterkirche, entstand wie das Kloster selbst an der Schwelle vom 17. zum 18. Jh. Feine Stuckaturen schmücken den Raum, in dem die ungewöhnliche Schiffskanzel

den Akzent setzt: ein starkes Schiff in den Wogen der Welt. Der Kanzelkorb hat die Form eines Schiffsbugs, auf dem Schalldeckel flattert ein blaues Segel.

Das Prunkstück der ehemaligen Abtei ist das Treppenhaus, dessen prächtige Ausschmückung am einstigen Rang der geistlichen Residenz keinen Zweifel lässt. Die Klosterräume, in denen heute das Schwäbische Bildungszentrum untergebracht ist, sind wie Museum und Bibliothek nur im Rahmen einer Führung zu besichtigen.

Ein 1981 eingeweihtes Denkmal von Martin Wank erinnert an ein dunkles Kapitel der Klostergeschichte: Während des Nationalsozialismus wurden über 2000 Patienten der damaligen Heil- und Pflegeanstalt Irsee in Vernichtungslager deportiert und ermordet.

Zu einem rechten bayerischen Kloster gehört eine Brauerei. Und damit man vor dem Genuss auch noch etwas für die Bildung tut, ist ein kleines Braumuseum angegliedert (tägl. 9-19 Uhr) .

Verkehrsverein: Kaiser-Max-Str. 1, 87600 Kaufbeuren, Tel. 08341/40405, Fax 73962, www.kaufbeuren-tourismus.de

Gasthof Irseer Klosterbräu: 87600 Kaufbeuren, Tel. 08341/432200. Gemütliche, komfortable Zimmer im alten Gasthof. DZ ab 75 €.

Landgasthof zum Goldenen Schwanen: Paul-Gaupp-Str. 1, 87600 Kaufbeuren-Frankenried, Tel. 08341/93960, Fax 939630. Gemütlicher Landgasthof mit familienfreundlichen Gastzimmern, regionale Küche mit kreativen Elementen, DZ ab 62 €.

Gasthof Irseer Klosterbräu: (s. Unterkunft). Traditionsreicher Gasthof mit mittelalterlichen Gewölben und Biergarten, Schmankerl wie Bierbrotsuppe und Wildgerichte, dazu selbst gebrautes Bier, moderat.

Rathaus-Café 14: Kaiser-Max-Str. 4, So Ruhetag. Konditorei-Spezialitäten, kleine, feine Speisekarte, moderat bis günstig.

Platzl: Neue Gasse 8, gemütlich-urige Kneipe.

Kneipe und Café Altbau: beim Kloster Irsee. Netter Biergarten, regelmäßig Kleinkunstveranstaltungen.

Festival Klang und Raum: Festival mit Musik aus der Entstehungs- und Blütezeit des Klosters Irsee, gespielt auf Originalinstrumenten in den historischen Räumen des Klosters. 1. Sept.-Woche, Tel. 08341/906699, www.kloster-irsee.de

Tänzelfest: Kinderfest mit Szenen aus der Stadtgeschichte; im Juli.

Kostenlose **Stadtführungen** Mai–Okt., Treffpunkt Altes Rathaus. Die genauen Termine für Stadtführungen durch die historische Altstadt, Themenführungen, Kinderführungen oder Rundgänge durch Neugablonz können beim Fremdenverkehrsamt erfragt werden.

Fahrradverleih: Neuner Fahrradcenter, Schradtstr. 9, Tel. 08341/12088

Marktoberdorf

Allgäu-Atlas: S. 234, C 3/4

Die Hauptstadt des Landkreises Ostallgäu mit ihren rund 18000 Einwohnern wirkt ländlich-gemütlich. Sie wurde 1150 als »Oberdorf« erstmals erwähnt und nannte sich nach der Markterhe-

Pfarrkirche St. Martin in Marktoberdorf

bung 1453 folgerichtig Markt Oberdorf. Größte Veränderungen erfuhr der bäuerlich geprägte Ort durch die Anbindung ans Eisenbahnnetz 1870. Von da an bestimmte die aufkommende Industrie mehr und mehr das Bild. 500 Jahre nach der Markterhebung schließlich wurde der Ort zur Stadt erhoben, die seither Marktoberdorf heißt.

Die wichtigsten Sehenswürdigkeiten konzentrieren sich auf dem Schlossberg, der vom einstigen Jagdschloss der Augsburger Fürstbischöfe dominiert wird. St. Martin steht unterhalb des ehemaligen Schlosses, das nun die Bayerische Musikakademie beherbergt. Um 1200 bereits war am Platz des heutigen Gotteshauses eine romanische Kirche errichtet worden, im 18. Jh. erfolgte der Umbau im Stil des Rokoko nach Plänen des Baumeisters Johann Georg Fischer. Er schuf einen mächtigen Raum mit farbigen Fresken und zartem Stuck, der prächtig und feierlich, aber keinesfalls überladen wirkt.

Hinter dem Schloss, das zur selben Zeit wie die Kirche und ebenfalls von Fischer erbaut wurde, öffnet sich eine prachtvolle, 2 km lange und 200 Jahre alte Lindenallee, die Kurfürst Clemens Wenzeslaus anlegen ließ.

Der Auerberg

Am Auerberg scheiden sich die Geister – die einen blicken ins Ostallgäu, die anderen nach Oberbayern. Auf der Kuppe thront die gotische St. Georgskirche, die schon der spätgotischen Madonna wegen, die Jörg Lederer 1520 schnitzte, einen Besuch wert ist. Den romanischen Kirchturm sollte man besteigen, denn die Aussichtsplattform ist ein herrlicher Platz, um den Blick über das Voralpenland und sein Mosaik aus Wiesen, Wäldern, Seen und Dörfern vor der grandiosen Alpenkulisse zu genießen. Spazierwege und ein Wirtshaus laden zum Verweilen ein.

Fremdenverkehrsamt: Rathaus, 87611 Marktoberdorf, Tel. 083 42/ 40 08 45, Fax 40 08 65, www.marktober dorf.de

Oberallgäu

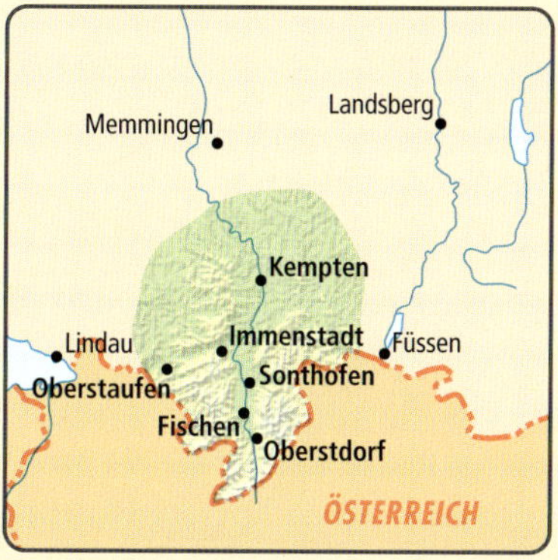

Allgäu-Atlas S. 233, 237, 238

Bauernhäuser in Riezlern im Kleinwalsertal

KEMPTEN UND UMGEBUNG

Die größte Stadt des Allgäus mit rund 62 000 Einwohnern ist Industriestandort, Verwaltungs- und Handelsstadt. Doch auch kulturell muss sich Kempten nicht verstecken, und im Umkreis von wenigen Kilometern liegen mit Wiggensbach, Buchenberg, Altusried, Sulzberg oder dem Niedersonthofener See beliebte Urlaubsorte.

Kempten

Allgäu-Atlas: S. 233, F 4
Kempten rühmt sich, eine der ältesten Städte Deutschlands zu sein, denn bereits im 1. Jh. erwähnte der griechische Geograf und Geschichtsschreiber Strabon eine Stadt namens *Kambodunon* (lat. *Cambodunum)*, was so viel heißt wie »Siedlung an der Flusskrümmung«.

Im 8. Jh. gründete der St. Gallener Missionar Theodor eine Marienkirche und eine Mönchszelle, bald darauf, im Jahr 752, ein Franke namens Audogar das Kloster Kempten, das sich im Laufe der Jahre zu einem bedeutenden Reichskloster entwickelte.

Aber auch die Siedlung an der Iller wuchs und gewann an Bedeutung. 1289 verlieh König Rudolf I. ihr den Freiheitsbrief, ab 1361 war sie Freie Reichsstadt – in der dennoch immer noch die Herren des Klosters weitreichende Rechte besaßen. Die Zeit der Streitigkeiten zwischen Stiftsstadt und Reichsstadt begann. Während des Bauernkriegs 1525 musste der Fürstabt vor den aufgebrachten Bauern in die Stadt fliehen und verkaufte als Gegenleistung für die Aufnahme durch die Bürgerschaft fast alle seine Rechte an der Stadt.

Zwei Jahre später schloss sich Kempten der Reformation an. Als Freie protestantische Reichsstadt, die von Handwerkern und Händlern geprägt war, lag sie inmitten des katholischen Stiftsgebiets. Sie unterstand unmittelbar dem Kaiser und genoss große Unabhängigkeit.

1802 war das Ende der Reichsfreiheit gekommen, und mit der Säkularisation waren auch die Tage des Stifts gezählt. Kempten wurde dem Königreich Bayern einverleibt, die einstige Stiftsstadt mit der einstigen Reichsstadt zwangsvereint. Schnell veränderte sie ihr Gesicht. Mit der Industrialisierung entstanden zahlreiche Fabriken. Um 1900 saßen mehr als 1000 Arbeiter an den Webstühlen der »Mechanischen Baumwoll-Spinn- und Weberei«.

Vor allem aber ist Kempten ein Zentrum der Molkereiwirtschaft. Hier befindet sich die größte Molkerei-Schule Deutschlands sowie eine Reihe von Einrichtungen, die die Qualität der Milch sichern und ihre Vermarktung fördern. Auch die 1921 gegründete Süddeutsche Butter- und Käsebörse hat ihren Sitz in Kempten. Sie ist zuständig für die Bundesländer Bayern, Baden-Württemberg und Sachsen. 120 Molkereien melden hier, wie viele Milchprodukte sie in der vergangenen Woche zu welchen Preisen verkauft haben. Auf dieser Grundlage werden im Allgäu die Preise für Butter und Käse ermittelt – als unverbindliche Preisempfehlung zwar, die den Händlern aber helfen, den Markt einzuschätzen. Beste Notierungen erzielt der Käse übrigens während des Münchner Oktoberfestes, wenn er als deftige Grundlage fürs Bier gebraucht wird. Der alljährliche Butter-Boom wird dagegen in der Adventszeit ausgelöst, wenn überall Plätzchen und Stollen gebacken werden.

Kempten, Stadttor

Die protestantische Bürgerstadt

An der **Burghalde** 1, wo die Römer an erhöhter Stelle ein Lager errichtet hatten, kann man Reste der alten Stadtmauer ausmachen. Hier an der Iller standen einst die schlichten Häuser der Weber. Der Handel mit Leinwand bildete in Kempten wie in vielen Allgäuer Städten jahrhundertelang die wirtschaftliche Basis.

Die evangelische Pfarrkirche **St. Mang** 2 war bis 1525 katholisch. Nachdem sich die Stadt der Reformation angeschlossen hatte, wurden die Kunstwerke zerstört. Später wurde der Innenraum barock umgestaltet, im Chor blieb jedoch das Rippengewölbe erhalten. Den Altar schuf ein Memminger Kunstschreiner im 19. Jh. und fügte hervorragende Kopien von Schnitzwerken des berühmten Tilman Riemenschneider ein.

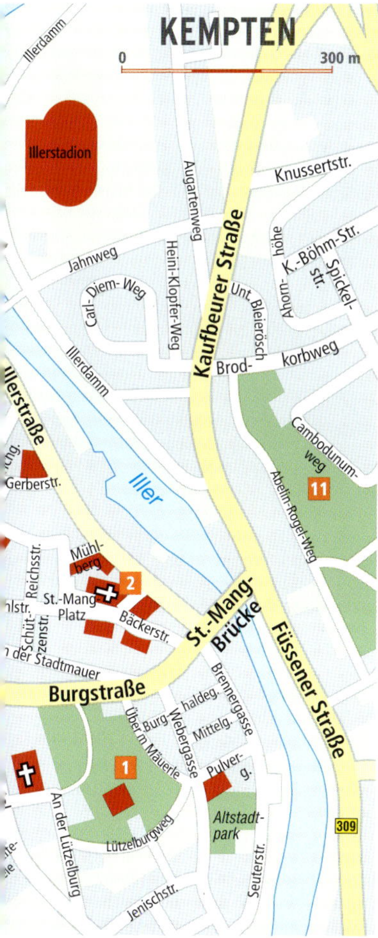

Sehenswürdigkeiten

1 Burghalde
2 St. Mang
3 Rathaus
4 König'sche Häuser
5 Residenz
6 Orangerie
7 St. Lorenz
8 Kornhaus mit Allgäu-Museum
9 Alpinmuseum und Alpenländische Galerie
10 Zumsteinhaus
11 Archäologischer Park Cambodunum

Übernachten

12 ParkHotel
13 Hotel Garni Graf

Essen und Trinken

14 Tableau
15 Schalander

Kempten, Pfarrkirche St. Mang

Wie das Stift war das Kemptener Umland katholisch geblieben. Die Industrialisierung des 19. Jh. zog viele Arbeitskräfte aus der Umgebung an, so dass heute wieder zwei Drittel der rund 60 000 Einwohner katholisch sind.

Der Rathausplatz war das weltliche Zentrum der Freien Reichsstadt. Das heutige **Rathaus** 3, hervorgegangen aus der Kornschranne, einem Fachwerkhaus, stammt aus dem Jahr 1474, wurde aber mehrfach verändert. Der Habsburger Adler an der Fassade weist darauf hin, dass die Freie Reichsstadt Kempten nur dem Kaiser untertan war.

Gesäumt wird der Platz von schön restaurierten Patrizierhäusern. Die Familien, die durch den Leinwandhandel reich geworden waren, veränderten die

Fassaden ihrer Häuser mit den Baumoden. Bemerkenswert sind der **Londoner Hof** (Nr. 2) mit der wohl schönsten Rokokofassade der Altstadt oder das im Kern gotische **Ponickauhaus** mit großzügig dimensioniertem barockem Treppenhaus und Festsaal, eine Antwort auf die prunkvolle Ausstattung der Residenz. Die damit beschäftigten Künstler arbeiteten übrigens ohne Gewissensbisse für den Fürstabt und die evangelischen Patrizier gleichermaßen.

In der Vogtstraße steht das **Müßiggengelzunfthaus** mit Renaissance-Fassade und reich verziertem Portal, einst das Zunfthaus der Großkaufleute. Die **König'schen Häuser** 4 in der Kronenstraße (Nr. 29 und 31) weisen als einzige eine barocke Fassadenbemalung auf.

Die **Freitreppe** zur Stiftsstadt wurde erst 1902/03 angelegt, um die Vereinigung der beiden Städte auch äußerlich sichtbar zu machen.

Die katholische Stiftsstadt

Das katholische Fürststift Kempten mit dem Fürstabt als Oberhaupt regierte ein großes Territorium, zu dem viele Dörfer gehörten, nicht aber die protestantische Reichsstadt. Selbstverständlich unterhielt das Stift Wirtschaftsbetriebe wie Mühlen, eine Druckerei und eine eigene Brauerei.

Die im 17. Jh. nach den Zerstörungen des Dreißigjährigen Kriegs im barocken Stil erneuerte **Residenz** 5 hatte eine Doppelfunktion, war gleichzeitig Kloster und Regierungssitz. Sie sollte Macht und Reichtum des Stifts zur Schau stellen, war aber eigentlich viel zu groß dimensioniert. Baumeister war zunächst Michael Beer, ein Vertreter der Voralberger Barockschule, nach einem Streit mit dem Fürstabt wurde er durch den Graubündner Johann Serro ersetzt.

Die Prunkräume der Residenz – Fürstensaal, Tagzimmer, Audienzzimmer, Thronsaal, selbst das Schlafzimmer – waren die Repräsentationsräume der Fürstäbte und wurden nach französischem Vorbild im feinsten Rokoko gestaltet. Von mönchischer Kargheit keine Spur, im Gegenteil: Wie jeder weltliche Fürst unterhielt der Fürstabt einen großen Hofstaat. Vom Stallmeister über den Barbier bis zum Hofnarren reichte die Schar der dienstbaren Geister. Die Mönche selbst waren allesamt adelige Herren, die keine seelsorgerischen Aufgaben erfüllten, sondern lieber typischen Vergnügungen des Adels wie der Jagd nachgingen. (Führungen Mai–Sept. tägl. außer Mo 10, 11, 14, 15 Uhr, Okt. tägl. außer Mo 14 Uhr, Nov.–April Sa 14 Uhr, Dez. während des Weihnachtsmarktes tägl. 14 Uhr.)

Der **Hofgarten** wurde in den 1950/60er Jahren nach seiner wenig rühmlichen Vergangenheit als Exerzierplatz wieder hergestellt. Seinen nördlichen Abschluss bildet die **Orangerie** 6, in der in barocker Zeit exotische Pflanzen gezogen wurden und heute die Stadtbibliothek untergebracht ist.

Die ursprüngliche Klosterkirche **St. Lorenz** 7, eine dreischiffige romanische Basilika, wurde im Dreißigjährigen Krieg niedergebrannt. Die neue, wie die Residenz von Michael Beer und später

Johann Serro geplante Klosterkirche, der erste Kirchenbau der Gegenreformation in Süddeutschland, war gleichzeitig Kloster- und Gemeindekirche – eine ungewöhnliche Kombination.

Der frühbarocke Raum erstrahlt seit der letzten Renovierung in den 1990er Jahren wieder in den wohl originalen Gold-Weiß-Tönen. Die wahre Pracht des Kirchenraums offenbart sich im Oktogon des Chors, das sich über mehrere Etagen in die Höhe zieht. Schwere Altäre in buntem Marmor setzen Akzente. Größte Kostbarkeit aber ist das Chorgestühl mit seltenen Stuckintarsien in der so genannten »Scagliolatechnik«.

Die Museen

Die wichtigsten Museen liegen in der alten Stiftsstadt nur wenige Minuten voneinander entfernt. Im ehemaligen **Kornhaus,** gegen 1700 erbaut, wurde das **Allgäu-Museum** 8 eingerichtet, das unterhaltsam Kemptener Stadtgeschichte und die Geschichte des Allgäus vermittelt. Ausgewählte Exponate entwerfen ein Bild vom Alltag des städtischen Bürgers und der ländlichen Bevölkerung im Allgäu des 19. Jh. Und damit auch die kleinen Besucher sich nicht langweilen, wurde eigens ein Kinderpfad konzipiert (Di–So 10–16 Uhr).

Wo früher Pferde und Wagen der Fürstäbte ihren Platz fanden, nämlich im barocken **Marstall,** sind heute zwei besondere Museen untergebracht: das **Alpinmuseum** und die **Alpenländische Galerie** 9. »Der Mensch und der Berg« ist das zentrale Thema des Alpinmuseums. Dabei geht es um den Berg als Ort der Verehrung in unterschiedlichen Kulturen genauso wie um die Alpen als Lebens- und Handelsraum oder die Anfänge von Alpinismus und Skisport. Die Alpenländische Galerie ist eine Zweigstelle des Bayerischen Nationalmuseums in München und zeigt spätmittelalterliche Bildwerke aus dem Alpenraum zwischen Bodensee und Ostalpen, Ulm und Südtirol (Di–So 10–16 Uhr, Jan.–März geschl.).

Die römischen Wurzeln

Auf der östlichen Illerhochterrasse lag einst die Römerstadt *Cambodunum,* die neben *Augusta Vindelicorum* (Augsburg) und *Castra Regina* (Regensburg) bedeutendste römische Siedlung der Provinz Raetien. Die jüngste archäologische Forschung sieht *Cambodunum* sogar als erste Hauptstadt Raetiens im 1. Jh. n. Chr. an.

1885 begannen die Ausgrabungen der Stadt, die anders als viele andere Römersiedlungen nicht aus einem Militärlager entstanden war, sondern als reine Zivilstadt, in der vor allem Händler und Handwerker lebten. Das Ausgrabungsgelände vermittelt als **Archäologischer Park Cambodunum** 11 ein lebendiges Bild der Vergangenheit.

Kultur in den Ruinen

Während des APC-Sommers (Juni–Sept.) ist der Archäologische Park stimmungsvolle Kulisse für Konzerte, Lesungen und Theater. Infos bei der Touristeninformation.

Im Gallo-römischen Tempelbezirk fand man die Spuren keltischer und römischer Kulte. 13 Tempel wurden auf Basis der originalen Grundmauern teilweise rekonstruiert. Kopien von Götterfiguren und Schautafeln geben Einblick in den hier praktizierten Kult.

Der zweite Komplex besteht aus den »Kleinen Thermen«, dem privaten Badehaus, das zum palastartigen Wohnhaus des römischen Statthalters gehörte. Bestens erhalten sind die 2000 Jahre alten Heizsysteme (Hypokausten) und die öffentlichen Latrinen.

Neben den »Kleinen Thermen« gab es auch die »Großen Thermen«, öffentliche Bäder mit Schwimmbad, Sauna und Sportplatz. Interessantester Baukomplex ist das Forum, das Zentrum des städtischen Lebens. Es ist umgeben von öffentlichen Gebäuden, darunter die Basilika, der größte Versammlungsraum der Stadt. Ihr Grundriss ist auf dem Parkgelände markiert. Ihr Umfang stand dem der St. Lorenz Basilika kaum nach.

Beliebt sind die Familienprogramme: Kinder backen auf römische Art im Lehmbackofen und auch Projekte wie »Römische Mode«, »Falschmünzerei«, »Mosaik legen«, »Schreiben in der Antike« machen Geschichte lebendig (Mai–Okt. Di–So 10–17, Nov.–April Di–So 10–16.30 Uhr, Jan.–März geschl.).

Die Umgebung von Kempten

Im Zentrum des Weilers **Wiggensbach** (12 km westlich von Kempten) thront die sehenswerte Rokokokirche St. Pankratius. In unmittelbarer Nähe liegt das Wiggensbacher Informationszentrum, in dem ein Heimatmuseum, die Puppengalerie Ruth Treffeisen und eine original eingerichtete Allgäuer Käsküche untergebracht sind. Ein »Käsweg« verbindet rund 20 ehemalige Sennereien des Ortes.

Zu den schönsten Seen des Allgäus gehört ganz sicher der **Niedersonthofener See** südlich von Waltenhofen (11 km südlich von Kempten). Hier kann man segeln, surfen oder baden, Badeplätze gibt es in Niedersonthofen, Oberdorf und Memhölz/Insel.

Südlich von **Sulzberg** liegt die größte Burgruine des Allgäus, im 12. Jh. schon Sitz eines Rittergeschlechts. Gemütlich geht es am kleinen **Sulzberger See** zu.

In **Altusried** ist die 1999 neu erbaute, architektonisch gelungene Freilichtbühne, unter deren Dach 2500 Zuschauer Platz finden, wichtiger Anziehungspunkt. Die Tradition der Freilichtspiele in Altusried ist aber viel älter. 1879 bereits sahen 9000 Zuschauer das erste große Freilichtspektakel, und in dem Theaterstück »Andreas Hofer« spielten 1911 500 Altusrieder mit. Nach dem Zweiten Weltkrieg wurden zwei weitere Freiheitsdramen in den Spielplan aufgenommen, »Götz von Berlichingen« und »Wilhelm Tell«, und 1986 schließlich wurde das Repertoire um ein Stück erweitert, das eigens für die Altusrieder Bühne geschrieben wurde: »Anno 1525 – Bauernkrieg im Allgäu«. Die Freilichtspiele werden alle vier bis fünf Jahre (zuletzt 1999) abgehalten, aber auch in den Jahren dazwischen wird auf der Bühne ein abwechslungsreiches Kulturprogramm geboten (Info-Tel. 083 73/70 51).

Verkehrsverein: Rathausplatz 24, 87435 Kempten Tel. 08 31/252 52 37, Fax 252 54 27, www.kempten.de

ParkHotel 12: Bahnhofsstr. 1, 87435 Kempten Tel. 08 31/252 75, Fax 252 77 77. Zentral gelegen, komfortabel, mit Restaurant Skyline im 13. Stock, DZ ab 92 €.
Hotel Garni Am Forum 13: Kottener Str. 72, 87435 Kempten Tel. 08 31/52 18 70, Fax 521 87 55. Gepflegtes, familiär geführtes Frühstückshotel, DZ ab 86 €.
Residenz Hofgut Kürnach: Unterkürnach 2, 87487 Wiggensbach, Tel. 083 70/80 70, Fax 18 63, www.hofgut-kuernach.de. Die einstige Jagd- und Sommerresidenz der Fürstäbte ist heute Familienhotel mit Kindergarten, Reitmöglichkeit, Streichelzoo, Hallenbad, Wellness, DZ ab 80 €.
Silencehotel Schwarzer Bock: 87435 Buchenberg, Tel. 083 78/940 50, Fax 083 78/94 05 20. Landhotel mit Pool und Tennishalle, ruhige Lage, DZ ab 80 €.
Pension Seebad: See 4, 87435 Sulzberg, Tel. 083 76/493, Fax 083 76/81 38. Idylle am Sulzberger See, mit eigenem Badestrand und Bootsverleih, DZ ab 46 €.
Jugendherberge: Saarlandstr. 1 (südlicher Stadtrand), 87435 Kempten Tel. 08 31/73 66 32, Fax 77 03 81.
Camping:
Insel Camping, Insel 32, 87435 Waltenhofen (Niedersonthofener See), Tel. 083 79/881, Fax 083 79/73 08.

Landhaus Henze: Wohlmutser Weg 2, Probstried, Tel. 083 74/583 20. Kulinarische Genüsse vom Fernsehkoch Christian Henze, teuer (auch Kochkurse, Info unter www.landhaus-henze.de).
Restaurant-Café Haubenschloss: Haubenschlossstr. 37, Tel. 08 31/235 10, Mo Ruhetag. Kreative Küche im ehemaligen Landschloss, eigene Konditorei, im Sommer im Schlosspark unter Kastanienbäumen, moderat bis teuer.
Tableau 14: Fischersteige 6, Tel. 08 31/286 59, So, Mo Ruhetag. Wunderschöner Garten mitten in der Stadt, moderat bis teuer.
Restaurant-Café Schalander 15, Fischersteige 9, Tel. 08 31/168 66, So Ruhetag. Leichte Saisonküche, moderat.
Restaurant-Hotel Goldenes Kreuz: Marktplatz 1a, Wiggensbach, Tel. 083 70/80 90. Bodenständige Allgäuer Küche, im schönen Fachwerkhaus, moderat.

Wochenmarkt: Mi, Sa 7–14 Uhr, Hildegardplatz, im Winter in der Markthalle am Königsplatz.
Bauernmarkt: Fr 10–15 Uhr, St.-Mang-Platz.

Kemptener Jazz-Frühling: Jazzkonzerte auf Straßen, Plätzen und in Kneipen, tw. mit bekannten Musikern, Ende April–Anfang Mai.
Fürststiftkonzerte: während der Sommermonate in der Residenz und St. Lorenz Basilika.
APC Sommer: Jazzkonzerte, Lesungen und Theater im Archäologischen Park Cambodunum, Juni –Sept.

Baden: CamboMare, Aybühlweg 58, Tel. 08 31/58 12 10, www.cambomare.de. Badespaß für die ganze Familie, Saunawelt mit 11 verschiedenen Saunen.
Stadtführungen: Kostenlose Stadtführungen Sa 11 Uhr, Treffpunkt Burghalde. Kinder-Stadtführungen Mai–Okt. jeden 2. Sa 11 Uhr ab Burghalde.

Deutsche Bahn AG Kempten: Tel. 018 05/99 66 33.

IMMENSTADT, SONTHOFEN UND HINDELANG

Im Oberallgäu werden Ferienträume wahr: Die Dörfer sind schmuck und die Wiesen grün, die Berge bilden eine malerische Kulisse. Immenstadt hat durch den Handel mit Salz und Tuch Bedeutung erlangt, Sonthofen, die südlichste Stadt Deutschlands, lockt Wintersportler, und Hindelang macht sich einen Namen als Vorzeigeprojekt für einen sanften Tourismus.

Immenstadt

Allgäu-Atlas: S. 237, E 2
Hoch über dem Alpsee thronen spätmittelalterliche Burgruinen, die an die einstigen Herren der Stadt, die Grafen von Montfort, erinnern. Während ihrer Herrschaft erhob Kaiser Karl IV. Immendorf zur Stadt, die sich zu einem wichtigen Handelszentrum entwickelte. Heute ist die kleine 14 000-Einwohner-Stadt attraktiver Ferienort mit zahlreichen Dörfern und Weilern in der Umgebung, dank der beiden Alpseen sogar Badeort, aber auch ein interessanter Industriestandort.

Handelsstadt und Industriestandort

Leinen und Salz machten die Stadt einst reich. 1497 erhielt Immenstadt das Recht auf »Leinwandschau« verliehen: Fast 400 Jahre lang mussten nun die Leinwandhändler der Region ihre Erzeugnisse im hiesigen Weberhaus prüfen lassen. Nachdem die billigere Baumwolle das heimische Produkt unrentabel gemacht hatte, ging 1867 die Zeit der Leinwandmärkte zu Ende.

Im 16. Jh. war die Salzstraße von Hall in Tirol über Immenstadt zum Bodensee ausgebaut worden, Immenstadt wurde bis ins 18. Jh. Ober-Salzfaktorei, Zoll- und Umschlagplatz für Salztransporte. Mit dem Salztransport verdienten sich die Bauern, die im Sommer ihre Felder bestellten, im Winter aber zwischen Immenstadt und dem Bodensee mit Lastschlitten unterwegs waren, ein Zubrot.

Nach der Eröffnung der Eisenbahnlinie Augsburg–Lindau 1853 lieferten Senner aus dem gesamten Oberallgäu den Käse zum Immenstädter Bahnhof. Durch das neue Verkehrsmittel konnten riesige Mengen Butter und Käse in andere Regionen Deutschlands geschafft werden, was zuvor wegen der Verderblichkeit der Ware nicht möglich war.

Nach dem Zweiten Weltkrieg sorgte die Ansiedlung der Kunert-Strumpfwerke für den Ausbau des Industriestandortes Immenstadt und raschen wirtschaftlichen Aufschwung. 1985 folgte mit einem Industriewerk der Bosch-Unternehmensgruppe ein weiterer wichtiger Arbeitgeber, der eine Massenabwanderung der Jugend verhindert.

Stadtrundgang

Im Mittelpunkt der Kleinstadt liegt der gemütliche **Marktplatz,** um den herum sich die meisten historischen Gebäude gruppieren. Das **Stadtschloss** der Grafen von Königsegg-Rothenfels, in deren Besitz die Stadt im 16. Jh. übergegangen war, wurde 1550 erbaut. Heute sind hier Vermessungsamt und Stadtbücherei untergebracht, der sehenswerte Rittersaal mit Ahnengalerie ist während der Öffnungszeiten der Bibliothek zugänglich.

Seit 1753 hat die Stadtverwaltung ihren Sitz im **Rathaus** an der Südseite des Platzes. Etwas zurückversetzt liegt die Stadtpfarrkirche **St. Nikolaus.** In dem barocken Bauwerk (frühes 18. Jh.) gefallen Marmorkanzel und Marmoraltäre in Rot und Schwarz sowie die Muttergottes-Statue an der rechten Langhausseite, die 1470 in der Werkstatt von Ivo Strigel in Memmingen entstand.

Die **Hofmühle** an der Aach stammt im Wesentlichen aus dem 18. Jh. und war einst die leistungsfähigste Getreidemühle im Bezirk Schwaben. Wie vielfältig das Leben entlang des Flusses damals war, vermittelt das darin eingerichtete **Heimatmuseum** in sehr anschaulicher Weise: Schräg gegenüber stand der Gerberstadel, der bis 1904 in Betrieb war. Daneben gab es eine Sägemühle, eine Ölmühle, die Walke der Strumpfwirker und des Weißgerbers sowie die städtische Waschküche. Die einstige Getreidemühle wurde bereits im 19. Jh. mit Turbinen ausgestattet. 1990 wurde in den Räumlichkeiten das Stadtmuseum untergebracht. Sehr anschaulich – auch für die jüngsten Besucher – bringt die Ausstellung dem Besucher die Geschichte von Stadt und Region nahe (Mi–So 14–17 Uhr).

Für das **Allgäuer Bergbauernmuseum** (www.bergbauernmuseum.de) in Immenstadt-Diepholz sollte man viel Zeit einplanen. Der bäuerliche Alltag in den Bergen wird großen und kleinen Besuchern anschaulich näher gebracht. Ein großes Gelände mit Bauernhof, Alpe, zwei Spielplätzen, Streicheltieren, Heuschober zum Spielen, Kino, großer Wiese und kleiner Wirtschaft macht das Lernen zum Vergnügen (1. Mai–31.Okt. tägl. 10–18 Uhr, sonst nur bei schönem Wetter Sa/So und Schulferien 13–17 Uhr).

Bühl am Alpsee

Der Ortsteil Bühl am Großen Alpsee, dem mit rund 2,5 km^2 Fläche größten Natursee des Allgäus, darf sich seit 1976 Luftkurort nennen. Ende des 19. Jh. entdeckt man im Allgäu die Badefreuden. Bis 1890 blieb das Badevergnügen jedoch den Männern überlassen, und noch 1925 waren die Badeanstalten nach Geschlechtern getrennt. Heute tummeln sich Alt und Jung bei sommerlichen Temperaturen am Großen Alpsee und seinen beiden Trabanten, dem Kleinen Alpsee und dem Teu-

Blick über den Alpsee

felssee. Schwimmer, Segler und Surfer finden eine entsprechende Infrastruktur vor, und der neue »Erlebnissteg« lädt zum Flanieren ein. Den schönsten Blick auf die Seen genießt man übrigens von der Salmaser Höhe, die man von der B 308 in Richtung Oberstaufen, nördlich von Thalkirchdorf, erreicht.

Seit dem 17. Jh. wacht ein Ensemble von Kirchen und Kapellen über den See: die ausgemalte **Loreto-Kapelle,** die der Graf von Königsegg-Rothenfels als Nachbildung des »Heiligen Hauses« im italienischen Loreto 1666 erbauen ließ, die kleinere **Annakapelle** und die Pfarrkirche **St. Stephan** mit einer Nachbildung des Heiligen Grabes in der Unterkirche.

Der Alpsee ist auch ein Wandergebiet. Der abwechslungsreiche **Alpsee-Rundwanderweg** (8 km) führt von der Seepromenade über Trieblings, Gschwend und Rieder zurück nach Brühl. Für Kinderwagen und Fahrräder ist der Weg nicht geeignet, dafür ist er auch im Winter begehbar. In nur 30 Minuten kann man den Felsen mit den Ruinen der alten Ritterburgen Rothenfels und Hugofels erklimmen.

Wandergebiet Mittag

Der Hausberg der Immenstädter ist der **Mittag** (1451 m), Mittelpunkt eines schönen Sennalpgebietes, das zu herrlichen Wanderungen einlädt. Frühaufsteher können auf der Alpe Hochried zwischen 8 und 10 Uhr (Ende Mai–Mitte Sept.) beim Käsen zuschauen. Man erreicht die Alpe von der Mittelstation der Mittag-Schwebebahn über den Alpweg Nr. 41 Richtung Steigbachtal bis zum Abzweig Alpe Hochried (Nr. 39) innerhalb einer Stunde.

Eine anspruchsvollere Wanderung führt von der Bergstation der Bahn über Steineberg und Stuiben zur **Alpe Gund,** wo man auch ein einfaches Nachtquartier findet (15. Juni–30. Sept. durchgehend warme Küche und Brotzeiten).

Das Gschwender Horn

Anerkennung erntete Immenstadt durch die Renaturierung des Skigebiets Gschwender Horn, die 1994 beschlossen wurde. Das Skigebiet war in die Jahre gekommen, die Liftanlagen veraltet, und anstatt sie aufwändig zu modernisieren, entschloss man sich zum Rückbau. Die Skilifte wurden abgebaut, die entstandenen Schäden an der Vegetation beseitigt, die ehemaligen Liftschneisen aufgeforstet, bestehende Wanderwege saniert und störungsfreie Räume für Wildtiere geschaffen. Die Wunden des Berges heilen, und heute ist das Gschwender Horn wieder das, was es einmal war: ein beliebtes Ziel für Wanderer im Sommer und für Ski-Tourengeher im Winter.

Mit diesem einzigartigen Projekt, das sogar als eines der dezentralen Projekte für die Expo 2000 ausgewählt worden war, wurde ein Stück Weg zu einem sanften Tourismus zurückgelegt, der die Interessen des Naturschutzes und die der Urlauber gleichermaßen zu berücksichtigen sucht.

Gästeinformation Immenstadt: Marienplatz 3, 87509 Immenstadt, Tel. 08323/914178, Fax 914195, www.immenstadt.de. **Außenstelle Bühl am Alpsee:** Tel. 08323/914178

Terrassen-Hotel Rothenfels: Missener Str. 60, 87509 Immenstadt-Bühl, Tel. 08323/9190, Fax 919191. Bevorzugte Lage am Südhang über dem Alpsee, DZ ab 80 €.
Bergstätter Hof: 87509 Immenstadt-Knottenried, Nr. 17, Tel. 08320/9230, Fax 92346. Gepflegtes Haus mit sehr gutem Restaurant in ländlicher Umgebung, DZ ab 90 €.
Hotel-Pension Lamm: Kirchplatz 2, 87509 Immenstadt, Tel. 08323/6192, Fax 51217. Familiäres Hotel im Stadtzentrum, DZ ab 55 €.
Gästehaus Alpseeblick: Rieder 16, 87509 Immenstadt-Bühl, Tel. 08323/98289, Fax 98299. Komfortable Ferienwohnungen in herrlicher Lage über dem Alpsee, ab 37 €.
Allgäuer Gesundheitshöfe: Zusammenschluss von Bauernhöfen im Raum Immenstadt, die alle u. a. Sauna, Kräutergarten und Anwendungen nach Kneipp anbieten, Infos über das Verkehrsamt oder www.gesundheitshoefe.de, Zimmer ab ca. 36 €, auch FeWo.
Camping
Bucher's Alpsee Camping: Seestr. 25, 87509 Immenstadt, Tel. 08323/7726. Direkt am See.

Bergstätter Hof: Ortsteil Knottenried, Nr. 17, Tel. 08320/9230, Mo u. Di Mittag geschlossen. Regionalküche vom Feinsten, moderat bis teuer.
Gasthof Drei König: Marienplatz 11, Tel. 08323/8628. Allgäuer Küche, zeitweise vegetarische Kräuterschmankerl; auf der Sonnenseite des Marktplatzes sitzt man angenehm, günstig bis moderat.

Strumpffabrik Kunert: Julius-Kunert-Str. 49, Werksverkauf Mo–Fr 10–18.30, Sa 10–14 Uhr.

Seenachtsfest: Volksfest mit Feuerwerk, letzter Samstag im Juli.

Baden: Freibad Kleiner Alpsee; Strandbad Hauser in Bühl (auch Tret- und Ruderbootverleih, Windsurfen; Tel. 083 23/63 41), öffentliche Badeplätze an der B 308 und am Ostufer (Nähe Campingplatz).
Segelschule Oberallgäu: 87509 Immenstadt, Tel. 083 23/522 00. Segel- und Surfunterricht, Verleih von Segelbooten und Surfbrettern.
Fahrradverleih: Zweirad Riescher, Badeweg 3, Tel. 083 23/86 60.
Mittag Schwebebahn: Tel. 083 23/61 49, www.mittagbahn.de.

Autovermietung Gutser: Unterjoch, Tel. 083 23/77 27.

Sonthofen

Allgäu-Atlas: S. 237, F 2
Sonthofen, im 9. Jh. erstmals urkundlich erwähnt, erhielt 1429 durch Kaiser Sigismund das Marktrecht. Die südlichste Stadt Deutschlands (22 000 Einwohner) gibt sich beschaulich, besitzt aber dennoch städtisches Flair. Man lebt nicht nur vom Fremdenverkehr, neben Textilgewerbe und Metall verarbeitender Industrie ist die Bundeswehr ein bedeutender Arbeitgeber, der aus der Garnisonsstadt nicht wegzudenken ist. In der näheren Umgebung locken hübsche Dörfer und beliebte Ausflugsziele wie die Starzlachklamm oder der »Wächter des Allgäus«, der Grünten.

Wie eine Trutzburg wacht die ehemalige »NS Ordensburg Sonthofen« über der 22 000-Einwohner-Stadt. Was die »Deutsche Arbeitsfront« 1934 als NSDAP-Schulungsstätte erbaute, dient heute der Bundeswehr als Kaserne.

Einen ganz anderen Akzent setzt auf dem Kalvarienberg der preisgekrönte **Ökologische Kurpark.** Ein Stück Wiesengrund wurde dazu in ein Feuchtbiotop verwandelt und mit seltenen heimischen Blumen und Bäumen bepflanzt – ein grüner Ruhepunkt in der geschäftigen kleinen Stadt.

Stadtbummel

Bombenangriffe in den letzten Kriegswochen 1945 schlugen der Stadt schwere Wunden und zerstörten viel vom mittelalterlichen Stadtkern, auch die ursprünglich spätgotische, später barockisierte Stadtpfarrkirche **St. Michael,** die nach den Kriegswirren wieder aufgebaut wurde.

Vor dem **Rathaus** steht der **Egga-Spiel-Brunnen** aus den 1980er Jahren, der Figuren aus dem uralten pantomimischen Spiel aufgreift, das den Kampf des Menschen gegen die Naturkräfte zum Thema hat. Das Spiel, das seine Wurzeln in vorchristlich-alemannischer Zeit hat, wurde 1955 wiederbelebt und wird seither alle drei Jahre auf dem Rathausplatz aufgeführt. Eine Hexe symbolisiert die dämonischen Kräfte, die für die Misserfolge oder Unheil verantwortlich gemacht werden. Sie stiftet Verwirrung und »eggt« überall an, macht das Vieh scheu und verdirbt die Speisen, bis ihrem Treiben symbolisch durch das Verbrennen im »Funkenfeu-

Milchgefäße trocknen in der Sonne – die obere Schwandalpe am Grünten

er« ein Ende bereitet wird. Die kunstvoll geschnitzten Masken, die die Darsteller tragen, sind im **Heimathaus Sonthofen** ausgestellt, das in einem charakteristischen Allgäuer Bauernhaus aus dem 18. Jh. untergebracht ist. Das kleine Museum gibt einen Einblick in die Stadtgeschichte und in die traditionelle Allgäuer Wohnkultur. Größter Schatz ist die »Mummener Krippe«, die größte Weihnachtskrippe des Allgäus (Sonnenstr. 1, Di, Mi, Do, Sa, So 15–18 Uhr).

Berghofen und die Starzlachklamm

Berghofen gehört nicht nur zu den besonders idyllischen Orten, sondern verfügt auch über den größten Kunstschatz Sonthofens: das schindelgedeckte Kirchlein **St. Leonhard,** das auf einem Hügel thront. Der Schreinaltar, den der Memminger Künstler Hans Strigel 1438 schnitzte, zieht die Blicke auf sich: Maria mit dem Kind wird begleitet von der hl. Agatha und dem Kirchenpatron, dem hl. Leonhard, dem Befreier der Gefangenen, der später zum Patron des Viehs wurde.

Ein Muss ist der Weg durch die wildromantische **Starzlachklamm** beim Ortsteil Winkel. Die Starzlach, die zwischen Grünten und Wertacher Horn entspringt, schuf in jahrtausendelanger Arbeit die Klamm mit ihren tosenden Strudeln, Wasserfällen, kesselförmigen Gletschermühlen und steilen Felswänden. Ein Rundweg führt über die Alpe Topfen, wo man sich mit frischer (Butter-)Milch und Brotzeiten versorgen kann, zum Ausgangspunkt (Mai–Okt 8–18 Uhr, je nach Witterung).

Der »Wächter des Allgäus«

Der **Grünten** ist mit seinen 1738 m nicht der höchste Berg der Allgäuer Alpen, aber in seiner Alleinlage, als Vorposten der Gebirgskette gewissermaßen, sicher einer der eindrucksvollsten, so dass er nicht zufällig mit dem Namen »Wächter des Allgäus« bedacht wurde. Bevor er zum Ziel von Urlaubern wurde, war er als Industriestandort von Bedeutung. Ab dem 15. Jh. machten Eisenerzfunde den Grünten zu einem Revier der Eisenindustrie. Erst im 19. Jh. wurde der Erzabbau unrentabel und eingestellt.

Auch als Touristenattraktion und Wanderziel rückte der Grünten frühzeitig in den Blickpunkt. Im Jahr 1774 ließ sich Kurfürst Clemens Wenzeslaus in einer Sänfte auf den Berg tragen, 51 Pferde und 56 Bauern bildeten seinen Tross. 1851 wurde mit dem Grüntenhaus die erste Touristenunterkunft in den Allgäuer Bergen eröffnet.

Ein beliebtes Ziel für Bergwanderer ist der Grünten bis heute geblieben, denn als Aussichtsberg sucht er seinesgleichen. Ausgangspunkt für die Besteigung ist **Burgberg** bei Sonthofen. Die ungefährliche, aber Kräfte zehrende Wanderung dauert insgesamt 5 Stunden (mit Abstecher in die Starzlachklamm ca. 6 Stunden). Der Blick auf Bergkette und Voralpenland entschädigt für die Mühen.

Gästeamt Sonthofen: Rathausplatz 1, 87527 Sonthofen, Tel. 08321/615291, Fax 615293, www.sonthofen.de

Außenstelle Altstädten: Am Anger 8, Tel. 08321/2170.

Hotel & Resort Sonnenalp: 87527 Ofterschwang, Tel. 08321/2770, Fax 272242, www.sonnenalp.de. Feinste Adresse im Allgäu, Specials für Golfer, Sport- und Kulturprogramm, Badelandschaft, Kinderbetreuung, DZ mit Halbpension ab 286 €.

Familien- und Sporthotel Allgäuer Berghof: Gunzesried-Ofterschwang, 87527 Alpe Eck über Sonthofen, Tel. 08321/8060, Fax 806219, www.allgaeuer-berghof.de. Berghütten-Idylle mit viel Komfort in 1200 m Höhe, Kinderbetreuung. DZ ab 215 €, Kinder bis 7 Jahre gratis.

Hotel AllgäuStern: Buchfinkenweg 2, 87527 Sonthofen, Tel. 08321/2790, Fax 279444, www.algaeustern.de. Großes Haus mit mehreren Restaurants, zahlreichen Sportangeboten, Aquapark und Wellnessbereich, in den Ferien Kinder- und Jugendprogramm, DZ mit Halbpension ab 142 €.

Bergasthof Sonnenklause: 87527 Sonthofen, Tel. 08321/3614, Fax 22705. Gemütliche Pension mit herrlichem Blick und Hallenbad in 1100 m Höhe. DZ ab 82 €.

Alte Post: Promenadestr. 5, Tel. 08321/2508, Do Ruhetag. Kreative Küche, jahreszeitlich variiert, moderat bis teuer.

Schwäbele Eck: Hindelanger Str. 9, Mo Ruhetag, Tel. 08321/67200. Allgäuer Küche, Pfannengerichte, moderat.

Gasthof Hirsch: Grüntenstr. 7, Tel. 08321/67280. Traditionelle Brauhausspezialitäten und Mehlspeisen, moderat.

Café Amt am Rathausplatz: Tel. 08321/787111. Trendiges Ambiente, internationale Küche, günstig bis moderat.

Allgäuer Keramik: Töpferweg 16, Altstädten.

Kulturwerkstatt Sonthofen: Altstädter Str. 7, Tel. 08321/2492. Vielfältiges Kulturprogramm zwischen Techno und Alphorn.

Egga-Spiel: alle drei Jahre (das nächste Mal 2006) im Februar

Erlebnisbad Wonnemar: Stadionweg 5, Tel. 08321/7809970
Fahrradverleih: Bike-Sport Riezler, Richard Wagner-Str. 16, Tel. 08321/9310.
Segelfliegen: Segelflugplatz Agathazell, Tel. 08321/4192, 81828
Drachen- und Gleitschirmfliegen: Flyzone, Tel. 08321/677852.

Hindelang

Allgäu-Atlas: S. 238, A 2
Es krabbelt, summt und surrt auf den Hindelanger Wiesen. Blumen und Bergkräuter sprießen, Leckereien für glückliche Kühe auf Weiden, die es eigentlich schon gar nicht mehr geben sollte – Buckelwiesen sind anderswo längst plattgewalzt. In der Gemeinde Hindelang, deren 5000 Einwohner sich auf sechs Dörfer verteilen und deren Ausdehnung mit 140 km^2 fast die Größe des Fürstentums Liechtenstein erreicht, sind diese Naturschätze (wieder) zu erleben. Dahinter stecken eine Philosophie und viel Arbeit.

Ende der 1980er Jahre beschloss man in Hindelang, nicht länger im Wettrennen um immer mehr Gäste mitzulaufen, denen man immer neue Attraktionen bieten muss. Man wollte auf Qualität setzen, und das bedeutet in einer Region, die von ihre landschaftlichen Schönheit lebt: intakte Natur, frische Luft und beste landwirtschaftliche Produkte aus artgerechter Tierhaltung. Der Weg dorthin war steinig, doch heute ist Hindelang ein vielfach ausgezeichnetes Vorzeigeprojekt für einen sanften Tourismus.

Mit dieser Entwicklung gewann auch die Direktvermarktung bäuerlicher Produkte immer größere Bedeutung. Neueste Errungenschaft und ein kulinarischer Anziehungspunkt für die ganze Region ist deshalb der erst im Herbst 2001 eröffnete Bauernmarkt am Busbahnhof.

Hindelang liegt auf zwei Etagen: Im Tal der Ostrach, das schon Ende des 12. Jh. besiedelt war, liegen die Ortsteile Bad Hindelang (als Verwaltungssitz der Gemeinde), Bad Oberdorf und Hinterstein, im ›oberen Stockwerk‹ Ober- und Unterjoch. Hindelang und Oberjoch waren einst durch die alte Salzstraße aus Tirol verbunden, zwischen 1540 und 1823 zogen auf ihr täglich an die hundert Salzfuhrwerke hinab. In Hindelang kassierte der Fürstbischof von Augsburg, in dessen Hoheitsgebiet man sich befand, den Zoll, und auch die Wirte wollten verdienen, bevor die hiesigen Fuhrleute, die Salz-

Bäume für Hindelang

Mehrmals im Jahr werden Baumpflanzaktionen durch das Forstamt Sonthofen in Hindelang durchgeführt. Jeder Urlauber kann gegen eine Spende »Baumpate« werden und unter fachlicher Anleitung im Rahmen einer Bergwaldexkursion fünf junge Bäume pflanzen. Infos erteilt die Kurverwaltung.

HINDELANG – NATUR & KULTUR

Man kann es riechen und schmecken: Das Hindelanger Rindvieh lebt wie im Paradies, und Produkte aus Hindelang sind alles andere als Massenware. Tiere, die hier geboren wurden, hier freien Weidegang genossen und von kräuterreichen Wiesen gespeist haben, liefern gesundes Fleisch und hochwertige Milchprodukte. Das war nicht immer so. Ende der 1980er Jahre hatten viele Bauern ihre Höfe aufgegeben. Von rund 200 Landwirten in den 1960er Jahren waren knapp 90 geblieben, die aber im Zuge der Europäisierung der Landwirtschaft keine Chance gegen die Konkurrenz aus dem Flachland hatten. Wird das Land aber nicht bewirtschaftet, wachsen die Weiden zu, die landschaftliche Vielfalt, die einzigartige Allgäuer Kulturlandschaft, verschwindet.

So entwickelten der damalige Kurdirektor Besler und der Hindelanger Bürgermeister Roman Haug zusammen mit dem Bund Naturschutz ein bis heute vielfach modifiziertes Konzept, das den Bergbauern aus der Misere helfen und zugleich den Tourismus in der Region stabilisieren sollte. Denn die Touristen, so die Überlegung, kommen dieser Landschaft wegen. Was lag also näher, als die Bauern in den Naturschutz einzubinden, sie gewissermaßen zu Landschaftspflegern zu erklären?

1992 schlossen sich die Hindelanger Bauern zum Verein »Hindelang – Natur & Kultur« zusammen und unterwarfen sich strengen Regeln. Sie verpflichteten sich zur extensiven Bewirtschaftung ihrer Flächen, zum Verzicht auf Kunstdünger und dazu, den Großteil der Futtermittel selbst zu erzeugen. Buckelwiesen, deren Plattwalzung noch in den 1960er Jahren bezuschusst worden war, werden heute gepflegt, gemäht wird erst, wenn die Pflanzen Gelegenheit zur Versamung hatten.

Natürlich musste das ehrgeizige Projekt auch finanziert werden: Prinz Aga Khan, Präsident der Alp-Action, eines Fonds zur Unterstützung von Naturschutzprojekten im alpinen Raum, warb Sponsoren aus der Wirtschaft. Die Gemeinde versüßte den Bauern die Landschaftspflege durch Zuschüsse. Das Zauberwort aber heißt »Direktvermarktung«. Wenn der Käse nicht durch halb Deutschland gekarrt werden muss, kommen die entfallenen Transportkosten den Bauern zugute. In den örtlichen Sennereien werden rund 40 % der Milch verarbeitet und vermarktet, das in Hindelang erzeugte Fleisch wird vollständig vor Ort abgesetzt, und der 2001 eröffnete Hindelanger Bauernmarkt präsentiert die breite Palette der lokalen Produkte. Das Öko-Label »Hindelang – Natur und Kultur« zeichnet Hotels und Restaurants aus, die Produkte aus heimischen Betrieben in ihren Küchen verwenden.

Vorwürfe mussten sich die Hindelanger allerdings gefallen lassen, als im Wintersportort Oberjoch Beschneiungsanlagen gebaut wurden. Wie sollte sich der Skitourismus mit dem ökologischen Konzept vertragen? Aber weil auch ein ökologischer Urlaubsort wie Hindelang nicht auf die Einnahmen aus dem Wintertourismus verzichten kann, wurde der (Winter-)Sport nun neben Gesundheit und Natur als dritte Säule ins touristische Leitbild des Ortes aufgenommen.

roder, die Ware übernahmen und bis Immenstadt weitertransportierten.

Mitte des 17. Jh. ließ der Fürstbischof ein Jagdschloss bauen, das später zum Gast- und Brauhaus umgebaut wurde und heute als Rathaus dient.

Die Talorte sind umgeben von Hirschberg (1456 m), Breitenberg (1887 m) und Imberger Horn (1656 m), das von der Sesselbahn Hornalpe erschlossen wird. Im Sommer ist es ein abwechslungsreiches Wandergebiet, im Winter Treffpunkt der Rodler, die hier unter mehreren Bahnen wählen können.

Der **BergWaldWeg,** ein markierter Lehrpfad am Hirschberg, für den man rund 2$^1/_2$ Std. benötigt, informiert über die Situation des Bergwaldes, während man gleichzeitig den Ausblick über das Ostrachtal auf die Allgäuer Berggipfel genießt.

Bad Oberdorf

Der Ortsteil Bad Oberdorf bietet bäuerliche Idylle: schmucke Holzhäuser, teilweise mit verschindelten Fassaden, blumengeschmückte Balkone und Bauerngärten. Im wohltuend unprätentiösen Kurort liegen noch Kuhfladen auf der Straße, Kurkonzert und Shoppingmeile sucht man vergeblich. Dass man sich hier großartig erholen kann, erfuhr schon Prinzregent Luitpold, der immer wieder gern zur Jagd hierher kam. Der Kurbetrieb begann im 19. Jh. nach Entdeckung einer Schwefelquelle. Die Kombination von Schwefel- und Mooranwendungen als Heilmittel gegen Arthrose und Rheuma ist in Bayern noch heute einzigartig.

Auch der größte Kunstschatz Hindelangs, der »Hindelanger Altar«, ist in Bad Oberdorf zu finden, in der modernen Kirche Mariä Himmelfahrt und St. Jodok. Das großartige Altarbild gaben die Hindelanger beim Bildschnitzer Jörg Lederer aus Kaufbeuren in Auftrag, der es 1519 vollendete. Demütig kniet hier eine volkstümlich anmutende Maria und empfängt von Gott Vater und Sohn die himmlische Krone. Noch zwei weitere Schätze hütet die Kirche: ein Marienbild von Hans Holbein dem Älteren (1493) und einen geschnitzten Palmesel (1470).

Für frühen Wohlstand im Ostrachtal sorgten neben dem Salzhandel die Hammerschmieden an der Ostrach, die mit Hilfe der reichlich vorhandenen Wasserkraft das an Grünten und Hochvogel geförderte Eisenerz verarbeiteten. Eine der alten Hammerschmieden, die im 14. Jh. als ältestes Hammersystem mit Wasserantrieb erbaut wurde, ist wieder in Betrieb und kann zusammen mit einer Sämisch-Gerberei, wo unter Verwendung von Dorschtran besonders geschmeidige Leder erzeugt werden, im Rahmen von Führungen besichtigt werden (genaue Termine beim Fremdenverkehrsamt zu erfragen).

Hintersteiner Tal

Das weite Ostracher Tal zwängt sich zusammen und öffnet sich nur in Hinterstein noch einmal. Ein Bus verbindet den Gasthof Grüner Baum mit dem **Giebelhaus,** einem schönen Berggasthof, der Ausgangspunkt für meh-

Mariä Himmelfahrt bei Bad Oberdorf

rere familientaugliche Wanderungen ist, z. B. zur **Alpe Laufbichl,** wo man morgens beim Käsen zuschauen und den köstlichen Bergkäse vor Ort probieren kann.

Entlang der Ostrach führen bequeme Spazierwege, und an heißen Sommertagen bietet sich eine Erfrischung in der **Prinze-Gumpe** an, wo schon Prinzregent Luitpold vor hundert Jahren zu baden pflegte. Das kleine Naturschwimmbad mit Kinder- und Kneippbecken ist nichts für Olympiaschwimmer, aber Nostalgiker werden von der liebevoll hergerichteten Badeanstalt entzückt sein.

Ein weiteres Kleinod im Tal ist das **Kutschenmuseum.** Ein Philosoph und Poet hat es eingerichtet und lädt damit zu einer Fantasiereise in die Zeit der Kutschen und Schlitten ein (tägl. 8–20 Uhr, Eintritt frei).

Oberjoch

Über hundert Kurven hat die 17 km lange Jochstraße von Hindelang nach Oberjoch und Unterjoch, die die alte Salzstraße ersetzt. Als sie Ende des 19. Jh., in der Frühzeit des Automobilsports, erbaut wurde, war die Autorennstrecke bald als »Haarnadelboulevard« berüchtigt.

In Oberjoch erinnert die Kapelle **St. Jakobus** daran, dass die Salzstraße auch Pilgerstraße war. Hier rasteten und beteten die Fuhrleute der Salzkarren, bevor sie ins Tal hinabstiegen.

Heute sind die beiden Ortsteile beliebte Wintersportorte und Alpenallergiestation. Die Luft in über 1000 m Höhe ist absolut frei von Hausstaubmilben, arm an Pollen- und Schimmelpilzsporen und lädt ein zu »Ferien von der Allergie«.

Mit dem Iselerlift fährt man in wenigen Minuten bequem ein gutes Stück weit den Iseler hinauf (1886 m), von wo aus mehrere familienfreundliche Wanderungen unternommen werden können. Ein 2,5 km langer **Moorlehrpfad** informiert über Flora und Fauna der sensiblen Hochmoor-Landschaft.

Spielstationen

Um Kindern das Wandern schmackhafter zu machen, hat die Gemeinde Hindelang zahlreiche Spielstationen eingerichtet, die erwandert werden können. Informationen bei der Kurverwaltung; dort werden auch kostenlos Kinder-Rückentragen verliehen.

Gästeinformation Hindelang: im Bauernmarkt, Poststr. 3, 87541 Hindelang, Tel. 083 24/89 20, Fax 80 55, www.bad-hindelang.net

Hotel Prinz-Luitpold-Bad: Andreas-Gross-Str. 7, 87541 Bad Oberdorf, Tel. 083 24/89 00, Fax 89 03 79. Feines Kurhotel in Panoramalage, eigene Schwefelquelle und großzügige Badelandschaft, DZ ab 144 €.

Alpenhotel: Im Prinzenwald 3, 87541 Oberjoch, Tel. 083 24/70 90, Fax 70 92 00. Kur- und Sporthotel mit elegantem Ambiente, Badelandschaft und herrlichem Bergblick, DZ ab 112 €.

Du-Familotel-Krone: Sorgschrofenstr. 2, 87541 Unterjoch, Tel. 083 24/98 20 10, 90 16 08, Fax 982 01 99. Nettes, familiäres

Ambiente, Kinderanimation, Pony- und Haflingerhof, unbedingt probieren: die Heugerichte im Restaurant, DZ ab 104 €.
Hotel-Alpengasthof Löwen: 87541 Oberjoch, Tel. 083 24/97 30, Fax 75 15. Großzügige Zimmer, gemütliche Gemeinschaftsräume, Saunalandschaft, DZ ab 102 €.
Hotel-Pension Schwandenhof: Schwandenweg 11, 87541 Vorderhindelang, Tel. 08324/2330, Fax 8786. Ruhige Lage und persönliche Atmosphäre, DZ ab 50 €.
Hotel Im Wiesengrund: Ostrachstraße 23, 87541 Hindelang, Tel. 083 24/22 19, Fax 228 44. Gemütlichkeit und gute Stimmung bei Hausmusik und Familienkabarettabenden, DZ ab 52 €.
Haflingerhof Alpe Kematsried: Ornachstr. 29, 87541 Oberjoch, Tel. 083 24/76 98, Fax 71 60. Ferien auf dem Bauernhof, viel Auslauf für Kinder, Pferde, eigene Käserei, Saunalandschaft, Gasthof mit Produkten vom Hof, DZ ab 50 €, FeWo ab 38 €.
Gesundheitshof Ammann: Untergschwend 14, 87541 Unterjoch, Tel. 083 24/76 48, Fax 71 42. Nagelneue, für Allergiker geeignete Ferienwohnungen auf dem Bio-Bauernhof, Kneippanwendungen, kleine Wellnessabteilung, FeWo für 2 Personen ab 30 € pro Tag.
Heulandhof: Unterer Buigenweg 30, 87541 Hindelang, Tel. 083 24/23 54, Fax 95 38 12. Herrliche Lage am Mühlbach, schlichte, günstige Zimmer, DZ ab 38 €.
Campingplatz Oberjoch: Passstrasse 60, Tel. 083 24/71 08. Caravanstellplätze.

Chesa Schneider: Marktstraße 15 (im Hotel Sonne), Hindelang, Tel. 083 24/89 70. Feine Küche, beliebte Themenabende, moderat bis teuer.
Gasthaus Obere Mühle: Ostrachstr. 40, Bad Oberdorf, tägl. außer Di ab 16 Uhr. Alte Mühle mit idyllischem Garten, raffinierte Küche mit Produkten der Region, Wild aus dem Revier des Prinzen von Bayern, moderat. In der angrenzenden **Käserei** Brotzeiten, Schaukäsen und Einkaufsmöglichkeit, tägl. 10–13, 14–18 Uhr.
Gailenberger Stuben: Gailenberg 22, Hindelang, Tel. 083 24/25 33. Gemütliche Stube im alten Bauernhaus, kleine, aber feine Karte, moderat.
Gasthof Hirsch: Kurze Gasse 18, Bad Oberndorf, Tel. 083 24/308. Kleiner Biergarten, bodenständige Küche, günstig, Wildgerichte teurer.

Hindelanger Bauernmarkt: Poststraße 3. Köstliche Produkte aus der Region.
Hindelanger Käsemarkt: Marktstr. 5, Alp- und Hirtenkäse, Bergbutter, Bienenhonig, Hirschsalami, Gämswurst und Wildpasteten.
Schäferladen und Teppichweberei: im Bauernmarkt.
Finkel's Holzlädele: Kurze Gasse 2, Bad Oberdorf, und **Holz und Natur:** Marktstr. 5, Hindelang, Haushaltsartikel, Spielzeug, Schmuck und Skulpturen aus heimischem Holz.

Käsereibesichtigungen: Schaukäserei Obere Mühle in Bad Oberdorf, Tel. 083 24/28 57; Alpe Kematsried in Oberjoch, Tel. 083 24/76 98, jeweils auf Anfrage.
Bergbahnen: Iselerlift, Tel. 083 24/77 00 Sesselbahn Hornalpe, Tel. 083 24/24 04.
Baden: Prinze-Gumpe im Ortsteil Hinterstein, direkt an der einzigen Straße ins Tal.
Fahrradverleih: Karl Gehring, Sorgschrofenstr. 5, Unterjoch, Tel. 083 24/ 76 06; Sport Waibel, Hindelang, Tel. 083 24/25 28.
Reiten: Haflingerhof Kappeler, Vorderhindelang, Tel. 083 24/80 61; Reitanlage Finke, Vorderhindelang, Tel. 083 24/336.
Canyoning: Thomas Heckelmitter, Tel. 083 24/73 99.

BAD OBERSTAUFEN UND UMGEBUNG

Bad Oberstaufen, das einzige Schroth-Heilbad der Welt, gehört zu den bayerischen Vorzeigebädern. Hotellerie und Gastronomie sind vom Feinsten, neben der klassischen Schrothkur werden Wellness und Beauty groß geschrieben. Darüber hinaus verfügt Oberstaufen auch über herrliche Wandergebiete und ist im Winter ein viel besuchter Wintersportort.

Bad Oberstaufen

Allgäu-Atlas: S. 237, D 2

Die Schroth-Kur

Was Sebastian Kneipp für Bad Wörishofen war, wurde der Naturarzt Johann Schroth für Oberstaufen – auch wenn er nie persönlich im Allgäu tätig war. Vielmehr wurde das nach ihm benannte Naturheilverfahren 1949 von Dr. Hermann Brosig aus Schlesien ins Allgäu gebracht.

Johann Schroth (1798–1856), ursprünglich Fuhrmann, hatte ähnlich wie Kneipp seine Heilmethoden in Eigentherapie erprobt, bevor er die Kombination aus feuchter Wärme und einer sinnvollen Diät öffentlich propagierte.

Drei Säulen stützen das Schroth'sche Naturheilverfahren, das besonders bei Stoffwechselkrankheiten empfohlen wird: Die allmorgendliche feucht-warme Schroth'sche Packung wärmt den Körper, lockert die Muskeln, stärkt die Abwehrkräfte. Die fettfreie, salzlose und eiweißarme Schroth-Diät, versüßt durch ein Gläschen Wein, entschlackt den Körper. Der rhythmische Wechsel von Trink- und Trockentagen schließlich führt zur Gewebsdrainage.

Drei Wochen Schroth-Kur sorgen für einen Großputz im Organismus und räumen mit den Folgen falscher Lebens- und Essgewohnheiten auf. Dass man nach Abschluss der Kur ein paar Pfunde leichter ist, ist ein angenehmer Nebeneffekt.

Bummel durch den Ort

Zentrum des Ortes, in dem einige schöne alte Schindelhäuser Akzente setzen, ist der Kirchplatz mit der neugotischen Kirche, historischen Bürgerhäusern und Gasthöfen. So wurde das Gasthaus zum Löwen erstmals 1748 erwähnt. Das heutige Hotel Bayerischer Hof, in dem 1949 die Schroth-Kur eingeführt wurde, war einst der Käsekeller des Händlers Aurel Stadtler, eines Pioniers der Emmenthaler Käserei im Allgäu. Das Hotel Adler wurde Ende des 16. Jh. als Posthalterei erbaut. Unbedingt einen Abstecher wert ist das

Färberhaus, in dem nachweislich seit 1540 eine Färberei existierte. Das Haus wurde nach einem Brand Ende des 18. Jh. neu erbaut, verfiel jedoch nach dem Niedergang des Färbergewerbes im Allgäu und wurde erst in den 1980er Jahren von der Gemeinde aufgekauft und restauriert. Am Dachgebälk sind noch die hölzernen Sprossen zu sehen, an denen die gefärbten Tücher zum Trocknen aufgehängt wurden. Heute bietet das Färberhaus ein stimmungsvolles Ambiente für Ausstellungen und andere Veranstaltungen. Auch das **Heimatmuseum** »Beim Strupfar« liegt nur einige Minuten Fußweg entfernt. In dem einstigen Bauernhaus aus dem 18. Jh., in dem auch eine Strumpfwirkerei betrieben wurde, demonstrieren eine Hauskäserei, eine Enzianbrennerei und eine Mosterei andere Formen bäuerlichen Nebenerwerbs. Ausstellungen zu bäuerlichem Wohnen, alten Handwerkstechniken wie Seilerei, Sattlerei und Schuhmacherei, Volks- und Sakralkunst, Spielzeug und Puppen ergänzen das Angebot des liebevoll hergerichteten Heimathauses. (Jugetweg 10, So 10–12, Mi, Fr 15–17 Uhr.)

Steibis, Thalkirchdorf und die Hündlebahn

Eine kurvige Straße führt in den hoch gelegenen Ortsteil **Steibis** mit ruhigen, angenehmen Quartieren und herrlicher

Bad Oberstaufen

VORBEUGEN IST BESSER ALS HEILEN – ALLES FÜR DIE GESUNDHEIT

Natur und gesunde Luft – kein Wunder, dass unter solchen Voraussetzungen die Kurorte im Allgäu wie Pilze aus dem Boden sprossen. Die Vielfalt der Heilanwendungen, die man im Allgäu buchen kann, ist kaum zu übertreffen. In Bad Wörishofen – aber längst nicht nur dort, kann man kuren à la Kneipp, in Oberstaufen entschlacken nach Johann Schroth, in Oberjoch können Allergiker »Urlaub von der Allergie« verbringen, in Pfronten kann man sich ins heilsame Heu legen, Bad Wurzach oder Bad Faulenbach gehören zu den etablierten Moorheilbädern.

Das Badewesen hat Tradition im Allgäu. Ausgrabungen römischer Bäder in Schongau und Kempten zeigen, dass schon die römischen Siedler gewusst haben, was gut für den Körper ist. Doch hat sich das Repertoire in den letzten Jahren erheblich erweitert. Fuhr man früher zur Kur, wenn man krank oder rekonvaleszent war, so setzt man heute auf Vorbeugung, gönnt sich ein paar Tage oder Wochen für die Gesundheit und das Wohlbefinden.

Wellness heißt das Zauberwort, das auch im Allgäu ganz groß geschrieben wird. Kaum ein Hotel, das keine Wellnesspakete schnürt. »Thalasso« und »Ayurveda« sind längst keine unbekannten Begriffe mehr, und auch der türkische Hamam und das orientalische Rasulbad haben in die Badeabteilungen Einzug gehalten. Doch neuerdings besinnt man sich auch auf eigene Traditionen. Warum in orientalischem Schlamm suhlen, wenn Allgäuer Wiesen schon so viel bieten, was Gesundheit und Schönheit zuträglich ist.

Holzknechte haben schon vor Jahrhunderten die heilkräftige Wirkung des Bergheus entdeckt. Nach harter Arbeit machte eine Nacht im Heustadel die müden Männer wieder munter und leistungsfähig. Und auch so manche Bergbäuerin linderte Rheuma, Gicht oder Hexenschuss mit Heupackungen. Daran erinnerten sich einige Pfrontener Hoteliers, die auf der Suche nach Neuem waren, und gründeten den Pfrontener Heukurverband. Die »Heukur« ist seither eine viel gebuchte Anwendung im Rahmen eines Wellnessprogramms. Nur ausgesuchte Bergwiesen in 900–1000 m Höhe dürfen das handgemähte Kur-Heu liefern, das als Ganzkörperpackung u.a. bei Durchblutungs- und Stoffwechselstörungen, Hauterkrankungen und Erkrankungen der Atemwege verabreicht wird. Auch in vielen Wellnessabteilungen gehören Heubäder und Heuschwitzbäder inzwischen zum Standard.

Anderswo hat man die Molke entdeckt, die dem Menschen als Heiltrunk wohl bekommt oder als Peeling, Packung oder Bad die Haut pflegt. Wenn dann schließlich beim »Erlebnisduschen« das Alphorn erklingt, ist man endgültig angekommen im Wellnessparadies Allgäu.

Wellness mit Allgäuer Produkten bieten u. a. das Hotel Engel in Oberstaufen (s. S. 134) und der Bergkräuterhof Steinbock im Kleinwalsertal (s. S. 147).

Aussicht auf Oberstaufen. Steibis ist auch Ausgangspunkt zahlreicher Wanderungen. (Vorschläge für Spaziergänge und Wanderungen hält ein Prospekt der Kurverwaltung bereit.)

Auf dem Weg in den ruhig gelegenen Ortsteil **Thalkirchdorf** am Fuß der Berge liegt die Station der Hündlesesselbahn, die ein schönes Wandergebiet erschließt.

Die **Hündlebahn** ist Treffpunkt für Familien, die hier neben der Bergbahn eine Sommerrodelbahn und einen großen Spielplatz vorfinden. Mit dem Sessellift schwebt man hinauf ins Wanderparadies. Von der Bergstation Hündlealpe führt eine Erlebniswanderung (6 km) mit vielen lehrreichen Infotafeln entlang des Weges zur **Schwandalpe.**

Eine andere Tour führt in einer guten Stunde von der Hündlealpe zur biologisch-dynamisch bewirtschafteten **Alpe Sonnhalde,** die schon 1990 die Demeter-Anerkennung erhielt. Von dort kann man dem Weg weiter nach Steibis folgen.

Zell und Genhofen

Allgäu-Atlas: S. 237, D 2

St. Bartholomä (15. Jh.) im kleinen Ort **Zell** wirkt auf den ersten Blick schlicht und unscheinbar inmitten der dörflichen Idylle ehrwürdiger Bauernhäuser. Umso größer ist die Überraschung beim Blick in den Innenraum der Kirche, der üppig mit Fresken geschmückt ist. Im Torbogen schildert der Künstler das Jüngste Gericht: Wehe den armen Sündern, über die sich die garstigen Teufelchen hermachen! An der linken Chorwand werden uns die Freuden und Schmerzen des Marienlebens vor Augen geführt, rechts dagegen lassen die Folterqualen verschiedener Heiliger erschauern. Drastischer Religionsunterricht für die mittelalterlichen genauso wie für die vergesslichen heutigen Christen.

Den gotischen Hochaltar Muttergottes, hl. Barbara und hl. Stephan schnitzte Johann Strigel aus Memmingen. Besonders der linke Seitenaltar gefällt durch den Humor des Künst-

Käse selber machen

Im Thaler Dorfhaus in Thalkirchdorf kann man nicht nur Käse und andere Milchprodukte erstehen, sondern auch beim Käsen zuschauen oder im Käseseminar seinen eigenen Käse herstellen.

Buchenegger Wasserfall

Der Parkplatz Imbergbahn ist Ausgangspunkt für die Wanderung zum Buchenegger Wasserfall (Rundweg ca. 1½–2 Stunden). Nach dem anfänglich bequemen Weg auf einem Waldlehrpfad geht es stetig bergab (bei Nässe schwierig). Auf dem Rückweg lockt die Einkehr in der urigen kleinen Alpe Neugreuth (Mo Ruhetag) zu Bier und Brotzeit.

lers: Geradezu neckisch enthüllt der Pestheilige Rochus das Knie, um einem Engelchen seine Pestbeule vorzuführen.

Ganz anders ist die Ausstattung von **St. Stephan** in **Genhofen.** Das spätgotische Kirchlein – der Chor wurde wohl 1495 erbaut, das Schiff ist älter – steht an der alten Salzstraße, die den Bauern der Region einst einen wichtigen Nebenerwerb sicherte. Nur sie waren in ihrem Gebiet zu Roddiensten berechtigt, durften also den Transport auf Pferdefuhrwerken durchführen. Bevor die Fuhrleute die im Immenstädter Salzstadel geladene Ware in Simmerberg, der nächsten Station, abliefern konnten, war eine gefürchtete Steigung zu überwinden. Da war es angebracht, in der kleinen Stephanskirche noch ein Gebet zu verrichten, um den hl. Stephanus, den Schutzpatron der Pferde, gnädig zu stimmen. Ein gefragter Mann war immer der in Genhofen ansässige Schmied, der, wenn nötig, die Pferde vor dem letzten harten Anstieg noch beschlug. Hufeisen als Votivgaben zieren folglich die Tür zur Sakristei. Interessanterweise hütet der Schmied, der schräg gegenüber der Kirche seine Werkstatt unterhält, noch immer den Kapellenschlüssel.

Höchst ungewöhnlich sind die Malereien, die den Kirchenraum zieren. Sie scheinen dem Volksglauben verhaftet, erinnern gar an Höhlenmalereien: primitive Tier- und Menschendarstellungen, Drudenfüße und Kreuze, alles in Schwarz und Rot gehalten. Über den Sinn der Malereien hat man lange gerätselt, möglicherweise entsprangen sie einfach einer Laune der Zeit. Sie gerieten mit dem Wandel der Mode in Vergessenheit, wurden übertüncht und erst 1938/1940 wieder entdeckt.

Kurverwaltung: Hugo-v.-Königsegg-Str. 8, 87534 Bad Oberstaufen, Tel. 083 86/930 00, Fax 930 020, www.oberstaufen.de
Außenstelle Steibis: Tel. 083 86/86 79
Außenstelle Thalkirchdorf: Tel. 083 25/97 61

Hotel Allgäu Sonne: Am Stiessberg 1, 87534 Bad Oberstaufen, Tel. 083 86/70 20, Fax 78 26, www.allgaeu-sonne.de. Sonnenlage und exklusives Ambiente haben ihren Preis, Juli/Aug. Familienwochen mit Kinderbetreuung, DZ ab 162 €.
Hotel Allgäuer Rosenalp: Am Lohacker 5, 87534 Bad Oberstaufen, Tel. 08386/7060, Fax 706435, www.rosenalp.de. Kurhotel mit Stil und vielen Extras, aber ohne Schicki-Micki-Rummel, ruhig und dennoch zentrumsnah, DZ ab 180 €.
Kur- und Sporthotel Engel: 87534 Bad Oberstaufen-Buflings, Tel. 083 86/70 90, Fax 709 482, www.kur-und-sporthotel-engel.de. Erholung in bäuerlicher Umgebung, innovativer Wellnessbereich, DZ ab 120 €.
Hotel Bergkristall: Willis 8, Tel. 083 86/91 10, Fax 91 11 50, www.bergkristall.de. Gemütlicher Familienbetrieb, dennoch alles vom Feinsten von der Küche bis zur Wellnessabteilung, DZ ab 100 €.
Hotel Traube: 87534 Bad Oberstaufen-Thalkirchdorf, Tel. 083 25/92 00, Fax 920 39. Sympathischer Familienbetrieb im denkmalgeschützten Fachwerkbau, DZ ab 80 €.
Landhaus Kennerknecht: Schindelberg 6, 87534 Bad Oberstaufen-Steibis, Tel. 083 86/80 83, Fax 80 59. Absolut ruhige Lage und schöne Ausblicke auf Oberstaufen. DZ ab 72 €.

Ferienhotel Pension Starennest: Schindelberg 12, 87534 Bad Oberstaufen-Steibis, Tel. 083 86/81 48, Fax 86 93. Familienfreundliche Zimmer und Appartements, viel Auslauf für die Kleinen, DZ ab 50 €.
Ferienhof Huber: Schindelberg 3, 87534 Bad Oberstaufen-Steibis, Tel./Fax 083 86/82 63. Ferien auf dem Bauernhof, DZ ab 30 €.

S'Posttürmle: Bahnhofplatz 4, Tel. 083 86/74 12. Di u. Mi Mittag geschl. Klein, exklusiv, teuer.
Zum Adler: Kirchplatz 6, Tel. 083 86/932 10. Regionalküche, feine Küche, Vollwertküche und Bärlauchspezialitäten – alles gut und frisch, schöne Stube, teilweise teuer, auch günstige Gerichte.
Altstaufner Einkehr: Bahnhofstr.4, Tel. 083 86/71 93, ab 17 Uhr, So auch Frühschoppen, Mo Ruhetag. Eine Institution in Oberstaufen, traditionelle Regionalküche in uriger Stube, moderat bis günstig.
Alpengasthof Rain: Tel. 083 86/932 40. Schönes Gasthaus mit Sonnenterrasse, feine Fisch- und Wildgerichte, moderat.
Gasthof Adler: Ortsteil Aach, Tel. 083 86/21 50, Di Ruhetag. 300-jährige Tradition, gemütliche Stube, romantischer Wirtsgarten, günstige Regionalküche.
Books Café: Hugo-v.-Königsegg-Str. 12. So Ruhetag. Mitten im Zentrum, trendiges Café mit Terrasse und reichlich Lesestoff, günstige vegetarische Tagesgerichte.
Sennstube im Thalkirchner Dorfhaus: Mi Ruhetag. Alles mit Käse, von Kässpatzn bis Fondue, günstig.

Bienenkorb: Trachten und Landhausmode im Kurpark Shopping Zentrum.
Handweb-Tenne Thalkirchdorf: Salzstr. 7–11, Ortsteil Thalkirchdorf. Tel. 083 25/92 20. Eine der letzten deutschen Handwebereien, schöne Teppiche aus Naturschafwolle, Schau- und Vorführräume.
Dorfladen im Dorfhaus Thalkirchdorf: Kirchdorfer Str. 7, Ortsteil Thalkirchdorf. Milch- und Käseprodukte aus der eigenen Dorfsennerei, Holzofenbrot und Allgäuer Heuschnaps.

Ponyhof: Hinterhalden, Tel. 083 86/22 50. Tanztee 14–19 Uhr.
Kgl. Bayr. Enzianhütte: Mühlenstr. 24, Weissach, Tel. 083 86/661, tägl. ab 15 Uhr, Mi Ruhetag, Di, Do Hüttenabend mit Tanz, Fr, Sa ab 15.30 Uhr Zithermusik, So 10.30 Uhr Frühschoppen, Biergarten und zünftige Hüttengerichte.
Weinbauer: Rainwaldstr. 4, Tel. 083 86/25 22. Tanz zu Live-Musik.
Weinstube zum Goißgässle: Lindauer Str. 6, Tel. 083 86/15 77, Mo Ruhetag. Live-Musik.
Bubi's Bar: Rainwaldstr. 2, Tel. 083 86/15 88.

Kurkonzert tägl. 15–16.30 Uhr im Kurhaus-Restaurant.

Baden: Panorama-Erlebnisbad Aquaria, Alpenstr. 5, Tel. 083 86/931 30.
Rafting: Aktiv-Zentrum Jürgen Koch, Tel. 083 86/18 57, www.aktiv-zentrum.de.
Fahrradverleih: Oli's Ski- und Bikeshop, Rainwaldstr. 1, Tel. 083 86/96 10 64; Fahrradecke Thal, Thalkirchdorf, Tel. 083 86/92 70 30.
Golf: Golfclub Oberstaufen-Steibis, Tel. 083 86/83 86.
Sesselbahn Hündle: Tel. 083 86/96 00 00, www.huendle.de, mit Sommerrodelbahn und großem Kinderspielplatz; **Hochgratbahn:** Tel. 083 86/82 22, www.hochgrat.de; **Imberg-Sesselbahn:** Tel. 083 86/84 89.
Modelleisenbahnschau Miniwelt Oberstaufen: Wengen 15, Tel. 083 86/96 07 11, Mitte März–Nov. und Weihnachtsferien tägl. 10–18 Uhr.

FISCHEN, OBERSTDORF, KLEINWALSERTAL

Die kleinen, aber feinen Urlaubsorte Fischen und Balderschwang bieten viel Ruhe. Oberstdorf mit seinen herrlichen Gebirgstälern schreibt seit mehr als 120 Jahren Tourismusgeschichte, ein ausgefeiltes Unterhaltungsprogramm zeugt davon. Der hinterste Zipfel des Allgäus, das Kleinwalsertal, gehört bereits zu Österreich.

Fischen und die Hörnergruppe

Fischen

Allgäu-Atlas: S. 237, F 3
Der sympathische kleine Kurort im Illeral, der bereits im 9. Jh. als *Viskingun* erstmals erwähnt wurde, hat viel für seine Gäste getan. Über den ruhigen Ortskern wacht die Pfarrkirche **St. Verena,** die ursprünglich aus dem ausgehenden Mittelalter stammt, aber im 19. Jh. verändert wurde. Ein schmucker Barockbau ist die **Frauenkapelle** des Vorarlberger Baumeisters Michael Beer, der auch St. Lorenz in Kempten baute. Nicht versäumen sollte man den Besuch im **Gschwenderhaus,** einem typischen Allgäuer Bauernhaus des 17. Jh., das in ein wahres Schmuckkästchen verwandelt wurde und heute das **Heimatmuseum** und **Schimuseum** beherbergt, das auch außerhalb der Skisaison den Wintersportfreuden zeigt, wie Jäger und Waldarbeiter vor hundert Jahren mit handgezimmerten Gleithölzern zu Pionieren des Skisports avancierten (Di, Do 17–19 Uhr).

Im liebevoll gestalteten Kurpark ist Bachgeplätscher allgegenwärtig, und ein 7 km langer Wasserlehrpfad führt an der Iller entlang.

Die Hörnergruppe

Wanderer kommen in Fischen und Umgebung natürlich auch nicht zu kurz, denn die Hörnergruppe mit ihrer höchsten Spitze, dem Riedberger Horn (1787 m), liegt direkt vor der Tür. Der Panorama-Weg über die Hörnergipfel ist ein Highlight.

Eine besondere Attraktion auch an Regentagen ist die **Sturmannshöhle** in Obermaiselstein am Nordostfuß des Schwarzenbergs. Die 280 m lange Höhle ist die einzige erschlossene Höhle im Allgäu. Begleitet vom Rauschen und Tosen des Höhlenwassers steigt man hinab zum Höhlensee, wo auch im Hochsommer die Temperaturen winterlich sind (regelmäßige Führungen Di–So 9.30–16 Uhr).

Kurverwaltung Fischen: Am Anger 15, 87538 Fischen, Tel. 083 26/364 60, Fax 36 46 56; **Gäste-Information Ortsteil Langenwang:** Tel. 083 26/18 21; **Verkehrsamt Obermaiselstein:** Am Scheid 18, Tel. 083 26/277, www.obermaiselstein.de; **Verkehrsamt Ofterschwang:** Sigishofen 31, Tel. 083 21/890 19, www.ofterschwang.de; **Verkehrsamt Bolsterlang:** Im Rathaus, Tel. 083 26/83 14, Fax 94 06

Hotel Sonnenbichel: Sägestr. 19, 87538 Fischen-Langenwang, Tel. 083 26/99 40, Fax 99 41 80. Freundliches Familienhotel mit viel Komfort, Kinder haben Platz zum Toben im Garten, nagelneuer Wellnessbereich, DZ ab 96 €.
Hotel Maderhalm: 87538 Fischen-Maderhalm 19, Tel. 083 26/360 50, Fax 74 92. Familiäres Haus in ruhiger Lage mit herrlichem Alpenblick, DZ ab 50 €.

Gasthof Krone: Auf der Insel 1, Tel. 083 26/287. Preisgekrönte Küche mit regionalem Akzent, moderat bis teuer.

Kuhweide an der Riedbergpassstraße

Gasthof Inselmühle: Auf der Insel 3, Tel. 08326/364500. Sonnige Terrasse, bodenständige Küche, manchmal mit Zithermusik, günstig bis moderat.

Bolsterlanger Hörner und Hochgratbahn: Tel. 08326/9091; **»Weltcup-Express« Ofterschwang:** Tel. 08321/67030.
Fahrradverleih: G. Voggel, Weilerstr. 5, Tel. 08326/508.

Balderschwang

Allgäu-Atlas: S. 237, E 3
Der erste Bauer, der das Tal rodete oder »gschwendete«, wie man hier sagt, hat Balthasar geheißen, erzählt man, und von ihm bekam das Bergdorf seinen Namen. Vom Käsen und Schmuggeln sollen die Siedler im abgeschiedenen Tal, das dem Bregenzerwald stets näher lag als dem Allgäu, gelebt haben. Heute ist das Dorf, das zur Verwaltungsgemeinschaft Hörnergruppe gehört, immer noch abgeschieden und nur über den Riedbergpass, die höchste Alpenstraße Deutschlands, erreichbar, doch seinen Lebensunterhalt bestreitet es jetzt mit dem Fremdenverkehr. Hauptsaison ist der Winter. Kein Wunder, Balderschwang liegt mitten in einem Schneeloch, das gern halb spöttisch, halb neidisch als »Allgäuer Sibirien« bezeichnet wird.

Aber auch im Sommer ist Balderschwang ein herrliches Urlaubsziel für alle, die Ruhe und Naturerlebnis dem Rummel vorziehen, und ganz besonders für Eltern mit Kindern, die hier ideale Familienhotels vorfinden und einen riesigen Tummelplatz zwischen Wald, Wiese und Bergbächen.

In der Umgebung gibt es viele Sennalpen, die zu Alpwanderungen einladen. Eine schöne Tour beginnt bei der Schelpenalpe und führt zunächst zur **Höfele Alpe,** wo man morgens beim Käsen zuschauen und natürlich auch den würzigen Bergkäse probieren kann (25. Mai–10. Sept., 9.45–11 Uhr). Zur Brotzeit lädt auch die familiäre **Lappach Alpe** ein. Auf einer Nebenstraße kehrt man zurück zur Hauptstraße und läuft auf dem Höhenweg in Richtung Ortsmitte. Ein Schlenker führt zu einem besonderen Naturdenkmal: der 2000-jährige Eibe.

Verkehrsamt Balderschwang: 87538 Balderschwang, Tel. 08328/1056, Fax 265, www.balderschwang.de

Hotel Hubertus: 87538 Balderschwang, Tel. 08328/9200, Fax 92010, www.hotel-hubertus.de. Elegantes Wellnesshotel, eingerichtet mit viel Liebe zum Detail, schmackhafte Vitalküche, großer Wellness- und Kosmetikbereich. Ayurveda-Therapie, Sportprogramme. DZ ab 128 €.
Kienles Alpenpension: Dorfplatz 3, 87538 Balderschwang, Tel. 08328/221, Fax 325. Kinderfreundliches Haus im Ortskern, gutes Restaurant, Saunalandschaft, DZ mit HP ab 90 €.
Almhof Lämmer: 87538 Balderschwang 8, Tel. 08328/1018, Fax 336. Engagierter Familiengasthof, Kinderbetreuung mit Aktivprogramm, riesiger Spielplatz, Spielzimmer, viele Tiere. Familienwochenpauschalen unter www.almhof.de.

Fahrradverleih: Luggi Endrös, Tel. 08328/1047.

Oberstdorf

Allgäu-Atlas: S. 237, F 3
Der Kurort Oberstdorf liegt auf 843 m Höhe inmitten eines weiten Talkessels im Herzen der Allgäuer Alpen, umgeben von imposanten Gipfeln wie Fellhorn (2038 m), Nebelhorn (2224 m), Höfats (2258 m) und Mädelegabel (2645 m): unbestritten das touristische Zentrum des Oberallgäus.

Fernab der Handelsstraßen gelegen, gehörte Oberstdorf zu den armen Allgäuer Ortschaften, bis in der zweiten Hälfte des 19. Jh., besonders nach dem Anschluss an die Eisenbahn 1888, die ersten Fremden die Schönheit des Tals entdeckten. Nach und nach verwandelte sich das Bergbauerndorf in einen Urlaubsort, dem 1937 die Prädikate »Heilklimatischer Kurort« und »Kneippkurort« verliehen wurden. Auf 10 500 Einwohner kommen heute fast 18 000 Gästebetten. Das Zentrum gibt sich städtisch, und dennoch legt man Wert darauf, Dorf zu sein – das südlichste in Deutschland.

Rechtzeitig erkannte man, dass der stetig zunehmende Verkehr sich nicht mit dem Image eines Kurortes verträgt. Schon 1992 begann man daher, die Idee von einem »autofreien Oberstdorf« umzusetzen. Die Bundesstraße 19 wurde ausgelagert, Umgehungsstraßen angelegt und Auffangparkplätze gebaut. 1999 ging der weltweit sauberste Linienbus an den Start: Er wird nicht mit Diesel, sondern mit Brennstoffzellen und Wasserstoff betrieben. Das Ergebnis der Verkehrsberuhigung: Luftgütegrad 1 garantiert, dass man tief durchatmen kann.

Bereits 1495 war Oberstdorf zum Markt erhoben worden. Von den älteren Gebäuden sind allerdings nach einem Brand im Jahr 1865 nur noch wenige erhalten. Dazu gehört die Seelenkapelle (heute Kriegergedächtniskapelle) mit Wandmalereien aus dem 16. Jh. auf der Nordwand. Zentrale Figur ist der hl. Michael als Geleiter der Seelen.

Die Pfarrkirche **St. Johannes der Täufer** ist ein neugotischer Bau aus der Zeit nach dem Brand, in dem sich jedoch einige Werke der Gotik finden, darunter eine Figurengruppe der Mutter Anna mit dem Kind Maria (1340) oder die »Schöne Oberstdorferin«, eine Muttergottes im Strahlenkranz, die dem Meister des Imberger Altars zugeschrieben wird und rund 150 Jahre jünger ist.

Das **Heimathaus** ist in einem alten Bauernhaus untergebracht, das als eines der wenigen der Brandkatastrophe trotzte. Bäuerliches Wohnen, Handwerk, Alp- und Landwirtschaft sowie der Alpinismus gehören zu den wichtigsten Themen der Dauerausstellung. Jäger von Superlativen finden Gefallen am größten Schuh der Welt. (Oststraße 13, Di–Sa 10–12, 14–17.30 Uhr, So u. Fei bei Regen wie werktags.)

Rummel und Ramsch bestimmen den Ortskern. Dass Oberstdorf aber trotz der Entwicklung zum modernen Ferienzentrum ein Dorf geblieben ist, nimmt man mit Erstaunen zur Kenntnis, wenn der Hirtenbub im Sommer das »Gassenvieh« zusammentreibt und auf die beiden Tagesweiden, die obere und die untere Gasse, der Wald- und Weidegenossenschaft führt.

Der Tanz der Wilden Männle

Für die Pflege des Brauchtums sorgt in Oberstdorf der Trachten- und Brauchtumsverein, der 2001 sein 100-jähriges Bestehen feierte. Ihm ist es auch zu verdanken, dass die »Wilden Männle« bis heute alle fünf Jahre aktiv sind. Mit kraftvollen Sprüngen hüpfen 13 wahrlich wilde Gestalten in urtümlichen Kostümen aus »Tannenbart« (einer Baumflechte) über die Bühne. Glaubt man alten Überlieferungen, so geht der kultische Figuren-Tanz schon auf die keltischen Vorfahren zurück. Doch genausowenig, wie man sein genaues Alter oder seine Ursprünge kennt, weiß man um seine Bedeutung, denn die ersten Berichte von Aufführungen stammen aus dem ausgehenden 18. Jh. Herumgedeutet worden ist viel, doch das Spektakel entzieht sich jeder Deutung und steht für sich – so auch wieder im Sommer 2005.

Nebelhorn und Fellhorn

Die Umgebung von Oberstdof hat zahlreiche Kostbarkeiten zu bieten. Zusammen mit dem Kleinwalsertal bietet Oberstdorf das größte Wander-, Berg- und Skisportgebiet der nördlichen Alpen. Drei Bergbahnen transportieren auch die weniger ambitionierten Bergfreunde zu einzigartigen Aussichtspunkten, und von den Bergstationen lassen sich auch mit durchschnittlicher Kondition schöne Wanderungen in Angriff nehmen.

Auf dem **Nebelhorn** (2224 m), wo sich im Winter Skifahrer tummeln, finden Wanderer im Sommer ein ausgeschildertes Wanderwegenetz vor. Von oben genießt man den beeindruckenden 400-Gipfel-Blick. Hier ist auch Ausgangspunkt für den berühmten **Hindelanger Klettersteig,** der allerdings Bergerfahrung voraussetzt. Leicht machbar ist dagegen der Weg von der Station Höfatsblick zum herrlich gelegenen **Seealpsee** und zurück (3 Std.). Vor allem Kinder und Jugendliche (ab 140 cm Körpergröße) machen gern vom Angebot der Talfahrt mit dem Roller ab der Station Seealpe Gebrauch.

Das **Fellhorn** ist der Oberstdorfer Blumenberg. Im Juni und Juli sind die Hänge vor allem im Bereich des Schlappoldsees mit Blüten in allen Farben übersät, aus denen vor allem das Rot der Alpenrosen hervorsticht. Eine schöne Runde (ca. $2^1/_2$ Std.) führt vom Gipfel den Kamm entlang mit herrlichem Blick auf unzählige Alpengipfel, in deren Falten sich auch im Hochsommer noch Schneereste verbergen können, auf das Kleinwalsertal und den Schlappoldsee. Beim Söllerkopf (1940 m) steigt man hinab zur **Schlappoldalpe**. Hier kann man sich mit Käsebrot und frischer Buttermilch stärken, bevor es über den Schlappoldsee zurückgeht zur gleichnamigen Bergstation. Wenn das Fellhorn im Sommer Schauplatz für Bergmessen und Bergfeste ist, schallt nicht nur das Alphorn vom Berg. Eine naturkundliche Ausstellung informiert über Flora und Fauna der Region.

Eine andere Gratwanderung führt vom Fellhorn zur Bergstation **Söllereck,** Ausgangspunkt für einen schönen, abwechslungsreichen Wanderweg nach Riezlern im Kleinwalsertal.

Die Schanzen

Oberstdorf ist Trainingslager für viele Wintersportler und Austragungsort internationaler Wettkämpfe. Am Fuß des Schattenbergs stehen die drei **Schattenbergschanzen,** einer der Austragungsorte der alljährlichen Vierschanzentournee. Unterhalb der Schanzen trainieren internationale Spitzensportler im **Bundesleistungszentrum für Eiskunstlauf,** wo aber auch täglich mehrmals Publikumsläufe stattfinden.

Pilgerziel für Freunde des nordischen Skisports (aber nicht nur diese) ist die **Heini-Klopfer-Skiflugschanze** im Stillachtal (Richtung Birgsau), die 1949 auf Initiative des unvergessenen Springertrios Sepp Weiler, Heini Klopfer und Toni Brutscher erbaut wurde. Für die erste Skiflug-Weltmeisterschaft 1973 in Oberstdorf wurde sie umgebaut. Bei den Skiflug-Weltmeisterschaften 1998 schraubte Dieter Thoma den Schanzenrekord auf 209 m.

Vom Parkplatz aus kann man mit dem Sessellift nach oben schweben. Ein Aufzug bringt Besucher auf die Schanze, wo sich zwangsläufig Ehrfurcht vor dem Mut der Skiflieger einstellt.

Abstecher zum Freibergsee

Der Besuch der Schanze lässt sich ausgezeichnet mit einem Spaziergang zum Freibergsee (ca. 2 km) verbinden. Am Moorsee locken an sonnigen Tagen das sympathische Strandbad mit Bootsverleih und angrenzendem Café.

Breitachklamm und Rohrmoostal

Unweit vom Ortsteil Tiefenbach liegt der Eingang zur **Breitachklamm,** die 1905 durch einen Wanderweg erschlossen wurde – damals ein höchst wagemutiges Unternehmen. Das Wasser der Breitach durchbricht die enge Schlucht mit fast 100 m hohen Wänden, stürzt mit Getöse über hohe Felsbänke, gräbt Mulden und Abbruchstellen und versprüht blitzende Wassertropfen.

Im Schutz der düsteren Klammwände, die kaum von Sonnenstrahlen erreicht werden, gedeihen Moose und Farne. Das Naturschauspiel ist einzigartig, der Weg allerdings oft überlaufen. Wer allerdings nach der Klammwanderung (ca. 45 Min.) nicht denselben Weg zurück geht, sondern den Rundweg über die Dornach Alpe (insgesamt 1 1/2–2 Std.) wählt, lässt die Massen hinter sich (tägl. 8–17 Uhr).

Über Tiefenbach erreicht man auch, am besten zu Fuß oder mit dem Rad, das **Rohrmoostal** (Mautstraße), Jagdgebiet der Fürsten von Waldburg-Zeil. Hier steht die verschindelte **Kapelle St. Anna,** die um 1568 erbaut wurde und damit wohl eine der ältesten erhaltenen hölzernen Kapellen Europas ist. Sie besitzt einzigartige volkstümliche Malereien. Besonders schön sind die Teufel in der naiv-schaurigen Darstellung des Jüngsten Gerichts an der Westseite. Empfehlenswert ist auch eine Einkehr im alten Gasthaus nebenan.

Die Breitachklamm

St. Loreto

Zu den schönsten Kirchenbauten im Oberstdorfer Tal gehören die drei südlich des Zentrums gelegenen Loretokapellen, zu denen ein Kreuzweg hinausführt. Aus dem späten 15. Jh. stammt die **Appachkapelle** (1493), die errichtet wurde, um die im Mittelalter häufig über die Ufer tretende Stillach zu besänftigen. Ein Freskenzyklus im Inneren zeigt Evangelisten, Kirchenväter, Märtyrer und Szenen aus der Heilsgeschichte. Als nach dem Dreißigjährigen Krieg die Verehrung Unserer Lieben Frau von Loreto (s. S. 119) im Allgäu heimisch wurde, erbaute man 1657 die **Marienkapelle** mit einem sehenswerten Rokoko-Altar des Füssener Bildhauers Anton Sturm, in dessen Mittelpunkt das aus Ton geformte Gnadenbild steht. Als Anbau gewissermaßen entstand 14 Jahre später die **Josefskapelle** mit Gemälden des

Oberstdorfer Künstlers Claudius Schraudolph.

Die Kapellen sind Ausgangspunkt für eine kleine Wanderung, die teilweise als Moorlehrpfad ausgeschildert ist. Sie führt zum Moorweiher und zu einem rührend altmodischen Moorschwimmbad. Der Rundweg endet oberhalb der Kapellen beim Gasthof Alpenrose mit herrlichem Blick auf Berge und Tal.

Das Trettachtal

Von den Loretokapellen führt die größtenteils für den Autoverkehr gesperrte Straße weiter ins **Trettachtal** bis **Spielmannsau,** das bis 1844 noch zu Österreich gehörte. Zur Einkehr hat man die Wahl zwischen dem Berggasthof Spielmannsau mit großem Kinderspielplatz und schöner Sonnenterrasse und der 30 Min. nördlich des Ortes gelegenen Alpe Oberau. Auf dem Rückweg kann man eine Rast am kleinen **Christlessee** einlegen oder einen Abstecher nach **Gerstruben** anschließen. Das 6 km von Oberstdorf entfernte Bergdorf steht unter Denkmalschutz. Vier Häuser und eine Kapelle sind von der Walsersiedlung übrig geblieben, die bis in die 1950er Jahre kein elektrisches Licht hatte. Heute sind Häuser, Sennküche, Sägemühle und die Marienkapelle aus dem 17. Jh. verlassen, aber liebevoll restauriert, und ein Berggasthof erwartet hungrige Wanderer.

Kurverwaltung Oberstdorf: Marktplatz 7, 87561 Oberstdorf, Tel. 083 22/70 00, Fax 70 02 36, www.oberstdorf.de

Kur- und Ferienhotel-Sanatorium Filser: Freibergstr. 15, 87561 Oberstdorf, Tel. 083 22/70 80, Fax 70 85 30. Ruhige Ortsrandlage. Sehr guter Komfort. DZ ab 123 €.

Hotel garni Geldernhaus: Lorettostr. 16, 87561 Oberstdorf, Tel. 083 22/97 75 70, Fax 977 57 30. Alte Villa, liebevoll restauriert, großer Garten. Die Einrichtungen des Parkhotel Frank (100 m entfernt) können genutzt werden, DZ ab 104 €.

Hotel Mohren: Marktplatz 6, 87561 Oberstdorf, Tel. 083 22/91 20, Fax 91 24 44, www.hotel-mohren.de. Zentral, komfortabel, attraktive Angebote für Familien, DZ incl. Karten für Bergbahn ab 110 €.

Silencehotel Nebelhornblick: 87561 Oberstdorf-Kornau 49, Tel. 083 22/964 20, Fax 96 42 50. Schönes Ambiente, ruhig, DZ ab 110 €.

Hotel Birgsauer Hof: Birgsau 9, 87561 Oberstdorf, Tel. 083 22/969 00, Fax 96 00 60. Landhotel in ruhiger Lage, großzügige Zimmer, Badeabteilung, gutes Restaurant, DZ ab 80 €.

Berggasthof Spielmannsau: 87561 Oberstdorf-Spielmannsau, Tel. 083 22/30 15, Fax 88 60. Im wildromantischen Trettachtal, autofreies Kinderparadies mit Spielplatz und Streicheltieren, Restaurant mit Lammspezialitäten aus eigener biologischer Aufzucht, auch FeWo, DZ ab 60 €.

Landhaus Boxler: Am Dummelsmoos 37, Tel. 083 22/962 10, Fax 96 21 19. Ruhig, Ponyreiten, Streicheltiere und viel Auslauf für Kinder, auch FeWo, DZ ab 45 €.

Jugendherberge Oberstdorf: Kornau 8, 87561 Oberstdorf, Tel. 083 22/22 25, Fax 804 46.

Camping:

Campingplatz Rubinger Str. 16, 87561 Oberstdorf, Tel. 083 22/65 25, Fax 80 97 60.

Maximilians Restaurant: Freibergstr. 21, Tel. 083 22/967 80, nur

abends, So Ruhetag. Viel gelobter kleiner Gourmet-Tempel, teuer.
In's Panorama: Reute 6, Tel. 08322/3074. Familie Arnemann kocht bekannt gut, von der Terrasse genießt man den schönsten Blick auf das Oberstdorfer Tal, moderat.
Gasthof Mohren: Marktplatz 6, Tel. 08322/9120, Fax 912444. Allgäuer Heuwirt, Spezialitäten wie Allgäuer Bergwiesenheusuppe, Milchkalb in Heublumen-Steinpilzsoße, Heublumensorbet, viele vegetarische Gerichte, Vollwertkost, moderat.
Gasthof Einödsbach: Einödsbach 1, Tel. 08322/98454. Beliebter Wandergasthof im Stillachtal, gediegene Allgäuer Küche aus heimischen Produkten, günstig bis moderat.
Berggasthof Rohrmoos: Neben der St. Annakapelle, Tel. 08322/4417. Schmackhafte Wildgerichte (nach Anmeldung); auch einige Gästezimmer.

Dampfbierbrauerei: Bahnhofstr. 6–8, Tel. 08322/8908, Di–Sa ab 19.30 Uhr, So ab 11 Uhr Frühschoppen, Mo ab 17 Uhr Brauereiführung. Bier aus eigener Herstellung, täglich frische Haxen, zünftige Live-Musik, z. T. mit Tanz.
Weinstube: Am Frohmarkt, Tel. 08322/3988, ab 16 Uhr. Nettes Weinlokal mit Südtiroler Küche an schönem ruhigem Altstadtplatz, günstig.
Biergarten Königliches Jagdhaus: Am Kristallbad. 1856 durch Prinz Luitpold als Jagdhaus erbaut. Uriger Biergarten mit feiner Küche. Manchmal Live-Musik, moderat.

Oberstdorfer Musiksommer: Mitte Juli–Mitte Aug., Klassische Konzerte und Soireen, berühmte Musiker geben Kurse für Musikstudenten. **Oberstdorfer Kulturtage:** Ende Sept.–Anf. Okt., Theater, Konzerte, Ausstellungen.

Baden: Freibergsee-Badeanstalt, Am Freibergsee, Tel. 08322/8266; Moorbad Oberstdorf, Am Rauhen, beim Moorweiher, Tel. 08322/4863; Kristall Kur- und Freizeitbad, Promenadestr. 3, Tel. 08322/986010.
Rafting, Canyoning, Kajak: ICO Adventures GmbH, Im Wasen 16, 87544 Bihlerdorf, Tel. 08321/87033, Fax 68951, www.impuls-company.de.
Fahrradverleih: Abler-Sport, Hauptstr. 4, Tel. 08322/95300; Heckmair, Nebelhornstr. 46, Tel. 08322/2210.
Bergbahnen: Fellhornbahn: Tel. 08322/3035, www.fellhorn.de; Nebelhornbahn: Tel. 08322/960096, www.nebelhorn.de; Söllereckbahn: Tel. 08322/5757, www.soellereckbahn.de.
Eislaufen: Eissportzentrum Oberstdorf, Tel. 08322/915130.

Das Kleinwalsertal

Allgäu-Atlas: S. 237, E 3/4
Das Kleinwalsertal gehört politisch zu Österreich, zu erreichen ist es aber nur von Deutschland aus, und auch wirtschaftlich orientiert es sich ganz und gar nach Deutschland. Die drei Hauptorte des 16 km langen Hochtals, Riezlern, Mittelberg und Hirschegg, liegen zwischen 1100 und 1250 m hoch.

Der größte, lebendigste Ort ist Riezlern, ein Einkaufszentrum mit Läden, Restaurants, Cafés und Abendunterhaltung. In Mittelberg und Hirschegg geht es ruhiger zu. Störend ist bisweilen der Autoverkehr im schmalen Tal, ein kostenloser Pendelbus zwischen den Hauptorten soll das Problem mildern.

Die alte Walserkultur wird im Tal hochgehalten. Der »Walserkulturweg«

DIE WALSER – EIN STÜCK ÖSTERREICH IM ALLGÄU

Ursprünglich kommen die Walser aus der Schweiz, aus dem oberen Teil des Kantons Wallis, was man heute noch an der Mundart hören kann, die sich vom Allgäuischen und Vorarlbergischen unterscheidet und mehr dem Schweizerdeutsch ähnelt. Auch der Baustil der Walserhäuser und die historischen Trachten mit den kostbaren Goldkronen der Mädchen und aufwändigen Stickereien weisen auf alte, wohlgepflegte Traditionen hin.

Politische Unruhen und Naturkatastrophen hatten die Walser ab der Mitte des 13. Jh. gezwungen, ihre Heimat im oberen Rhonetal zu verlassen und ins Tessin, nach Norditalien und nach Vorarlberg zu wandern. Zu den zwischen 1280 und 1300 im westlichen Alpenraum entstandenen Walsersiedlungen gehörten das Großwalsertal und das Kleinwalsertal, das bis dahin ein unbesiedeltes Jagdgebiet war.

Dass das Kleinwalsertal – übrigens schon seit 1453 – zu Österreich gehört, gestaltete das Wirtschaftsleben oft schwierig. Im Winter war man gänzlich vom Mutterland abgetrennt, im Sommer musste man hohe Pässe überwinden. Große Erleichterung schuf deshalb der 1891 in Kraft getretene und heute noch gültige »Zollanschlussvertrag«, der das Kleinwalsertal wirtschaftlich an Deutschland anbindet, ohne österreichische Hoheitsrechte in Frage zu stellen.

Dennoch bringt das Leben zwischen Deutschland und Österreich einige Paradoxa mit sich: So hatte das Kleinwalsertal bis vor kurzem zwei Vorwahlen, eine österreichische und eine deutsche. Gegen den Protest der Einheimischen wurde die deutsche Nummer gestrichen. Die doppelte Postleitzahl bleibt vorerst erhalten. Steuern zahlt man zwar an das Finanzamt in Bregenz, vor der Einführung des Euro aber in DM, wogegen die Mehrwertsteuer auf deutsche Waren in die deutsche Finanzkasse fließt. Jüngstes Zugeständnis an die besondere Situation der Kleinwalsertaler war im Jahr 2000 die Einführung des nur in Bayern praktizierten »Quali«, des »qualifizierten Hauptschulabschlusses« an der Hauptschule Riezlern, damit die Schüler aus dem Grenzgebiet auf dem Arbeitsmarkt mit deutschen Bewerbern mithalten können.

verbindet Stationen im Ort, die auf die alte Walsertraditon hinweisen. Dazu gehören schöne alte Walserhäuser, die, abgesehen vom steinernen Fundament, bis zu den Dachschindeln hinauf nur aus Holz erbaut sind. Die schönsten Exemplare, die teilweise unter Denkmalschutz stehen, sind rund 400 Jahre alt.

Im **Walserhaus** in Hirschegg, in dem auch das Fremdenverkehrsamt untergebracht ist, informiert das **Walsermuseum** über die Geschichte und das Brauchtum der Walser. Neben Trach-

Sennalpen

Diese Sennalpen lassen sich bei der Herstellung des Walser Bergkäses zuschauen: Gemstel-Schönesbodenalpe und Wiesalpe (tägl 9.30 Uhr), Bernhard's Gemstelalpe (tägl. 9 Uhr), Mittelalpe (Mi 10 Uhr), Melköde (tägl. 8.30 Uhr), Alpe Schrattenwang (tägl. 8–10 Uhr).

ten und Hausgeräten ist auch eine Sennerei mit Käsküche zu sehen (Walserstr. 54, Mo– Sa 14–17 Uhr). Das **Skimuseum** im selben Haus zeigt originelle Exponate aus den Anfängen des Wintersports (8–17 Uhr).

Mittelberg

In Mittelberg, nahe der hübschen Pfarrkirche **St. Jodok** mit Wandfresken aus dem 15. Jh., befindet sich der liebevoll angelegte **Kräuter- und Hexengarten.** Dort lernt man z. B. die alte Hexenweisheit, dass das Barbarakraut, die Winterkresse, bei sorgfältiger Anwendung gegen den Schrecken und den bösen Blick wirkt. Und wer weiß heutzutage noch, dass der Träger eines Kranzes aus der Gundelrebe in der Walpurgisnacht alle Hexen erkennen kann? Mit Hilfe vieler Anekdötchen werden zahlreiche Kräuter- und Heilpflanzen nicht nur mit Namen, sondern auch mit ihrer Bedeutung in Heilkunde und Hexenküche vorgestellt.

Ein besonderes Erlebnis ist auch der Besuch im **Naturstadl** in **Hirschegg.** Man lässt sich auf einem Heusofa nieder, atmet tief durch, lässt den Stress entweichen und unternimmt eine kleine Reise der Sinne (Dürenbodenstr. 9, Führungszeiten erfragen unter Tel. 00 43/(0)55 17/54 05).

Eine schöne Ergänzung zum Thema Heilkräuter ist schließlich die **Kräuterwanderung,** die das Fremdenverkehrsamt einmal wöchentlich anbietet.

Der Ifen

Fünf Bergbahnen erschließen abwechslungsreiche Wandergebiete. Ein landschaftlicher Höhepunkt ist sicher das **Gottesacker-Plateau,** eine einzigartige Karstlandschaft, dessen Überquerung routinierten Wanderern bei gutem Wetter ein herrliches Naturerlebnis bietet (ab Bergstation der Sesselbahn Ifen; je nach Route $5^1/_2$–$7^1/_2$ Std.).

Eine schöne Alpwanderung (ca. 2 Std.) auch für ungeübte Wanderer und Familien mit Kindern führt von der Bergstation der Söllereckbahn (Oberstdorf) über die Alpe Schrattenwang (8–10 Uhr Käsen), die bewirtschaftete Mittelalpe (Di Ruhetag, Mi 10 Uhr Käsen) und das Bergstüble (Berggasthof mit warmer Küche, Mo Ruhetag) nach Riezlern.

Kleinwalsertal Tourismus: Walserhaus, 87568 Hirschegg, Tel. 00 43/(0)55 17/511 40, Fax 51 14 21, www.kleinwalsertal.at

Ifen-Hotel: 87568 Hirschegg, Tel. 00 43/(0)55 17/66 05 36, Fax 51 14 21, www.ifen-hotel.com. Feine Adresse, hervorragendes Restaurant, DZ mit Halbpension ab 122 €.

Ifa-Hotel Alpenhof Wildental: Höfle 8, 87569 Mittelberg, Tel. 00 43/(0)55 17/

654 40, Fax 654 48. Schönes Wellneshotel in ruhiger Lage, DZ mit Halbpension ab 100 €.

Naturhotel Chesa Valisa: Gerberweg 18, 87568 Hirschegg, Tel. 00 43/(0)55 17/541 40, Fax 51 08. Ökologisch geführtes Familienhotel, tolle Wellnessangebote, DZ mit »Vitalpension« ab 136 €.

Flairhotel Rosenhof: An der Halde 15, 87569 Mittelberg, Tel. 00 43/(0)55 17/51 82, Fax 65 85 40. Riesiger Kinderbereich drinnen und draußen, Kinderbetreuung für drei Altersstufen, große, familiengerechte Zimmer. VP 122 €.

Bergkräuterhof Steinbock: Bödmerstr. 46, 87569 Mittelberg, Tel. 00 43/(0)55 17/50 33, Fax 31 94. Komfortable Zimmer, Kräuterwellness mit selbst erzeugten Präparaten, DZ ab 110 €.

Der Sonnenberg: Am Berg 26, 87568 Hirschegg, Tel. 00 43/(0)55 17/54 33, Fax 54 33 33. 400 Jahre altes Haus, Zimmer mit Himmelbetten; Pool/Sauna, DZ ab 98 €.

S'Breitachhus: Eggstr. 14, 87567 Riezlern, Tel. 00 43/(0)55 17/62 66, Fax 626 61 07. Familiäre Atmosphäre im alten Walserhaus, DZ ab 68 €.

Camping:

Campingplatz Jochum: Walserstr. 10, 87567 Riezlern, Tel. 00 43/(0)55 17/57 92.

Alpencamping Haller: Köpfelweg 10, 87567 Riezlern, Tel. 00 43/(0)55 17/53 43.

Campingplatz Zwerwald: Zwerwaldstr. 29, 87567 Riezlern, Tel. 00 43/(0)55 17/57 27.

Campingplatz Vorderboden: Vorderboden 1, 87569 Mittelberg, Tel. 00 43/(0)55 17/61 38.

Almhof Rupp: Walserstr. 83, Riezlern, Tel. 00 43/(0)55 17/50 04. Kreative Küche, vielfach ausgezeichnet, teuer.

Humbachstube (Alpenhof Jäger): Unterwestegg 17, Riezlern, Tel. 00 43/(0)55 17/67 65. Geheimtipp für Genießer im 300 Jahre alten Walserhaus, teuer.

Walser Stuba: Eggstr. 2, Riezlern, Tel. 00 43/(0)55 17/534 60, Di Ruhetag. Bodenständige Küche mit einheimischen Produkten, auch Vollwertkost, moderat.

Alpengasthof Hörnlepass: Außerwald 1, Riezlern, Ortsteil Schwende, Tel. 00 43/(0)55 17/57 07, Mo Ruhetag. Schönes Ausflugsziel. Rustikaler Gasthof, mit vegetarischen Kräuterspezialitäten wie Schupfnudeln mit Brennesseln, Apfelwein, Holunderwasser, Alpen-Heilkräuter Schau- und Lehrgarten, günstig. Auch Zimmer ab 28 €.

Im **Alpengasthof Hörnlepass** (s. o.) Verkauf von hausgemachten Kräuteröle, Salben, Heilöle, Teemischungen; Während der Saison jeden Fr 9–12.30 Uhr **Walser Wochenmarkt** in Hirschegg.

Casino Kleinwalsertal: Riezlern, Walserstraße, Tel. 00 43/(0)55 17/50 23, tägl. ab 19 Uhr.

Baden: Freizeitbad Riezlern, Tel. 00 43/(0)55 17/61 25

Reiten: Ferienhof Hammerer, Wäldelestr. 15, Hirschegg, Tel. 00 43/(0)55 17/54 65; Kleinpferde und Haflinger. Eberlehof, Mahdtalweg, Riezlern, Tel. 00 43/(0)55 17/200 73; Ponys.

Bergbahnen: Kanzelwandbahn, Riezlern, Tel. 00 43/(0)55 17/527 40; Walmendingerhornbahn, Mittelberg, Tel. 00 43/(0) 55 17/567 40; Ifen-Sessellift, Hirschegg, Tel. 00 43/(0)55 17/53 34; Zaferna Sessellift, Mittelberg, Tel. 00 43/(0)55 17/59 56; Heuberg Sessellift, Hirschegg, Tel. 00 43/(0)55 17/53 34.

Bergschule Kleinwalsertal: Mittelberg (gegenüber Tenniscenter), Tel. 00 43/(0)55 17/58 60. Geführte Bergwanderungen, Canyoning, Kletterkurse (auch für Kinder).

Kostenloses **Bussystem** im Tal.
Nachttaxi Tel. 00 43/(0)55 17/57 26.

Unterallgäu

Blick auf
Ottobeuren

Allgäu-Atlas S. 233–234

Atlas: S. 233

MEMMINGEN UND UMGEBUNG

Der Bummel durch die einstige Freie Reichsstadt Memmingen lohnt den Abstecher ins Unterallgäu. Zahlreiche historische Bauwerke erinnern an die Blütezeit der Stadt, in der man viel auf Tradition hält. Auch die Umgebung bietet einiges: Die Kartause von Buxheim und das Kloster Ottobeuren können mit barocken Kunstwerken von Weltrang aufwarten.

Memmingen

Allgäu-Atlas: S. 233, E 2

Als 1803 das Ende der jahrhundertelangen Reichsfreiheit Memmingens gekommen war, jammerten die Schwaben, denn sie sollten unter Fremdherrschaft geraten: »Nun müssen wir bayerisch werden. Um unserer vielen Sünden willen haben wir dies nicht anders verdient«, soll ein Pfarrer geseufzt haben. Das Schwäbeln ist den Memmingern nicht vergangen und auch nicht die Fähigkeit, über die den Allgäuer Schwaben nachgesagte Einfältigkeit zu lachen. So erzählt man gern die Geschichte vom Memminger »Mau«, wie man hier den Mond nennt:

In einer klaren Vollmondnacht wankten ein paar Memminger vom Gasthaus »Zum Goldenen Löwen« heim, wo sie dem Wein kräftig zugesprochen hatten. Da entdeckte einer, wie sich der *Mau* in einem der Zuber spiegelte, die man unter den Dachtraufen der Häuser aufgestellt hatte, um damit ein Feuer löschen zu können. Und schon kamen die Zecher auf eine geniale Idee: Man könnte doch den *Mau* herausfischen und sein Licht nutzen. Der Stadtfischer wurde geholt und rückte mit seinen Netzen an. Neugierig verfolgten die Bürger das Schauspiel aus den Fenstern. Ob es gelungen ist, den *Mau* einzufangen? Jedenfalls kann man den Memminger *Mau,* in Schokolade gegossen, in vielen städtischen Bäckereien kaufen.

Das Lachen muss den Memmingern auch gar nicht vergehen, denn die freie Kreisstadt mit großem Einzugsgebiet ist das wichtigste Handelszentrum im Unterallgäu und ein bedeutender regionaler Industriestandort.

Stadtgeschichte

1128 wurde Memmingen erstmals urkundlich erwähnt, bald darauf erhielt es die Stadtrechte, und ab 1268 war es Freie Reichsstadt. Eine einzigartige Blütezeit begann. Im Spätmittelalter kooperierten die regierenden Handwerkerzünfte erfolgreich mit dem Patriziat, das allein berechtigt war, Großhandel zu treiben. Grundlagen der

Memminger Wirtschaft waren die Produktion von Tuch, Leder- und Eisenwaren sowie der Handel mit Luxusgütern wie Salz, Wein, Gewürze und Seide. Die bedeutendste Memminger Handelsgesellschaft war im Besitz der Familie Vöhlin, die sich mit den Augsburger Welsern Ende des 15. Jh. zur »Großen Deutschen Kompanie« zusammengeschlossen hatte. So kam es, dass sich die Memminger mit zwei Schiffen an den Handelsfahrten der Portugiesen nach Indien beteiligten. Die Blüte des Handels ging einher mit einer kulturellen Blüte. Die Künstlerfamilie Strigel wirkte in Memmingen und trug zur prächtigen Ausschmückung der Stadt bei.

Eine erste Krise brachten im frühen 16. Jh. die Bauernkriege, in deren Brennpunkt Memmingen stand. Drei schwäbische Bauernhaufen formulierten hier, im Kramerzunfthaus am Weinmarkt, die »Zwölf Bauernartikel«, in denen sie unter anderem die Aufhebung der Leibeigenschaft, des Zehnten und der Frondienste forderten (s. S. 29).

In der stürmischen Zeit der Reformation, um 1530, bekannte sich Memmingen zur neuen Lehre, bis 1803 sollte die Stadt bis auf drei Klöster rein evangelisch bleiben. Durch Zuzug aus dem katholischen Umland sind aber heute von den rund 42 000 Einwohnern wieder zwei Drittel katholisch.

Der Dreißigjährige Krieg traf die Stadt schwer. 1630 hielt sich der Feldherr Wallenstein für mehrere Monate in der Stadt auf. Zwei Jahre später zog sein Kontrahent, der Schwedenkönig Gustav Adolf, in Memmingen ein. Der wirtschaftliche Niedergang, der damit einherging, er-

Das Ausfischen des Stadtbachs ist eine nasse Angelegenheit

DER FISCHERTAG

»Schmotz, Schmotz, Dreck auf Dreck, Schellakönig, wüaschte Sau.« Solche derben Worte hört man am letzten Samstag vor Beginn der Sommerferien überall in Memmingen. Beschwörungsformel oder Kampfgeschrei? Unübersetzbar ist die Fischerhymne, die an diesem großen Tag für die Memminger (Männer) durch die Stadt schallt, auf jeden Fall.

6.30 Uhr: Mehr als 1000 Freizeit-Fischer ziehen gemeinsam zum Schrannenplatz, wo der Oberfischer den »Fischerspruch« ausgeruft.

8 Uhr: Auf einen Böllerschuss hin springen oder »jucken«, wie man hier sagt, Väter und Söhne mit ihren »Bären«, den traditionellen Fischernetzen, in den Bach. Eine halbe Stunde später ist schon alles vorbei. Die 3000–4000 Forellen, die im September eingesetzt und mit Spezialfutter gemästet worden waren, sind ins Netz gegangen.

10 Uhr: Nun geht es zum Wiegen. Der Fischer, der die größte und dickste Forelle ergattert hat, darf für ein Jahr die Krone des Fischerkönigs tragen – eine große Ehre. Doch der Titel bringt nicht nur Freude, sondern strapaziert auch den Geldbeutel. Schließlich will der ganze Fischertagsverein ausgehalten werden ... Schmotz, Schmotz, Dreck auf Dreck ...

Der Memminger Bach wurde schon Mitte des 12. Jh. erwähnt. An ihm siedelten sich Handwerker an, die auf das Wasser als Antriebskraft, zur Kühlung oder zum Wässern ihrer Waren angewiesen waren: Müller, Töpfer, Schmiede, Metzger und Gerber. Um der Hygiene willen musste das gemächlich dahinfließende Gewässer einmal jährlich abgelassen und gereinigt werden, schließlich führten Bäche im Mittelalter so allerhand mit sich.

Das Fischerspektakel wurde 1572 erstmals erwähnt. Damals war das Fischen Privileg der Zunftgesellen und ging einher mit Umzügen und einem zünftigen Festessen. Seit 1900 wird der Fischertag in der heutigen Form durchgeführt. Daran hat sich auch im 21. Jh. wenig geändert. Zwar müssen die Freizeit-Fischer seit neuestem über ein Zertifikat des Fischertagsvereins verfügen, doch die Rolle der Frauen beschränkt sich wie eh und je auf das Anfeuern der Männer und das anschließende Ausnehmen und Braten der Fische. Das Aufbegehren Memminger Frauen gegen das männliche Privileg war bisher schwach, und die Männer haben die Historie auf ihrer Seite: Aus der Tatsache, dass im 16. Jh. nur Männer Mitglied einer Zunft werden konnten, leiten sie bis heute ihr Vorrecht ab.

Der Fischertagsverein, der 2000 sein 100-jähriges Bestehen feiern konnte, setzt die Forellen in den Bach ein und organisiert das Ausfischen. Alle vier Jahre aber befasst er sich mit einer ganz anderen Aufgabe: Dann wird in den Werkstätten fieberhaft geschneidert, um 3500 Kostümen im Stil des 17. Jh. den letzten Schliff zu geben. Wenn dann im Juli die Wallenstein-Spiele abgehalten werden, scheint die ganze Stadt in die Zeit des Dreißigjährigen Krieges zurückversetzt (s. S. 28).

reichte seinen Tiefpunkt 1803 mit dem Ende der Reichsfreiheit. Erst 1862, mit dem Anschluss an die Bahnlinie, ging es wieder stetig bergauf.

Ende der 1980er Jahre tauchte der Name Memmingen bundesweit in den Schlagzeilen der Zeitungen auf: Das Verfahren gegen den Gynäkologen Dr. Theissen, dem im wiederholten Fall illegale Abtreibung nachgewiesen werden konnte, erregte nicht nur im Allgäu die Gemüter und belebte die Diskussion um den § 218 neu. Das beschauliche Memmingen erlebte Demonstrationen von Gegnern und Befürwortern der Abtreibung in nie gekanntem Ausmaß. Die »Memminger Prozesse«, in denen Dr. Theissen schuldig gesprochen wurde, gingen in die Rechtsgeschichte der Bundesrepublik ein.

Stadtspaziergang

Über die Sicherheit der Stadt, die bis zum Dreißigjährigen Krieg nicht eingenommen werden konnte, wachten einst 32 Befestigungstürme und -tore, von denen je fünf erhalten blieben. Am **Kempter Tor** 1, das Ende des 14. Jh. vollendet wurde, kann man deren Urform studieren. Neben dem Tor kann man noch ein gutes Stück dem ehemaligen Wehrgang folgen. Von einst vier Kilometern Stadtmauer haben anderthalb die Sprengung des Mauergürtels zu Beginn des 20. Jh. überlebt. Grimmelschanze, Kaisergraben und Königsgraben, die den Verlauf der Stadtbefestigung markieren, erfreuen sich als Grünanlagen großer Beliebtheit.

Der Memminger **Marktplatz,** gesäumt von ehrwürdigen Gebäuden mit Cafés und Geschäften, ist heute wieder das Herz der Stadt, nachdem erst in den 1990er Jahren der Parkplatz, der den Platz verschandelte, entfernt wurde. Zweimal in der Woche wird hier Markt abgehalten.

Das **Rathaus** 2 passte sich im Laufe der Geschichte den Baumoden an. Ende des 15. Jh. wurde es als gotisches Giebelhaus errichtet, 100 Jahre später im Stil der Renaissance umgebaut. Erker und Hauben bekam es im Rokoko. Das **Steuerhaus** 3 wurde Ende des 15. Jh. als »Schuhhaus« mit Schuhmacherwerkstätten errichtet, heute hat hier die Stadtverwaltung ihren Sitz. Der lang gestreckte Bau wurde erst Anfang des 20. Jh. mit den farbenfrohen Malereien geschmückt.

Das dritte Gebäude von Rang ist schließlich die **Großzunft** 4 an der Ostseite des Platzes. Hier hatte die Zunft der Stadtadeligen ihren Sitz. Diese hatten bis 1347 das alleinige Sagen in der Reichsstadt gehabt. Dann erkämpften die Handwerker eine »Zunftverfassung«, die verlangte, dass auch die Patrizier sich in einer Zunft organisierten – der Großzunft. Von nun an hatten beide Parteien im Rat Sitz und Stimme – sehr zum Wohle der Stadt übrigens, bis Kaiser Karl V. Mitte des 16. Jh. wieder ein Patriziatsregiment einsetzte.

Der **Hermannsbau** 5 in der Zangmeisterstraße wurde im 18. Jh. im spätbarocken Palazzostil vom Kaufmann Benedikt von Hermann errichtet, der in Venedig ein Vermögen erworben hatte. Heute teilen sich zwei Museen die eleganten Räumlichkeiten. Das **Städtische Museum** macht Memminger Stadtgeschichte erlebbar. Besonderes Augenmerk wurde dabei auf die Jahrhunderte gerichtet, in denen Memmingen Reichsstadt war. Am Beispiel konkreter Lebensläufe wird der Alltag in der Freien Reichsstadt geschildert. Das **Freudenthaler Heimatmuseum** präsentiert die sudetendeutsche Partnerstadt Memmingens (Mai–Okt Di–Fr, So/Fei 10–12, 14–16 Uhr).

St. Martin

Das kirchliche Zentrum der mittelalterlichen Stadt lag nicht weit vom Marktplatz entfernt. Die heutige evangelische Stadtpfarrkirche **St. Martin** [6] ist ein typischer Bau der Spätgotik, der während der Reformation 1531 fast sämtlicher Bildwerke beraubt wurde (Mai–Sept. 10–12, 14.30–17 Uhr, Okt. 10–12, 14–16 Uhr).

Als letzter Teil der Kirche war 1505 die Zangmeisterkapelle entstanden, gestiftet von der gleichnamigen Patrizierfamilie. Sie wurde von Bernhard Strigel, dem berühmtesten Mitglied der Memminger Künstlerfamilie, ausgemalt. Die Fresken, die nach der Reformation übertüncht worden waren, wurden zusammen mit älteren Freskenzyklen im Kirchenschiff im 20. Jh. wieder freigelegt.

Als Kontrast zu den unerwünschten Heiligendarstellungen schufen protestantische Künstler 1588 einen Freskenzyklus zur Passion Christi, dessen überlebensgroße Figuren den Kopfbereich der Seitenschiffe und den Chorbogen schmücken. Der Altar entstand unter dem Einfluss des Schweizer Reformators Zwingli: Ein schlichter Steinaltar versinnbildlichte den »Tisch des Herrn« und ersetzte den gotischen Schnitzaltar.

Das Meisterwerk der Kirche ist jedoch zweifellos das Chorgestühl. Ein

Sehenswürdigkeiten

1 Kempter Tor
2 Rathaus
3 Steuerhaus
4 Großzunft
5 Hermannsbau mit Städtischem Museum und Freudenthaler Heimatmuseum
6 St. Martin
7 Antonierhaus
8 Kinderlehrkirche
9 Fuggerbau
10 Kramerzunfthaus
11 Frauenkirche
12 Siebendächerhaus
13 Stadttheater
14 Kreuzherrenkirche

Übernachten

15 Hotel Falken
16 Pension Erb
17 Jugendherberge

Essen und Trinken

18 Weber am Bach
19 Zum Strauß
20 Café Rau
21 Weinstube Zum Goldenen Löwen

Team aus der Schnitzerschule des Ivo Strigel schuf ab 1501 charakterstarke Darstellungen von Aposteln und Propheten. Besondere Freude aber machen die Porträts, die die Wangen der Sitze schmücken: Memminger Bürger vom Bürgermeister über Kirchpfleger, Schulmeister, Antonierpräzeptor bis

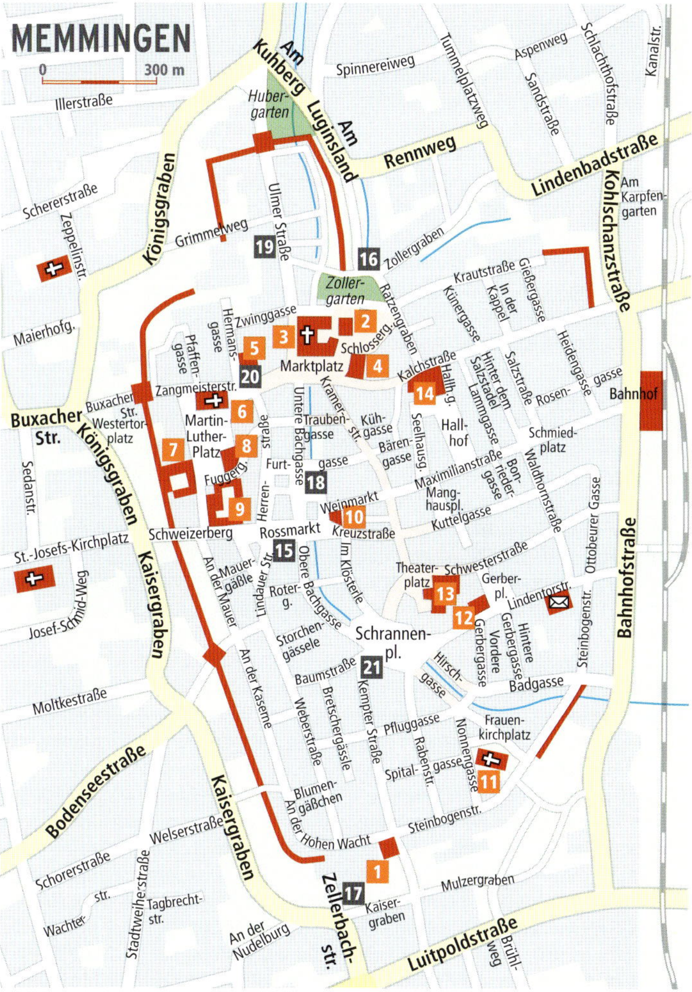

zum Maler Bernhard Strigel blicken dem Betrachter mal würdevoll, mal schelmisch, mal verschlagen in Gesicht.

Das Antonierhaus

Das **Antonierhaus** [7], das einstige Kloster des Antoniterordens, wurde nach wechselvoller Geschichte als Pfarrhaus, Knabenschule, Kaserne, Bierkeller, Zuckerraffinerie und Wohnhaus 1987 von der Stadt erworben und mit viel Geld und Aufwand instand gesetzt. Heute ist es zusammen mit der Antonierkapelle (s. Kinderlehrkirche) das besterhaltene spätmittelalterliche Beispiel einer Antoniterniederlassung in Europa.

1214 hatte Kaiser Friedrich II. den Antonitern das Patronatsrecht über die Pfarrkirche St. Martin verliehen. Die damit verbundenen Zehnt-Einkünfte bildeten den Grundstock für eine Niederlassung, ab 1267 gab es hier ein Hospital. Mitte des 15. Jh. wurde das Antonierhaus erbaut, das seinerzeit zu den fortschrittlichsten Hospitälern gehörte. Drei Jahrhunderte lang war die Niederlassung der Antoniter in Memmingen ein fester Bestandteil der Krankenfürsorge in der Stadt. Eines der beiden Museen im Antonierhaus widmet sich der Geschichte des vergessenen Ordens, das zweite ist dem Andenken an die bekannteste Künstlerfamilie der Stadt, der Familie Strigel, gewidmet (Di–Sa 10–12, 14–16 Uhr, So u. Fei 10–12.30, 13.30–17 Uhr).

Drei Generationen der Künstlerfamilie, Bildhauer und Maler, allesamt typische Vertreter der Spätgotik in Schwaben, waren in Memmingen ansässig. 1430 kam Hans Strigel d. Ä. in die Stadt. Ivo Strigel brachte es als Bildhauer zu einigem Ruhm in der Region. Berühmtheit weit über Schwaben hinaus erlangte aber der Maler Bernhard Strigel, der um 1460 geboren wurde. Sein Hauptbetätigungsfeld war die Tafelmalerei, aber auch als Porträtmaler war er höchst gefragt. Kaiser Maximilian I., Angehörige des schwäbischen Adels und Patrizier aus den großen Handelsstädten der Region gehörten zu seinen Auftraggebern. Als Vorstand der Familienwerkstatt nahm er Aufträge an, die ihn bis nach Wien führten. Er wohnte im angesehenen Stadtviertel um St. Martin, bekleidete städtische Ämter und wurde als angesehener Bürger im Chorgestühl von St. Martin verewigt. Mit seinem Tod 1528 verlieren sich die Spuren der Sippe.

Die heutige **Kinderlehrkirche** [8], die leider meist geschlossen ist, war einst die Klosterkirche des Antoniterordens. Über dem Portal prunkt eine Kreuzigungsszene von Bernhard Strigel, in die eine Szene aus der Antoniuslegende eingefügt wurde: Der heilige Antonius segnet Tiere und Menschen. Besonders nah standen dem Heiligen die Schweine, der Volksglaube erzählt sogar, dass der »Sautoni« aufdringliche Frauen in Schweine verwandelte.

Der **Fuggerbau** [9] wurde Ende des 16. Jh. als Handelsniederlassung der Augsburger Fugger errichtet. 1630 nahm hier der kaiserliche Feldherr Wallenstein Quartier, bis er von seiner Absetzung erfuhr. Sein Kontrahent, der Schwedenkönig Gustav Adolf, hielt hier zwei Jahre später ein öffentliches Gast-

DER ANTONITERORDEN

Die Antoniter waren ein angesehener Hospitalorden mit Kranken- und Pflegehäusern in ganz Europa. Eine erste Laienbrüderschaft hatte sich um 1095 in St. Antoine in Südfrankreich gebildet, wo die Reliquien des hl. Antonius, des Einsiedlers, aufbewahrt wurden.

Antonius war der Schutzpatron der am »Heiligen Feuer« oder Mutterkornbrand Erkrankten. Der Mutterkornpilz ist eine Getreidekrankheit, die früher in feuchten Jahren vornehmlich den Roggen befiel. Wird der Pilz mit dem Getreide zusammen vermahlen und gegessen, treten Vergiftungen auf: Bewusstseinsveränderungen und starkes Brennen der Glieder, die im Endstadium schließlich verfaulen. Die Krankheit war in einer Zeit, als Brot und Getreidebrei das Hauptnahrungsmittel war, nicht selten.

Hospitäler gab es im Mittelalter nicht wenige: Hospitäler für Arme, durchreisende Pilger, Wöchnerinnen, Waisen, Krüppel. Träger dieser Hospitäler waren städtische Stiftungen oder geistliche Orden. Doch nur der Antoniterorden widmete sich ausschließlich den am »Heiligen Feuer« Erkrankten, so dass die Krankheit ab dem 12. Jh. »Antoniusfeuer« genannt wurde.

Vor der Aufnahme ins Hospital wurden die Kranken vor einem Ausschuss untersucht und mussten nachweisen, dass sie auch wirklich am Mutterkornbrand litten. Sodann hatten sie Gehorsam und eine fromme Lebensweise einschließlich Keuschheit zu geloben und ihr Vermögen dem Orden zu übereignen, denn die Aufnahme ins Spital kam einem Ordenseintritt gleich. Als Gegenleistung war den Kranken Behandlung und Pflege bis zu ihrem Tod sicher. Man salbte die erkrankten Glieder mit »Antoniusbalsam« und benetzte sie mit »Antoniuswein«, der mit verschiedenen Kräutern angesetzt und über einen Armknochen des Heiligen gegossen wurde. Wenn das alles nichts half, wurden die Glieder amputiert.

Seine finanziellen Mittel erhielt der Orden durch die Vermächtnisse der Kranken, aber auch durch regelmäßige Almosensammlungen. Die »Quest« war eine eine Art früher Pflegeversicherung, die von den »Questoren« quasi eingetrieben wurde. Dazu kamen schließlich die Einkünfte aus der Verwertung der »Antoniusschweine«, die auf Kosten der Allgemeinheit in den Straßen der Städte und Dörfer gehalten wurden. Der Ausdruck »Schwein haben« soll auf diese Praxis des Antoniterordens zurückgehen.

Mit der Reformation geriet der Orden zunehmend in Bedrängnis. Die Bereitschaft der Gläubigen zur Opfergabe nahm immer mehr ab, der Glaube an Wunderheilungen versiegte, und mit den gewandelten Hygienevorstellungen verschwanden auch die Antoniusschweine. Damit verlor der Orden aber einen wesentlichen Teil seiner wirtschaftlichen Grundlage. Im 16. Jh. übernahm die protestantisch gewordene Stadt endgültig den Besitz der Antoniter, die in Vergessenheit gerieten und im 18. Jh. im Malteserorden aufgingen.

mahl ab. Ende des 17. Jh. wurde das Gebäude an die Reichsstadt verkauft und diente u. a. als Gästehaus für prominente Besucher.

Die südliche Altstadt

Der **Weinmarkt** war einst der Platz der Zünfte. Hier ragt noch der Fachwerkgiebel der Weberzunft auf, der größten der Memminger Handwerkerzünfte im Mittelalter. Der steinerne Giebel am entgegengesetzten Ende des Platzes gehört zum einstigen **Kramerzunfthaus** 10, wo 1525 die aufständischen Bauern die »Zwölf Artikel« formulierten, die zum Manifest der Bauernbewegung wurden.

Die schönsten Wege durch die Stadt führen am **Stadtbach** entlang. Zahlreiche Weinstuben und Bierkneipen säumen die Bachgassen, schließlich hat Memmingen den Ruf zu verteidigen, nach Düsseldorf und Berlin die Stadt mit der höchsten Kneipendichte zu sein. Einmal im Jahr ist der Stadtbach Schauplatz des größten Stadtspektakels: des Fischertags (s. S. 152).

Der **Schrannenplatz** entstand erst 1951 nach dem Abbruch der alten Getreideschranne. Hier war im 15. Jh. das Zentrum des städtischen Kornhandels: drei Getreidespeicher, Kornhaus, Haberhaus und Gerstenstadel nahmen das Getreide auf. An ihrer Stelle erhebt sich heute das Verlagshaus der Memminger Zeitung, eine der schwersten Bausünden der Nachkriegszeit.

Die evangelische **Frauenkirche** 11, die älteste Pfarrkirche der Stadt, ist ein schlichter Bau des 15. Jh. Aus dieser Zeit blieben schöne Malereien in Tempera-Technik erhalten, die Szenen aus dem Marienleben zeigen. Ähnlich wie in St. Martin wurden sie während der Reformation übertüncht und erst 1890 wieder freigelegt. Die liebliche Hawanger Madonna an der linken Chorbogenwand stammt von Ivo Strigel.

Fielen der Reformation auch viele Kunstwerke zum Opfer, so hat man der Tatsache, dass die Freie Reichsstadt Memmingen evangelisch wurde, sicher zu verdanken, dass die während der Gegenreformation übliche Barockisierung ausblieb und die Kirchen ihr gotisches Gesicht behielten, obwohl die Frauenkirche von 1569–1804 von beiden Konfessionen genutzt wurde. (Meist geschlossen, Infos beim Pfarramtsbüro, Frauenkirchplatz 4, Tel. 2253.)

Die Gerber spielten im Mittelalter eine große Rolle. Ihr Viertel, das 1945 schwere Bombenschäden erlitt, war von vielen Bächen durchflossen, die vom Stadtbach abzweigten, heute aber längst zugeschüttet sind. Im Zentrum steht das **Siebendächerhaus** 12. Seine zahlreichen luftigen Dachböden boten viel Platz für das Trocknen der gegerbten Felle.

Das Memminger **Stadttheater** 13 am Theaterplatz verfügt über ein eigenes Ensemble, das Gastspiele in der gesamten Region gibt. Tatsächlich hat das Theaterspielen hier Tradition. Schon im Mittelalter wurden auf dem Weinmarkt Osterspiele aufgeführt, und bereits 1802 wurde das einstige Zeughaus der Stadt zum Theater umgebaut.

Auf dem Weg zurück zum Marktplatz passiert man die säkularisierte **Kreuzherrenkirche** 14. Die alte Spital-

Das Siebendächerhaus in Memmingen

kirche des Kreuzherrenordens wurde Ende des 15. Jh. nach einem Brand neu erbaut, aber im 18. Jh. und erneut nach der Säkularisation umgestaltet. Das Innere besticht durch die feinen Arbeiten der Wessobrunner Stuckateure und dient heute als städtischer Festsaal (Besichtigung Di–So 14–17 Uhr, im Sept. zusätzlich Sa 10–13 Uhr).

Stadtinformation: Marktpl. 3, 87700 Memmingen, Tel. 08331/850172-173, Fax 850178, www.memmingen.de

Hotel Falken 15: Rossmarkt 3–5, 87700 Memmingen, Tel. 08331/94510, Fax 9451500. Komfortables Haus in zentraler Lage, DZ ab 100 €.

Pension Erb 16: Zollergraben 5, 87700 Memmingen, Tel. 08331/84868, Fax 494859. Familiäres Haus mit gutem Preis-Leistungs-Verhältnis, DZ ab 65 €.

Jugendherberge 17: Kempter Str. 42, 87700 Memmingen, Tel./Fax 08331/494087. Schönes Ambiente im alten Turm am Kempter Tor.

Camping am See: Am Weiherhaus 7, 87700 Memmingen-Buxheim, Tel. 08331/71800.

Weber am Bach 18: Untere Bachgasse 2, Tel. 083 31/24 14, Mo Ruhetag. Gepflegte Küche in schönen Stuben, teuer.
Zum Strauß 19: Ulmer Str. 13, Tel. 083 31/44 82. Gemütliche Wirtschaft im Berliner Stil, Biergarten, deftige Gerichte, moderat bis teuer.
Café Rau 20: Zangmeisterstraße 4, Tel. 083 31/34 24. Schönstes Café der Stadt, das Alt und Neu gelungen vereint, tolles Frühstück, erlesene Kuchen, günstig.
Café Kunz im Antonierhaus: bis 18 Uhr, Mo geschl. Frischer Kuchen und Tagesgerichte, günstig.

Weinstube Zum Goldenen Löwen 21: Schrannenplatz, Tel. 083 31/52 90, 18–1 Uhr, Mo Ruhetag. Die schönste Weinstube der Stadt kann auf eine 500-jährige Tradition zurückblicken, gute Weine und kleine Speisen.

Fischertag: Großes Ausfischen des Memminger Stadtbachs mit anschließendem Fest im Juli (s. S. 152); **Kinderfest:** Jeweils am Donnerstag vor dem Fischertag; **Wallenstein-Spiele:** Feierlicher Einzug des Feldherrn Wallenstein mit seinem Tross in historischen Kostümen; alle vier Jahre im Juli (s. S. 28).

Baden: Buxheimer Weiher
Fahrradverleih: Fickler, Lindetorstr. 12, Tel. 083 31/22 58.

Die Buxheimer Kartause

Allgäu-Atlas: S. 233, E 1
Der kleine Erholungsort Buxheim, nordwestlich von Memmingen, hat eine reizvolle Umgebung zu bieten. Berühmt ist er aber vor allem wegen seines einst bedeutenden Kartäuserklosters, in dem ein Museum eingerichtet wurde.

Der Kartäuserorden wurde im 11. Jh. durch Bruno von Köln begründet und erlebte mit der mystischen Bewegung im 15./16. Jh. seine größte Verbreitung. 195 Klöster zählte der Orden zu dieser Zeit in ganz Europa, allein 84 im deutschen Sprachgebiet. Anders als die Antoniter in Memmingen, die sich der Krankenpflege widmeten, lebten die Kartäuser in Abgeschiedenheit, verschrieben sich ganz Gott und dem Gebet.

1402 wurde die Kartause in Buxheim gegründet, im 16. Jh. wurde sie zur einzigen Reichskartause des gesamten Ordens ernannt. Im Zeitalter des Barock wurde sie, ihrer Bedeutung gemäß, aufwändig umgestaltet und mit Kunstwerken ausgestattet. Nach der Säkularisation ging sie in den Besitz des Grafengeschlechts Waldbott zu Bassenheim über. Verschuldet bis über beide Ohren begann Graf Hugo noch im 19. Jh. mit der Verschleuderung der Kunstschätze. Heute ist in einem Teil der Kartause eine Schule der Salesianer Don Boscos eingerichtet, in einem anderen Teil präsentiert ein **Museum** das Leben des Ordens (April–Okt. Mo–Fr 10–12, 14–17 Uhr, Sa, So, Fei 13–17 Uhr).

Der lange Kreuzgang verbindet die wichtigsten Abschnitte des Klosters und heutigen Kartausenmuseums. Die Kirche wird durch den Kreuzgang in zwei Teile geteilt: den Priesterchor im vorderen Teil und den Chor der Laienbrüder im hinteren Teil. Der ursprünglich gotische Raum wurde im frühen 18. Jh. von den Gebrüdern Zimmermann barock umgestaltet.

Das berühmteste Kunstwerk der Kirche ist das barocke Chorgestühl, für viele das schönste des gesamten süddeutschen Raums. 1684 hatte der junge, noch wenig bekannte Schnitzer Ignaz Waibel vom Prior des Klosters den Auftrag erhalten, 31 Chorstühle und einen Zelebrantenstuhl zu fertigen. In nur vier Jahren vollbrachte er ein Wunder in Eichenholz. Apostel und Ordensstifter, Mönche und Heilige zeigen sich mal beschwingt und leidenschaftlich, mal kontemplativ und würdevoll – jede Figur für sich ist eine längere Betrachtung wert.

Als Graf Hugo im 19. Jh. den Ausverkauf der Kunstwerke veranlasste, ging das Chorgestühl für einen Spottpreis nach Holland, dann weiter nach London, wo es vom Direktor der Bank of England erworben wurde. Dieser schenkte es den Schwestern eines Hospitals, das in den 1960er Jahren seinen Sitz in die Grafschaft Kent verlegte. Im Laufe dieser Irrfahrt wurde es teilweise zersägt und zerhackt, um es immer wieder anderen Räumlichkeiten anzupassen, und sogar mit schwarzem Bootslack übermalt. 1980 gelang es dem Bezirk Schwaben, das Chorgestühl zurückzukaufen. Umfangreiche Restaurierungsarbeiten waren nötig, damit es sich heute wieder in seiner ganzen Pracht präsentieren kann.

Ein weiteres Kleinod der Kartause ist die der hl. Anna geweihte Rokoko-Kapelle, die 1738–40 von den Gebrüdern Zimmermann gestaltet wurde, die hier mit gekonnter Illusionstechnik eine Einheit von Bau- und Schmuckkunst erreichten.

In den Alltag der Kartäusermönche führt eine historische Mönchszelle aus den Anfängen des Klosters. Kartausen waren, anders als beispielsweise Benediktinerklöster, ein Zusammenschluss von Einsiedlern, die ein relativ autarkes Leben in ihren Zellen lebten. Gemeinschaftsräume wie das Refektorium für gemeinsame Mahlzeiten nutzten die Kartäuser nur an Sonn- und Feiertagen. Die kargen Zellen, in denen die Mönche für sich allein beteten und arbeiteten, waren nur mit Bettstatt, Waschtisch und Gebetsnische ausgestattet, außerdem gehörten Werkraum und Garten dazu. Durch eine Durchreiche erhielt der Mönch seine karge, fleischlose Mahlzeit.

Chorgestühl in Buxheim

Schließlich lohnt ein Abstecher in die barocke **Pfarrkirche** mit der berühmten »Buxheimer Madonna« auf dem linken Seitenaltar, eine farbig gefasste Tonfigur, die um 1420 im so genannten »weichen Stil« geschaffen wurde.

Das Erholungsgebiet **Buxheimer Weiher,** das aus insgesamt acht meist

Frische Forellen

Im Restaurant Seegarten kann man frische Forellen aus dem Weiher probieren, oder nebenan auf der Terrasse des Café Wiesengrund beim Campingplatz die letzten Sonnenstrahlen des Tages bei einfacher, aber solider Küche genießen.

im Wald versteckten, im Mittelalter von den Mönchen angelegten Weihern besteht, lädt zum Spazierengehen und Baden ein.

Ottobeuren

Allgäu-Atlas: S. 233, F 1
Eine mächtige Basilika ragt inmitten der beschaulichen Landschaft auf. Wo im 8. Jh. ein bescheidenes Benediktinerkloster gegründet worden war, das sich im 12. Jh. zu einer renommierten Stätte der Wissenschaft entwickelte, entstand rund 1000 Jahre später unter Abt Rupert II. Neß von Wangen ein barocker Klosterkomplex, der seiner Ausmaße wegen auch als »Schwäbischer Escorial« bezeichnet wird.

Ab 1711 waren einige der begabtesten süddeutschen Barockkünstler in Ottobeuren tätig: Johann Michael Fischer verlieh der doppeltürmigen Basilika Gestalt, Johann Michael Feichtmayr schuf die Stuckaturen, Johann und Franz Zeiler die Deckenfresken und Karl Joseph Riepp baute die Orgeln.

Klosterkirche St. Alexander und Theodor

Eine Kirche wie aus einem Guss, ein barockes Gesamtkunstwerk, das seine Wirkung beim feierlichen Klang der Orgeln voll entfaltet: Die herrliche Akustik macht die Ottobeurer Basilika zu einem Konzertsaal von Weltrang. Schon Herbert von Karajan und Leonhard Bernstein schwangen hier den Taktstock. Die beiden Orgeln wurden dem kunstvollen Chorgestühl eingegliedert, an dem vier Meister 12 Jahre lang schnitzten. Seine vergoldeten Reliefs erzählen Geschichten aus dem Alten Testament und aus dem Leben des hl. Benedikt. Wunderbar schlicht inmitten der barocken Pracht wirken Schätze aus der Frühzeit des Klosters: der romanische Christus am Kreuzaltar und die gotische Madonna am Alexanderaltar. Besonders empfohlen seien die kostenlosen samstäglichen Orgelkonzerte (Feb.–Nov. 16 Uhr).

Die Abtei

Seit 1918 leben und arbeiten im Kloster wieder Mönche, heute rund 20, die getreu der benediktinischen Regel ihren Lebensunterhalt durch vielfältige Tätigkeiten selbst finanzieren: Sie verkaufen im Klosterladen Produkte aus der hauseigenen Likörbrennerei oder Imkerei, außerdem ist das Kloster renommierter Veranstalter von Seminaren und Tagungen.

An Pracht stehen die Räume des Klosters denen einer weltlichen Residenz nicht nach. Vom Armutsgelöbnis des hl. Benedikt ist nichts mehr zu spüren. Abt Rupert war Finanzmeister

Ottobeuren, Kaisersaal

des Reichsstifts gewesen, bevor er zum Abt von Ottobeuren berufen wurde. Die Einnahmen aus dem Eigenbesitz des Klosters und dem Reichsstift hatten, bei sparsamer Lebenshaltung gut verwaltet, für das nötige Finanzpolster gesorgt. »Zur Ehre der Dreifaltigkeit« brauchte Rupert deshalb keine Kosten zu scheuen.

Die Kunstsammlungen des Klosters von schwäbischen Meistern der Gotik bis zu barocker Malerei, die nach der Säkularisation in alle Winde verstreut wurden, konnten zumindest teilweise wieder zusammengetragen werden.

Ein Höhepunkt unter den zahlreichen Sälen, die durchwandert werden wollen, ist die nur von außen einsehbare **Bibliothek** mit 15 000 Bänden, alle in Schweinsleder gebunden. Die Bestimmung des Raumes illustrierte der Bauherr durch die Inschrift: »Der Mönch möge von diesen Schätzen des Geistes Gebrauch machen, damit er immer zur Verfügung habe, wovon er Altes und Neues schöpfen könne.« Einen Ehrenplatz im »Palast der Musen« erhielt Pallas Athene, Schutzgöttin der Wissenschaft, denn man war sich des Erbes der Antike sehr wohl bewusst.

Im **Theatersaal** pflegte man das benediktinische Barocktheater, wichtiger Bestandteil der Klostererziehung. Bis zur Säkularisation 1802 brachten die Schüler kunstvoll zur Aufführung, was die Patres als Lehrer dichteten und komponierten.

Der **Kaisersaal** schließlich ist der größte Repräsentationsraum des Klosters. In diesem prächtig ausgestatteten Saal mit 16 lebensgroßen Statuen deutscher Kaiser wird dem Kaisertum »von Gottes Gnaden«, der Idee des Heiligen Römischen Reichs Deutscher Nation gehuldigt (tägl. 10–12, 14–17 Uhr).

Touristikamt Kur & Kultur: 87724 Ottobeuren, Marktplatz 14, Tel. 083 32/92 19 50-53, Fax 92 19 92, www.ottobeuren.de

Ottobeurer Konzerte: Mai–Okt., Programminfo s. Touristikamt, www.ottobeuren.de/konzerte.
Feb.–Nov. jeden Sa 16 Uhr **Orgelkonzert.**

Der Illerwinkel

Der Illerwinkel mit den Gemeinden Kronburg mit Illerbeuren, Legau und Lautrach ist ein schönes Ausflugsziel.

Die Illerfähre

Wanderer können bei Wagsberg, südöstlich von Illerbeuren, wie einst die Pilger die Illerfähre zur Weiterfahrt nach Maria Steinbach nutzen (Tel. 083 94/665).

Neben der landschaftlichen Schönheit der Region – wie geschaffen für (Rad-) Wanderungen – lohnen das Bauernhofmuseum Illerbeuren und die Wallfahrtskirche Maria Steinbach einen Besuch.

Illerbeuren

Allgäu-Atlas: S. 233, E 2
Das **Schwäbische Bauernhofmuseum** war 1955 das erste seiner Art in Süddeutschland. Mehrere Gebäude der Ortschaft Illerbeuren wurden in das Museum integriert, über die Jahre wurde es immer wieder um historische Bauernhäuser erweitert, deren ältestes aus dem 17. Jh. stammt. Siebzehn Gebäude können insgesamt besichtigt werden mit allem, was in der jeweiligen

Im Schwäbischen Bauernhofmuseum in Illerbeuren

Zeit zu einem bäuerlichen Hausstand gehörte (April–15. Okt. Di–So 9–18 Uhr, März und 16. Okt.–30. Nov. 10–16 Uhr).

Maria Steinbach

Allgäu-Atlas: S. 233, E 2

Die Wallfahrtskirche Maria Steinbach thront auf einem Hügel, ihr heller Ockerton kontrastiert wirkungsvoll mit dem Grün der Wiesen. Schon in romanischer Zeit stand hier eine erste Kirche, die durch einen spätgotischen Bau ersetzt wurde. Nachdem der Abt des Klosters Rot a. d. Rot der Kirche einen Span vom Kreuz Christi vermacht hatte, entstand in der Barockzeit hier eine Wallfahrt zum hl. Kreuz. Doch erst nachdem mehrere Zeugen schworen, die frühbarocke Skulptur der Schmerzhaften Muttergottes habe Tränen vergossen, ihre Gesichtsfarbe habe von Weiß zu Tiefrot gewechselt, und sie habe die Augen geöffnet und geschlossen, strömten die Massen, und bald platzte die Kirche aus allen Nähten. Unter den nicht wenigen Marienwallfahrtsstätten im Allgäu wurde Maria Steinbach die bekannteste. 1742 wurde ein Neubau in Angriff genommen. Der schwungvolle Bau birgt eine Innenausstattung erster Güte, an der Wessobrunner Stuckateure und der Kemptener Maler Franz Georg Hermann beteiligt waren. Die Fresken erzählen die Geschichte der Wallfahrt, und über dem Eingang zum Chor steht das verehrte Gnadenbild.

Im Pfarramt ist ein Wallfahrtsmuseum mit Votivtafeln, Devotionalien und Mirakelbüchern untergebracht, das nach Vereinbarung besichtigt werden kann (Tel. 08394/9240).

Information der Verwaltungsgemeinschaft Illerwinkel: Marktplatz 1, 87764 Legau, Tel. 08330/94010, Fax 940121.

Museumsgasthof Gromerhof: im Bauernhofmuseum, Tel. 08394/594. Schwäbische Spezialitäten und Hausmannskost in der urgemütlichen Stube oder im Wirtsgarten, moderat bis günstig.

Handwerkertage im Bauernhofmuseum am 2. Wochenende im Sept.

MINDELHEIM UND BAD WÖRISHOFEN

Mindelheim ist zu Recht stolz auf seine schön restaurierte Innenstadt, die zum Bummel auf den Spuren der Stadtgeschichte einlädt. Nicht weit davon liegt Bad Wörishofen, einer der bekanntesten Kurorte Deutschlands, die Heimat des Pfarrers Kneipp. Die Anwendungen nach seiner Lehre erschöpfen sich längst nicht in Wassertreten und Barfußlaufen.

Mindelheim

Allgäu-Atlas: S. 234, B 1
Den schönsten Eindruck von der gut erhaltenen mittelalterlichen Stadt im Tal der Mindel (14 000 Einwohner) erhält man vom Bergfried der **Mindelburg,** die im 13. Jh. errichtet und im 15./16. Jh. umgestaltet wurde: Das reich freskierte **Einlasstor** im Norden der Stadt, wo gegen eine Gebühr auch nach Torschluss Einlass gewährt wurde, sowie das **Obere** und das **Untere Tor** bewachen die alten Hauptzugänge, und innerhalb der Mauern überragen der Kirchturm von St. Stephan, der runde »Malefiz«- oder Gefängnisturm und der 48 m hohe Turm der ehemaligen Silvesterkapelle, der »Kappelturm«, die Häusergiebel.

Mindelheim wurde erstmals 1046 urkundlich erwähnt, gegen 1250 erhielt es das Stadtrecht. 1467 erwarben Ulrich und Hans von Frundsberg aus Schwaz in Tirol die Stadt Mindelheim und bezogen Residenz auf der Mindelburg. Ein Bronzestandbild am 1897 historistisch erneuerten Rathaus erinnert an das bekannteste Mitglied der Familie, den kaiserlichen Obristen und Rat Georg von Frundsberg. Man nennt ihn auch »Vater der Landsknechte«. Frundsberg machte aus diesem zusammengewürfelten Haufen armer Knechte und Taglöhner eine schlagkräftige Truppe und zog mit ihnen als Feldherr Maximilians I. und Karls V. in die Schlacht. Seine bedeutendsten Siege errang er in den Schlachten von Bicocca (1522) und Pavia (1525) gegen die Franzosen, aber auch gegen die aufständischen Allgäuer Bauern zog er zu Felde. 1528 starb er auf der Mindelburg.

Zur Erinnerung an die Freuden und Schrecken frundsbergischer Herrschaft begeht Mindelheim alle drei Jahre ein MittelalterFest mit Lagerleben, Bauernmarkt, Handwerkerhof, Theater und Musik sowie einem großen Umzug von 2000 Mindelheimern in prächtigen mittelalterlichen Kostümen. Bereits in der ersten Hälfte des 19. Jh., als man den Feldherrn als beispielhaften Patrioten der deutschen Geschichte wiederentdeckt hatte, wurde das Fest erstmals abgehalten. In den 1980er Jahren entwickelte es sich zum bunten Mittelalter-Spektakel jenseits jeglicher Kriegsverherrlichung, die Wiederbelebung eines Stücks Stadtgeschichte.

Stadtspaziergang

Die **Maximilianstraße,** heute Haupteinkaufsstraße der Stadt, führt über den Marienplatz vom Unteren zum Oberen Tor und ist identisch mit der mittelalterlichen Salzstraße. Benannt wurde sie nach Maximilian I., Herzog von Bayern, unter dessen Herrschaft die Stadt erstmals bayerisch wurde. Bis sie 1801 endgültig unter bayerische Herrschaft geriet, war sie jedoch zeitweise österreichisch und für ein paar Jahre gar Lehen des englischen Herzogs von Marlborough.

1618, also noch während des Dreißigjährigen Krieges, übernahmen die Jesuiten die ursprünglich gotische Kirche am Unteren Tor, die barock umgestaltet als **Jesuitenkirche Mariä Verkündigung** wiederbelebt wurde, aber erst 1721/22 ihre Vollendung erfuhr. Stuckarbeiten höchster Qualität und figürliche Reliefs schaffen einen

Mindelheim, Frundsbergstatue am Rathaus

feierlichen Raum. In ein wahres Schmuckstück verwandelte der Rokokobaumeister Matthias Willerooter 1743 die Franz-Xaver-Kapelle.

In dem nebenan, im einstigen Jesuitenkolleg, eingerichteten **Museumszentrum** fanden drei interessante Museen ein Zuhause: das **Textilmuseum** mit herrlichen Stoffen aus allen Kontinenten, interessanten Sonderausstellungen und Workshops; das **Schwäbische Krippenmuseum,** eine schöne Sammlung von Figurenkrippen aus fünf Jahrhunderten sowie das **Schwäbische Vorgeschichtsmuseum,** in dem die Besiedlungs- und Kulturgeschichte Südschwabens von der Eiszeit bis ins Mittelalter präsentiert wird (Hermelesstr. 4, Di–So 10–12, 14–16 Uhr).

Ein Museum der besonderen Art fand seinen Platz in der ehemaligen Silvesterkapelle: Das **Turmuhrenmuseum** ermöglicht einen Spaziergang durch die 700-jährige wechselhafte Geschichte der mechanischen Turmuhren, die erst vor etwa 30 Jahren zu Ende ging (Hungerbachgasse 9, Mi 14–16 Uhr sowie letzter So im Monat 10–12 und 14–17 Uhr).

Verkehrsbüro Mindelheim: Lautenstraße 2, 87719 Mindelheim, Tel. 08261/99 15 69, Fax 991570, www.mindelheim.de

Gasthof zur Laute: Lautenstraße 8, 87719 Mindelheim, Tel. 08261/3958, Fax 5391. Gepflegte Gastzimmer im Stadtzentrum, gutes Restaurant (s. u.), DZ ab 70 €.

Weberhaus: Mühlgasse 1, Tel. 3635, Di Ruhetag. Café und Restaurant mit ambitionierter Küche in schönem Ambiente, moderat bis teuer

Gasthof zur Laute: Lautenstraße 8, Tel. 08261/3958, Fax 5391, Do Ruhetag. Regionale und französische Küche, moderat.

Mindelheimer Jazztage im März; **Frundsbergfest:** Stadtfest alle drei Jahre im Juli (nächstes Mal 2006).

Fahrradverleih: Radpavillon Steinmaier, Landsberger Str. 36, Tel. 08261/6722.

Bad Wörishofen

Allgäu-Atlas: S. 234, C 1

Der Ort Wörishofen ging im 13. Jh. aus einem herrschaftlichen Hof hervor, den die kinderlose Besitzerin des Anwesens den Dominikanern vermachte. Im frühen 18. Jh. errichteten die Dominikanerinnen hier ein Kloster, das sich prächtig entwickelte. Doch der Ort blieb zunächst klein: 1855, als Sebastian Kneipp zum Beichtvater für das Kloster bestellt wurde, hatte er kaum 1000 Einwohner. 35 Jahre später konnte Wörishofen stolz 5000 Kurgäste zählen. Die Abstimmung im Gemeinderat, ob Wörishofen Kurort werden oder Dorf bleiben solle, wurde dennoch mit nur einer Stimme Vorsprung entschieden.

Kneipp hatte sich gewünscht, dass Wörishofen Pflegestätte seiner Heilmethode bleiben möge, und bis heute ist die 14 000-Einwohner-Stadt Wörishofen, der 1920 das Prädikat »Bad« verliehen wurde, das Mekka der Kneippianer.

Auf den Spuren des Wasserdoktors

Die »Kneippsche Route« durch die Stadt beginnt am **Pfarrhof St. Justina.** In der **Pfarrkirche St. Justina** tat der Pfarrer von 1881 bis zu seinem Tod 1897 Dienst. 1932 wurde er im Zuge des Kirchenumbaus im Dreifaltigkeitsfresko, das die Decke schmückt, verewigt. Im Haus nebenan lebte und arbeitete er.

Das **Dominikanerinnenkloster »Maria Königin der Engel«** wurde im frühen 18. Jh. unter der Leitung von Franz und Michael Beer erbaut, die Stuckaturen schuf Dominikus Zimmermann. Kaum 100 Jahre später wurde es durch die Säkularisation aufgehoben. Erst 1847 durfte es wieder eingerichtet werden.

Inzwischen war die Landwirtschaft heruntergekommen, die wirtschaftliche Lage des Klosters miserabel. Die Rettung kam mit Pfarrer Sebastian Kneipp, der am 2. Mai 1855 zum neuen Beichtvater berufen wurde.

In kürzester Zeit stellte der praktisch veranlagte Mann die Landwirtschaft wieder auf die Beine und erwarb sowohl als Landwirt als auch als Seelsorger und Erzieher das Vertrauen der Bevölkerung. Erst dann trat er auch als Heilkundiger in Erscheinung.

Kleinod der **Klosterkirche** ist die Marienkapelle, über der sich ein »Pflanzenhimmel« wölbt, den Mater Donatille von Eckart vom Orden der Englischen Fräulein in München 1956 schuf. Rund 60 Heilpflanzen, die auch Kneipp verwendete, kopierte sie mit großer Genauigkeit und Hingabe. Im **Kneipp-Museum** werden Leben und Werk des Wasserdoktors dokumentiert (15. Jan.–15. Nov. Di–So 15–18 Uhr).

Das **Historische Badehäuschen,** in dem Kneipp die ersten Güsse und Bäder verabreichte und das eigentlich im Hof des Klosters stand, wurde 1971 zum 150. Geburtstag nachgebildet. Von der Kanzel der **Wandelhalle** schließlich, ebenfalls eine historische Nachbildung, hielt Kneipp im Oktober 1890 seinen ersten Vortrag.

Kurpark und Gärten

Der **Kurpark** mit altem Baumbestand und gepflegten Kneippanlagen führt von der Kneippschen Theorie zur Praxis und lädt zum Flanieren ein. Ein längeres Verweilen lohnen drei Gartenanlagen: der berühmte **Rosengarten** im südlichen Bereich des Parks verführt im Sommer zum Schnuppern und Schwelgen. Die **Heilkräutergärten** wurden nach Heilkundigen aus unterschiedlichen Epochen benannt: dem Abt Strabo (9. Jh.), dem Botaniker Leonhart Fuchs (16. Jh.) und schließlich Sebastian Kneipp (19. Jh.), und führen durch die Geschichte der Pflanzenheilkunde.

»Immer der Nase nach« heißt es im **Duft- und Aromagarten.** Der Weg führt von Minzwiesen durch duftendes Gehölz und über Lavendelhügel, aber auch zur Gruppe der Stinker. Schließlich hatte schon Kneipp 1893 gesagt: »Den Pflänzchen, welche durch die ihnen vom Schöpfer angehängten Riechfläschchen den würzigen Heilduft sich uns selbst ankündigen und freundlich zuvorkommend stellen, wollen wir fleißig nachgehen.« Blinde und Sehbe-

WASSERDOKTOR SEBASTIAN KNEIPP

Sebastian Kneipp wurde 1821 als Sohn einer armen Weberfamilie in Stephansried bei Ottobeuren geboren. »Mit zwölf Jahren musste ich täglich fünf Ellen Leinwand weben, wozu ich von morgens früh bis abends brauchte«, schrieb er in seinen Erinnerungen. Bei der Arbeit träumte er davon, Priester zu werden. Doch woher das Geld für die Ausbildung nehmen? Endlich, er war mittlerweile 23 Jahre alt, fand er im Pfarrer Merkle aus Grönenbach einen Gönner, der ihn mit Lateinstunden aufs Gymnasium vorbereitete.

Die Freude über das bestandene Abitur war kurz, denn nun zeitigten die Entbehrungen der Kindheit ihre Folgen: Kneipp erkrankte an Lungenschwindsucht. Die Ärzte gaben ihn auf, doch der Lebenswille des Patienten war stärker als die Krankheit. In der Münchner Hofbibliothek entdeckte er ein Buch über Krankenheilung durch die Kraft frischen Wassers. Auch winterliche Temperaturen hielten Kneipp fortan nicht von regelmäßigen Tauchbädern ab. Was niemand für möglich gehalten hatte, trat ein: Er wurde gesund und konnte das Studium aufnehmen. 1852 wurde er in Augsburg zum Priester geweiht, drei Jahre später trat er seinen Dienst in Wörishofen als Beichtvater der Dominikanerinnen an.

Mit großem Tatendrang stürzte er sich in die Arbeit und brachte die Landwirtschaft des Klosters auf Vordermann: Er legte Wiesen trocken und scheute sich nicht, höchstpersönlich auf dem Viehmarkt die Kühe auszusuchen. Seine Pflichten als Seelsorger und Erzieher der im Kloster untergebrachten Waisenkinder vergaß er darüber keineswegs. Nur die Dominikanerchorfrauen, die blass und vergeistigt an ihm vorbeihuschten, gaben ihm zunächst wenig Anlass zur Freude. Das änderte sich, als er ihnen vitaminreiche Kost und Gartenarbeit als Ausgleich zum Gebet verordnet hatte.

Krankenpflege betrieb er zunächst mit großer Zurückhaltung, er wollte nicht als Kurpfuscher in Verruf geraten. Doch wo er sich der Kranken annahm, war seine Methode von Erfolg gekrönt. Sein Ruf als »Wunderdoktor« verbreitete sich in Windeseile. Die Zahl der Kranken, die seine Hilfe suchten, stieg Jahr für Jahr.

Kneipp begann seine Theorien schriftlich niederzulegen. Das Erstlingswerk »Meine Wasserkur« erschien 1886 und entwickelte sich zum Bestseller, der bald in 14 Sprachen übersetzt wurde. Längst war er mehr als der »Wasserdoktor«. Das weite Gebäude seiner naturgemäßen Heilweise beruhte auf fünf Säulen: Heilkraft des Wassers, Kräuterheilkunde, ausgewogene Ernährung, ein individuelles Bewegungsprogramm, besonders großen Wert schließlich legte er auf die »Ordnungstherapie«, die Harmonie von Körper, Seele und Geist.

Kneipp wurde ein gefragter Mann, der durch Bücher, Vorträge und Lizenzgebühren (er warb für Malzkaffee, um dem Import teuren Bohnenkaffees entgegenzuwirken) ein kleines Vermögen erarbeitete und in sein Werk investierte. Erst nachdem seine drei großen Stiftungen, das Sebastianeum, das Kneippianum und die

Kneippsche Kinderheilstätte fertig gestellt waren, konnte er am 17. Juni 1897 in Frieden sterben. Seine ganzheitliche Gesundheitslehre, die in den letzten hundert Jahren ständig weiterentwickelt wurde, erobert weiter die Welt.

Zu den kalten Güssen, dem Tautreten und den gesunden Tees sind Wellness, Fitness und Beauty hinzugekommen. Schließlich können Kurorte heutzutage nicht nur von Kranken leben, sondern umwerben die Generation der jung gebliebenen Urlauber, die auch kerngesund (k)urlauben, auf dass sie gar nicht erst krank werden.

Pfarrer Sebastian Kneipp im Deckengemälde in der Kirche St. Justina

Im Kneipp-Museum

hinderte können Pflanzen in der modernen Tast-Galerie beschnuppern und begreifen.

Am Nordende des Parks liegt das **Kneippianum,** das von Pfarrer Kneipp erbaut und zusammen mit der Kneipp'schen Kinderheilstätte an die Mallerdorfer Schwestern übergeben wurde. Am Denkmalplatz steht natürlich ein Kneipp-Denkmal, und auch die Haupteinkaufsstraße mit Hotels, Restaurants, Cafés und schicken Geschäften sowie das 1892 erbaute **Sebastianeum** wurden nach dem Badedoktor benannt. Kurhaus, Kurtheater, Musikpavillon und schön angelegte Kneippanlagen im Zentrum sorgen dafür, dass während der Kur keine Langeweile aufkommt.

Raus in die Natur

Der 9 km lange **Kneipp-Waldweg** macht an 25 Stationen mit den Elementen der Kneipp'schen Lehre bekannt. Es gibt Wassertretanlagen, einen Trimm-Pfad und einen Barfußpfad, Waldpflanzen und Holzarten sind zu entdecken, ein »Kalorienpfad« informiert über gesunde Ernährung, Grotten und Rastplätze schließlich sorgen für Entspannung.

In Bad Wörishofen ist auch die größte **Falknerei** Europas zu Hause. Über 200 Adler, Falken, Geier und Eulen zeigen ihr Können in Freiluftvorführungen. (Im Zillertal, Tel. 08261/4104; tägl. 8–18 Uhr, Vorführungen Mo–Fr 15.30, Sa, So 14.30 Uhr.)

Städtische Kurdirektion: 86817 Bad Wörishofen, Luitpold-Leusser-Platz 2, Tel. 08247/9933-0, Fax 9933-59, www.bad-woerishofen.de

Steigenberger Sonnenhof: Hermann-Aust-Str. 11, 86817 Bad Wörishofen, Tel. 08247/9590, Fax 959599. Haus der Spitzenklasse in schöner Lage am Kurpark, aufwändig renoviert, große Wellnessabteilung, DZ ab 145 €.
Kneippkurhotel Residenz: Bahnhofstr. 8–10, 86817 Bad Wörishofen, Tel. 08247/3520, Fax 352214. Alteingesessenes Kurhotel mit neuer Wellnessabteilung, DZ mit Halbpension ab 174 €.
Alpenrose: Auenstr. 1, 86817 Bad Wörishofen, Tel. 08247/96560, Fax 965630. Sympathisches Haus mit gutem Komfort, Ayurvedakuren, Schönheits- und Gesundheitswochen, DZ ab 66 €.
Landhotel Hartentaler Hof: 86817 Bad Wörishofen-Hartental, Tel. 08247/39000, Fax 390090. Ruhige Lage, nettes Ambiente, kleine Badelandschaft, DZ ab 60 €.

Gasthof Sonnenbüchel: Beim Städtischen Freibad, Tel. 08247/959900, Mo Ruhetag. Biergarten mit alten Kastanien, Kaffeespezialitäten und gute Regionalküche, auch Vollwert und vegetarische Gerichte, moderat.
Jagdhof: Allgäuer Str. 1, Tel. 08247/4879, Mo u. Di Ruhetag. Frische Küche der Saison, Fisch- u. Wildgerichte, moderat.
Mühlengasthof Katzbrui: Katzbrui 7, Tel. 08269/575. Hausgemachtes Bauernbrot, hausgeräucherter Schinken und fangfrische Forellen in einer der ältesten Mühlen Bayerns, schönes Ausflugsziel für die ganze Familie, moderat bis günstig.

Königsberger Baumkuchen und Königsberger Marzipan kann man im **Café Schwermer,** Hartenthaler Str. 36 probieren.

Internationale Kneipp-Musiktage im Juni; **Jazztime** Ende September; **Philharmonie der Nationen:** Justus Frantz präsentiert Klassik-Stars von morgen, Anfang Oktober.

Baden: Therme Bad Wörrishofen, Thermenallee 1. Thermalbad mit Saunalandschaft (Eröffnung Mai 2004).
Fahrradverleih: Rohner, Hauptstr. 35, Tel. 08247/2424; Heckl, Hauptstr. 15, Tel. 08247/7293.
Golf: Golf-Club Bad Wörishofen, Rieden, Tel. 08346/777.
Allgäu Skyline Park: Im Hartfeld 1, Bad Wörishofen (direkt an der A 96 München–Lindau), Besucher-Hotline Tel. 08245/96690, www.skylinepark.de. Freizeitpark mit spektakulären Fahrgeschäften.

Kneipptouren

Im Kneippjahr 1997 wurden die drei Kneippkurorte Bad Wörishofen, Ottobeuren und Bad Grönenbach durch einen Kneipp-Wanderweg und einen Kneipp-Radweg verbunden. Einzelheiten beim Verkehrsverein Kneippland Unterallgäu: Tel. 08261/995375.

Westallgäu

Der
Leuchtturm in
Lindau

Allgäu-Atlas S. 232–233 und 236–237

AUF DER OBERSCHWÄBISCHEN BAROCKSTRASSE

Die Oberschwäbische Barockstraße führt durch die Ferienlandschaft Donau-Oberschwaben-Bodensee und streift dabei das Allgäu. Barocke Kirchen und Schlösser zeugen vom Geist der Gegenreformation, von der Lebenslust und religiösen Erneuerung, die die ausgebluteten Gebiete Oberschwabens nach dem Dreißigjährigen Krieg erfuhren.

Bad Wurzach

Allgäu-Atlas: S. 232, C 2
Bad Wurzach liegt dort, wo sich Schwäbische Bäderstraße und Oberschwäbische Barockstraße treffen. Die kleine ehemalige Residenzstadt am Wurzacher Ried mit heute rund 14 000 Einwohnern kann sich rühmen, das älteste Moorheilbad im württembergischen Allgäu zu sein. Seit 1950 darf sich der Ort auch mit dem Titel »Bad« schmücken.

Schloss und Kloster

Alles ist ruhig und beschaulich, wie es sich für eine Kurstadt gehört, und die kulturellen Höhepunkte liegen eng beieinander: das **Schloss,** die frühklassizistische **Pfarrkirche St. Verena** in festlichem Weiß und Gold und das **Kloster Maria Rosengarten**, in dem 1936 die erste Moorbadeanstalt eingerichtet wurde. Das Kloster wurde 1514 von der Truchsessin Helena von Waldburg gestiftet, der Mutter des »Bauernjörg«, der 1525 in Wurzach den Bauernaufstand mit Kanonen niederschlug (s. S. 29). Im 18. Jh. wurde das Kloster im Stil der Zeit modernisiert. Die Rokoko-Hauskapelle ist das Kleinod des Klosters (Besichtigung nach Anmeldung an der Klosterpforte).

Weltliches Pendant zum Kloster ist das Schloss. 1723–28 wurde es erbaut und war bis 1903 Residenz der Fürsten von Waldburg-Zeil-Wurzach. Das berühmte elegant geschwungene Treppenhaus mit dem wunderbaren Deckenfresko zur Herkulessage ist eigentlich zu groß für die kleine Residenz. Es darf sich heute zu den schönsten barocken Treppenhäusern Deutschlands zählen (tägl. 8–12, 14–18 Uhr).

Das Wurzacher Ried

Das Wurzacher Ried ist das größte noch intakte Hochmoor Mitteleuropas. Moorerde besitzt eine einzigartige Wärmespeicherkraft und ist ein Heilmittel bei rheumatischen Erkrankungen, Arthrose und Bandscheibenleiden. Die erst vor einigen Jahren entdeckte Thermalquelle ist eine ideale Ergänzung der Therapien, die in Bad Wurzach angeboten werden.

Vor rund 200 000 Jahren formte der Rheingletscher das Wurzacher Becken, in welchem sich dann vor etwa 20 000 Jahren das Schmelzwasser des abtauenden Gletschers zu einem See aufstaute. Mit zunehmender Klimaerwärmung verlandete er, abgestorbene Pflanzenpartikelchen lagerten sich ab, ohne zu verrotten, weil der Sauerstoff fehlte. Im Lauf der Jahrtausende bildeten sie dicke Torfschichten. Hochmoor und Niedermoor sowie verschiedene Übergangsformen prägen heute das Wurzacher Ried.

Die Tatsache, dass das Ried schon früh unter Naturschutz gestellt wurde, rettete es davor, entwässert und abgetorft zu werden. So blieb ein Stück nacheiszeitlicher Urlandschaft erhalten. Über 700 verschieden Pflanzenarten, von denen der Besucher in der Regel nur eine Handvoll benennen kann – Orchideen, Heidelbeeren, Wollgras, Sonnentau oder Moosbeere –, sind neben 1000 Tierarten als Riedbewohner registriert. Dem aufmerksamen Beobachter offenbart sich ein reges Leben.

Trotz des massiven Abbaus des Moors zu Heilzwecken blieb eine einzigartige Moorlandschaft erhalten. Ein **Naturschutzzentrum** kümmert sich um den Erhalt des Moores und vermittelt mit Vorträgen und Exkursionen lebendige Naturkunde. (Rosengarten 1, Mo–Fr 13.30–17, So/Fei 10–17, im Sommer auch Sa 13.30–17 Uhr.) Die Wege durchs Ried sind größtenteils gut ausgebaut. Das Laufen auf dem wei-

Im Wurzacher Ried

chen Moorboden ist angenehm, für unterhaltsame Unterbrechungen sorgen u. a. eine Wassertretstelle im Bach und eine Moortretstelle am Riedsee, der größten Wasserfläche im Ried, die durch Torfstich entstand.

Städtische Kurverwaltung: Mühltorstraße 1, 88410 Bad Wurzach, Tel. 075 64/30 21 50, Fax 30 21 54, www.bad-wurzach.de

Gasthof Adler: Schlossstr. 8, 88410 Bad Wurzach Tel. 075 64/930 30, Fax 93 03 40. Gepflegte Zimmer im Zentrum der Altstadt. DZ ab 84 €.

Residenzkonzerte: Konzerte im Schloss, Auskunft über Termine erteilt die Kurverwaltung.

Heilig-Blut-Fest: Mehr als 1700 Reiter ziehen in der zweitgrößten Reiterprozession Mitteleuropas zusammen mit bis zu 15 000 Wallfahrern auf den Gottesberg, um in der Heilig-Kreuz-Kirche die Reliquie des Heiligen Blutes zu verehren. 2. Freitag im Juli.

Führungen: Stadt- und Kunstführung Mi 14.30 Uhr, Naturkundliche Riedführung Mo 14.30 Uhr.
Vitalium: Karl-Wilhelm-Heck-Str. 10, am Moorsanatorium. Thermalbad mit großer Saunalandschaft.
Alpakahof: Haid 3, Tel. 075 64/34 90, tägl. 9–19 Uhr. Origineller Tierpark mit Lamas, Straußen, Yaks, Wasserbüffeln.

Wolfegg

Allgäu-Atlas: S. 232, C 3
Hoch über dem Achtal, inmitten einer sattgrünen voralpinen Moränenlandschaft, erhebt sich die mächtige Vierflügelanlage des **Schlosses** der Fürsten zu Waldburg-Wolfegg-Waldsee. Der Renaissancebau ersetzte im 16. Jh. eine frühmittelalterliche Burg. Bauherr war der Enkel des Truchsess Georg II., der im Bauernkrieg als »Bauernjörg« eine unrühmliche Rolle spielte. Heute befindet sich das Schloss in Privatbesitz, öffnet aber anlässlich zahlreicher Konzerte seine Pforten.

Die barocke ehemalige Stifts- und Schlosskirche **St. Katharina und Franz von Assisi**, Wolfeggs Beitrag zur Oberschwäbischen Barockstraße, beeindruckt vor allem durch ihre farbenfrohen Fresken und Wessobrunner Stuckaturen.

Das Ambiente der eleganten Residenz nutzt Wolfegg als Gastgeber für hochklassige Kulturevents, vor allem klassische Konzerte. Den passenden Rahmen bieten die Repräsentationsräume des Schlosses, die säkularisierte Pfarrkirche (»Alte Pfarr«) und die Orangerie im Fürstlichen Hofgarten, die 1700 der Mode der Zeit entsprechend zur Überwinterung exotischer Pflanzen erbaut wurde.

Automobil- und Bauernhofmuseum

Weit über die Grenzen Württembergs hinaus bekannt ist das **Automobilmuseum Wolfegg**, das in den Schlossbezirk eingegliedert ist. Der Automobiljournalist und Autosammler Fritz B. Busch versteht es, die Geschichte des Automobils höchst spannend in die Zeitgeschichte des 20. Jh., des Jahrhunderts der Motorisierung, einzubetten. Zitate und Schlager der jeweiligen Zeit begleiten die rund 200 Autos, Traktoren und Motorräder. In einem Mercedes Benz, wie ihn Hans Albers einst besaß, liegt der Regenmantel des Herzensbrechers, auf Knopfdruck ertönt die Schnulze: »Hoppla, hier kommt Hans.« Und 1958 fuhr man Lancia und sang »Steig in das Traumboot der Liebe, fahre mit mir nach Hawaii«. (15. März–15. Nov. tägl. 9.30–18 Uhr, im Winter nur So 10–17 Uhr, www.automuseum-busch.de.)

Auf dem Hügel erhob sich die elegante Residenz, im Tal lebten die Bauern, denn das Allgäu war und ist Bauernland. Auf Einöden, in Dörfern und Weilern wurde und wird das Land bebaut. Im **Bauernhofmuseum Wolfegg** (Mai–Okt., tägl. 10–18 Uhr, im Winter Di–So 10–17 Uhr), das aus dem Fischerhaus des Schlossherrn hervorging, macht man einen Zeitsprung um 200 Jahre zurück. Hart war der Alltag, gering der Verdienst. Das Miteinander von Herrschaft, Dienerschaft und Vieh stellte hohe Anforderungen. Nicht immer reichten die Erträge, um die ganze Gemeinschaft auf den oberschwäbischen Bauerngütern zu ernähren.

Das Museumsgelände wirkt belebt, als wären die Bauern gerade aufs Feld gezogen. Die Betten sind zerwühlt, die Wäsche flattert im Wind, Gänse watscheln und schnarren, Hühner scharren auf dem Misthaufen.

Bei dem Rundgang durch ein rundes Dutzend Bauernhäuser geht es aber nicht nur um die Vergangenheit, sondern auch die Situation der Bauern heute. Die alten Wohnstuben und Bauernküchen muten gar nicht museal an

Kochen im Museum

Das engagierte Museumsteam bietet zusätzlich auch originelle Führungen und Aktivitäten wie Handarbeitstage, Spätzlefeste, Kochkurse, Ferienprogramme und vieles mehr an.

und scheinen den Besucher einzuladen Platz zu nehmen, um am Leben teilzuhaben. Das macht das Bauernhofmuseum zu einem idealen Ausflugsziel für die ganze Familie.

Ein letzter Abstecher führt zur **Loretokapelle,** die sich auf einem Hügel an der Straße nach Rötenbach erhebt. Von hier genießt man einen herrlichen Alpenblick. Das Kirchlein aus dem 17. Jh. beherbergt eine Madonna aus Zedernholz, eine genaue Kopie des Gnadenbildes im italienischen Loreto.

Wolfegg Information: Rötenbacher Str. 13, 88364 Wolfegg, Tel. 07527/960151, Fax 9601708, www.wolfegg.de

Museumsgaststätte Fischerhaus im Bauernhofmuseum: Tel. 07527/5150. Fangfrische Fische aus dem Hausweiher, schwäbische Pfannengerichte, leckere Salate, Kaffee und Kuchen, günstig.

Internationale Wolfegger Konzerte (Ende Juni), **Internationale Festspiele Baden-Württemberg** (Mitte Sept.) jeweils auf Schloss Wolfegg.

Baden: Naturbadeseen Stockweiher, Metzisweiler Weiher und Premer Weiher.

Kißlegg

Allgäu-Atlas: S. 232, C 3
1394 verlieh König Wenzel IV. den Herren von Schellenberg, Marquard IV. und seinen Vettern Märk und Tölzer III., das Marktrecht und die Gerichtsbarkeit. Mit dem Marktrecht kamen Handel und damit Kaufkraft in die Gemeinde. Auch heute noch hält man in Kißlegg den wöchentlichen Markt am Samstag auf dem Marktplatz ab.

Man kann nur staunen: Kißlegg mit seinen knapp 9000 Einwohnern verfügt über zwei Schlösser und eine Kirche, die seine Zugehörigkeit zur Barockstraße mehr als rechtfertigen. Eingebettet ist es in eine Landschaft zum Verschnaufen und Entspannen, eine Landschaft, die erradelt werden will. Acht Naturseen und sieben Moore laden zum Erkunden und Entdecken ein.

Eine barocke Residenz

Mitten im Ort thront die barocke Pfarrkirche **St. Gallus und Ulrich,** die auf dem Fundament einer mittelalterlichen Basilika erbaut und im 18. Jh. umgestaltet wurde. Das Tonnengewölbe wurde aufs Prächtigste ausgemalt. Eine elegante Madonna des schwäbischen Barockmeisters Hans Zürn und ein wertvoller Silberschatz gehören zu den bestgehüteten Besitztümern der Kirche.

Das **Alte Schloss** in malerischer Lage am Zeller See wurde im 16. Jh. unter Hans Ulrich von Schellenberg errichtet und 1717–21 innen ausgebaut und barockisiert. Seit dem 13. Jh. hatten die Schellenberger in Kißlegg regiert. Ihre Nachfolge teilten sich die Grafen zu Waldburg-Wolfegg-Waldsee und Waldburg-Wurzach-Zeil, so dass ein zweiter Schlossbau notwendig wurde. Das alte Schloss wird heute noch von den Angehörigen des Fürstlichen Hauses Waldburg-Wolfegg-Waldsee bewohnt und kann nur von außen bewundert werden. Das **Neue Schloss** am Rande des ausgedehnten Schlossparks wurde 1721–27 von Johann Georg Fischer, einem Schüler des Dominikus Zimmermann erbaut. Heute sind hier das Fremdenverkehrsamt und zwei Museen untergebracht: Die **Heimatstube** zeigt vor allem Volkskunst, hat aber auch der Käserei einen Raum gewidmet (März–Okt. Sa, So 14–16 Uhr). Das **Museum Expressiver Realismus** dokumentiert mit rund 120 Werke die Kunst der so genannten »verschollenen Generation«, von Malern also, die zwischen 1890 und 1910 geboren wurden, als Jugendliche den Ersten Weltkrieg erlebten und im Faschismus als »entartet« verfemt wurde (Palmsonntag bis Buß- u. Bettag Di–So 11–17 Uhr).

Der 8 ha große Schlosspark wurde im englischen Stil von Fürst Eberhard von Waldburg-Wurzach angelegt. Prächtige Alleen, Entenweiher, ein kleines Wildgehege sowie Spielplatz und Boulebahn gehören dazu. Boulekugeln kann man im Gästeamt ausleihen.

Nicht versäumen sollte man einen Besuch der **Friedhofskirche St. Anna,** die der Füssener Architekt Johann Georg Fischer im frühen 18. Jh. schuf. Die Deckenfresken malte in seinen jungen Jahren, quasi ›en passant‹, Cosmas Damian Asam, während er an der Basilika im nahen Weingarten arbeitete.

Das Alte Schloss in Kißlegg

Moore und Badeseen

Der Tatsache, dass der Rheingletscher während der letzten Eiszeit gleich viermal ins Alpenvorland vorstieß und sich wieder zurückzog, hat Kißlegg sein abwechslungsreiches Umland mit Seen und Mooren zu verdanken. Hinzu kommen Weiher, die im Mittelalter für Löschwasser, als Leinenbleiche oder als Fischteiche angelegt wurden. Heute sind einige von ihnen herrliche Badeseen. Andere sind als Naturschutzgebiete Rückzugsorte für Vögel, Frösche, Kröten, Unken und Molche. Radtouren und Wanderwege erschließen die Feuchtregionen.

Gäste- und Kulturamt: im Neuen Schloss, 88353 Kißlegg, Tel. 07563/936142, Fax 936199, www.kisslegg.de. Das Gästeamt verleiht auch Kindertragen, Mountainbuggys und Bollerwagen.

Landhotel Zerlaut: Haslach 1, 88353 Kißlegg, Tel. 07563/915300, Fax 1594. Familiengerechte Zimmer, Spielplatz, Spielzimmer, Swimmingpool. Familienwochenpauschalen unter www.family-inn.de.
Hotel Hof Eggen: 88353 Eggen 1, Tel. 07563/18090, Fax 180929. Landhotel in idyllischer Lage für Naturliebhaber, Pool und Fitnesscenter, DZ ab 55 €.

Baden: Strandbad Obersee, Naturbadeseen Argensee und Wuhrmühle Weiher.
Fahrradverleih: Zweirad Wenzler, Herrenstr. 24, Tel. 07563/2320.
Familienfreizeitgelände: Grillhütte, Grillplatz, Spielgeräte (April–Okt. 9–20 Uhr).

WANGEN UND ISNY

Davon, dass die beiden Kleinstädte im Mittelalter wohlhabende Handelszentren waren, zeugen noch heute prächtige Bürgerhäuser sowie Tore und Türme der alten Stadtbefestigungen. In Wangen sollte man sich Zeit für einen kleine Tour zu den Stadtbrunnen nehmen, in Isny darf man den Besuch der Bibliothek der Nikolaikirche nicht versäumen.

Wangen

Allgäu-Atlas: S. 232, C 4
Die einstige Freie Reichsstadt Wangen lockt mit einem Stadtensemble, das nicht nur im Allgäu seinesgleichen sucht. Der mittelalterliche Ortskern ist umgeben von Mauern, Toren und Türmen und prunkt mit barocken Fassaden und modernen Brunnenanlagen. Doch Achtung – »In Wangen bleibst du hangen«, warnen nicht nur die Wangener.

Stadtgeschichte

815 wird Wangen erstmals erwähnt, unter staufischer Oberhoheit wird es im frühen 13. Jh. Stadt und darf sich mit einer Mauer schützen. Das Recht zur Abhaltung eines Wochenmarktes, von dem bis heute jeden Mittwoch Gebrauch gemacht wird, wird 1286 verliehen. 1347 wird Wangen als Freie Reichstadt bestätigt, ein Bürgermeister und die Vertreter der Zünfte bestimmen nun die Geschicke der Stadt. Die Stadt wächst mit ihrer Bedeutung: 1400 wird die Unterstadt in den Stadtmauerring einbezogen, gilt aber bis ins 20. Jh. als der ›unfeinere‹ Stadtteil. Schmiede und Leinweber erarbeiten zusammen mit den heimischen Kaufleuten, die deren Produkte bis nach Spanien lieferten, den Wohlstand der Stadt.

Während der Reformation bleibt Wangen katholisch. Es folgen schwere Schicksalsschläge: Kriege, Seuchen und Feuersbrünste, von denen sich die Stadt nur schwer erholt. Das heutige Stadtbild stammt zum großen Teil aus der Zeit des Neuaufbaus nach 1539, nachdem ein Stadtbrand große Teile der Oberstadt in Schutt und Asche gelegt hatte. 1802 verliert Wangen die Reichsfreiheit, wird zunächst bayerisch, wenige Jahre später württembergisch. Mehr als 100 Jahre dauert der Dornröschenschlaf, den keine Modernisierungskampagne der Nachkriegszeit stört. Erst ab den 1980er Jahren wurde umsichtig saniert, und heute erstrahlt Wangen wieder im alten Glanz. Die 25 000-Einwohner-Stadt präsentiert sich als lebendige Handelsstadt, die als Ganzes unter Denkmalschutz steht.

Die Oberstadt

Die Entwicklung der Stadt lässt sich am **Rathaus** 1 ablesen, das von seinen Anfängen in romanischer Zeit bis ins 18. Jh. stetig erweitert wurde. Zum Marktplatz hin zeigt es seine repräsentative Barockfassade, zur Unterstadt hin, wo auch das Gästeamt untergebracht ist, dagegen sein mittelalterliches Gesicht. Während der wöchentlichen Stadtführung steigt man dem hervorragend restaurierten Gebäude bis aufs Dach.

Das markante **Hinderofenhaus** 2 am Marktplatz wurde drei Jahre nach der verheerenden Feuersbrunst von 1542 vom Kaufmann Onofrius Hinderofen im italienischen Stil mit schönem Innenhof erbaut. Heute schlürft man italienische Kaffeespezialitäten im trendigen HinderOfenCafé, das sich dem alten Gemäuer wunderbar einfügt.

Die gotische Stadtkirche **St. Martin** 3 ist die Nachfolgerin eines ersten, noch romanischen Gotteshauses an dieser Stelle, das wohl schon vor rund 1200 Jahren entstand.

In der **Paradiesstraße** fällt ein Haus mit einem Barockfresko auf, das die Geschichte von Jonas und dem Walfisch in drastischen Bildern erzählt. Das **Café Walfisch** ist, wie der **Fidelisbäck** nebenan, eine Wangener Institution. Die Backstube des Fidelisbäck ist seit 1505 in Betrieb, und bei einem (erlaubten) Blick hinter die Kulissen kann man sich davon überzeugen, dass Brezel für Brezel auch heute von Hand geschlungen wird.

Die Innenstadt verlässt man durch das **St.-Martins-Tor** 4, das aus der ersten Stadtummauerung stammt, aber später mit einem Renaissanceaufsatz versehen wurde, der mit Themen aus der Stadtgeschichte geschmückt wurde.

Ein Schlenker führt zum **Alten Friedhof** mit der **Rochuskapelle** 5 aus dem späten 16. Jh. Die 66 Felder ihrer Holzdecke zeigen eine originelle Bilderbibel und die Wappen der damaligen Wangener Familien (nur in den Sommermonaten Sa 10–12 Uhr).

Die Herrenstraße

Die **Herrenstraße,** an der im Mittelalter die Stadtherren residierten, ist die wichtigste Geschäfts- und Flanierstraße. Sie erhielt ihr Gesicht vor allem nach dem Stadtbrand des 16. Jh. Gotische Treppengiebel, farbenfrohe Fassadenmalereien und Wirtshausschilder aus dem 18. Jh. bilden ein schönes Ensemble. Das heutige Hotel Mohren-Post war bis 1903 Poststation. Dort, wo heute der Marienbrunnen steht, erhob sich im Mittelalter der Pranger. Den Abschluss der Herrenstraße bildet das **Liebfrauentor** 6. Im Mittelalter zahlten die Besucher, die durch das Tor in

Seelen vom Bäcker

Beim Fidelisbäck gibt es auch eine Allgäuer Spezialität, die unbedingt einen Versuch wert ist: die »Seelen«, längliche Brote, die früher nur am Allerseelentag gebacken und an Arme verteilt wurden.

cafe Holz

die Stadt strömten, Pflasterzoll. Wer allerdings beim Verlassen einen Beichtzettel vorweisen konnte, dem wurde der gezahlte Betrag wieder erstattet. Das **Weberzunfthaus** [7], 1342 erbaut, gilt als ältestes Bürgerhaus im süddeutschen Raum und wurde jüngst aufwändig restauriert. Die Weberzunfthalle wird heute für kulturelle Veranstaltungen genutzt.

Museumslandschaft Eselsmühle

Heute dreht sich das Wasserrad der **Stadt- oder Eselsmühle** [8] wieder. Sie stammt aus dem Jahr 1568 und war bis 1937 als Mühle in Betrieb. Hier beginnt eine einzigartige Museumslandschaft, deren einzelne Stationen z. T. über den Wehrgang der wieder instand gesetzten Stadtmauer verbunden sind.

Das **Heimatmuseum** erzählt Wangener Geschichte: vom Wesen der Zünfte, vom religiösen Leben und von den Gewerben, die die Stadt reich machten, vor allem die Flachsverarbeitung und die Leinenweberei. Sie wurde im 19. Jh. von der Käseherstellung abgelöst, daher ist die nächste Station das **Käsereimuseum.** Vom **Museum für Mechanische Musikinstrumente** führt der Weg auf dem Wehrgang ins ehemalige städtische Färbereigebäude zu den beiden Wangener **Literaturmuseen,** die Leben und Werk des Romanciers Gustav Freytag (1816–1895) und des Dichters und Erzählers Joseph von Eichendorff (1788–1857) dokumentieren. Über die **Museumsbuchdruckerei** mit einer originalen Druckereiausstattung des 19. Jh. führt der Weg zur größten Kostbarkeit des Wangener Museumskomplexes: der **Badstube** [9].

Die massive, kreuzgewölbte Halle mit ihren riesigen Waschzubern ist Ort mittelalterlicher Badefreuden. Sie wurde 1589 über einer fast zweihundert Jahre älteren Anlage erbaut und war zuletzt als Obdachlosenheim zweckentfremdet. Eine Ausstellung erzählt von den Baderitualen im Mittelalter, als auch das Bartscheren und der Aderlass zu den Dienstleistungen eines Badehauses gehörten (1. April–31. Okt Di, Do, Fr 14–17 Uhr, Mi 10–12, 14–17 Uhr, Sa 10–17, So 14–17 Uhr, Vorführung der mechanischen Musikinstrumente Mi und Sa 15 Uhr, Museumsdruckerei Di 14–17 Uhr; in den Wintermonaten nur Di 15 Uhr mit Führung).

Der **Postplatz** in der Unterstadt wird von dem Anfang des 17. Jh. errichteten **Kornhaus** [10] dominiert. Bis ins 19. Jh. wurde hier Getreide gelagert und gehandelt. Die ehemalige Posthalterei ist bereits seit 1884 Hotel.

Brunnenkunst

Einige Aufmerksamkeit sollte man den Brunnen der Stadt widmen, die ein gelungenes Beispiel für das Miteinander von mittelalterlicher Bausubstanz und moderner Kunst darstellen. Zu den frühesten Beispielen zählen die schönen Steinbrunnen der Oberstadt, die früher vom Wohlstand einer Stadt zeugten, wie der **St.-Martins-Brunnen**

Das Frauentor in Wangen

auf dem Marktplatz. In der Unterstadt dominieren gusseiserne Brunnen aus dem 19. Jh. In den 1980er Jahren schließlich kamen die Figurenbrunnnen hinzu, die liebevoll schwäbische Eigenarten aufs Korn nehmen. Als einen »Beitrag zur Selbstironie der Bürokratie« bezeichnete der Ravensburger Landrat den **Amtsschimmel-Brunnen** des Aachener Bildhauers Bonifatius Stirnberg, der 1984 als erster moderner Brunnen vor dem Landratsamt aufgestellt wurde. Vorerst letztes Werk der Serie ist das **Denkmal für den verdruckten Allgäuer** des niederbayerischen Künstlers Josef Michael Neustifter, ein »Denkmal wider die Humorlosigkeit«, das sich erst in letzter Minute als Brunnen zu erkennen gibt: wenn nämlich einer der »Verdruckten« hinterrücks auf arglose Passanten spuckt.

Gästeamt Wangen: Marktplatz 1, 88239 Wangen, Tel. 07522/74211, Fax 74214, www.Wangen.de

Romantikhotel Alte Post 11: Postplatz 2, 88239 Wangen, Tel. 07522/97560, Fax 22604. Familiäre Atmosphäre im historischen Zentrum, DZ ab 88 €.
Waldgasthof Hirschen: Grub 1, 88239 Wangen-Neuravensburg, Tel. 07528/95140, Fax 951414. Ruhige Zimmer und Ferienwohnungen, Gartenlokal, Tennisplätze, DZ ab 64 €.

Neue Welt: 88239 Wangen-Primisweiler, Tel. 07528/7062, Mo abends und Di geschl. Moderne Kochkunst auf der Basis heimischer Produkte, Reservierung empfohlen, moderat bis teuer.
Zum Kornhausmeister 12: Bindstr. 29, So u. Mo Ruhetag. Historische Weinstube mit kleinen Speisen, günstig.
Weinstube zur Reblaus: Zunfthausgasse 18, So u. Fei Ruhetag. Im Sommer Gartenwirtschaft, günstig.
Café Walfisch 13**,** Paradiesstr. 7. Feinste Torten und Pralinen.
HinderOfenCafé, Marktplatz. Frühstück, Kaffeespezialitäten, kleine Gerichte. Trendiges Ambiente, günstig.

Bio-Käserei Zurwies: Zurwies 11, Tel. 07522/5581, Mo, Mi, Do 10–12, 16–18 Uhr, Sa 10–12. Bio-Rohmilch-Weichkäse.
Bäckerei und Gastwirtschaft Fidelisbäck 14, Paradiesstr. 3, Leberkäs, Laugenhörnle, Seelen.

Sehenswürdigkeiten
1 Rathaus
2 Hinderofenhaus
3 St. Martin
4 St. Martins-Tor
5 Rochus-Kapelle
6 Liebfrauentor
7 Weberzunfthaus
8 Eselsmühle
9 Badstube
10 Kornhaus

Übernachten
11 Hotel Alte Post

Essen und Trinken
12 Kornhausmeister
13 Café Walfisch

Einkaufen
14 Fidelisbäck

Stadtführungen: Do 15.30 Uhr, im Sommer auch Di.
Fahrradverleih beim Gästeamt, mit Gästekarte ein Tag kostenlos.

Isny

Allgäu-Atlas: S. 233, D 4
Isny, die mit knapp 15 000 Einwohnern kleinste der ehemaligen Freien Reichsstädte des Allgäus, liegt inmitten von sanften Hügeln und Mooren. Ein fast vollständig ehaltener Mauergürtel und sechs mittelalterliche Türme und Tore bezeugen das ehrwürdige Alter der Stadt, die im 11. Jh. erstmals erwähnt wurde. Ein Brand im 17. Jh. zerstörte allerdings viele Gebäude, der Wiederaufbau in den Formen des Barock prägt daher die Stadt heue ebenso wie das Mittelalter.

Stadtgeschichte

Ab dem 13. Jh. wurde Isny durch Flachsverarbeitung und den Handel mit Leinwand wohlhabend. Die Ravensburger Handelsgesellschaft, an der Isnyer Bürger beteiligt waren, hatte ihre Niederlassungen in ganz Europa. Noch heute spiegeln die Fassaden der Altstadthäuser vergangene Größe und Weltoffenheit wider. Der Dreißigjährige Krieg brachte den Leinwandhandel zum Erliegen. Die Aufhebung der Reichsfreiheit und die neu gezoge-

Gasthof Krone in Isny

ne Grenze zwischen Bayern und Württemberg zu Beginn des 19. Jh. setzten der wirtschaftliche Blüte schließlich ein Ende.

Stadtrundgang

Das **Rathaus,** der schönste Profanbau der Stadt, erinnert an glorreiche vergangene Zeiten. 1365 hatten sich die Isnyer Bürger von ihrem Schutzvogt, dem Truchsess von Waldburg, freigekauft und Reichsfreiheit erworben. Wenige Jahre später hatten sie auch das Recht erworben, einen Bürgermeister frei zu wählen, und so wurde der Bau eines Rathauses notwendig. Das erste Rathaus der Stadt wurde beim großen Stadtbrand 1631 zerstört. 1733 erwarb die Stadt das heutige Ensemble von Patriziergebäuden, das schon gegen 1500 entstanden, aber barock verändert worden war.

Ebenfalls am Marktplatz stehen das ehemalige **Hospital zum Hl. Geist,** dessen gotische Halle im Erdgeschoss heute einen vorzüglichen Ausstellungsraum abgibt. Das ehemalige **Tuchhaus** auf der anderen Seite des Platzes war einst der Ort der »Leinwandschau«, wo die Leinwand begutachtet und vermessen wurde. Auch der Salzhandel wurde hier abgewickelt, und im 19. Jh. wurde aus der Leinwandschau das Hallamt (Hall = Salz). Auf dem angrenzenden **Blaserturm** hielt der Feuerwächter Tag und Nacht Ausschau.

Zwei der mittelalterlichen Türme bzw. Tore wurden zu Museen umgestaltet: Im **Museum am Mühlturm** geht es um Stadtgeschichte. Die Ausstellung zur Geschichte der Leinwand würdigt das für Isny jahrhundertelang unverzichtbare Gewerbe (Di, Do, Sa, So 14–17 Uhr).

Im Torturm des **Wassertormuseums** aus dem 13. Jh. erinnern z. T. 500 Jahre alte Malereien und Inschriften an die Gefangenen, die hier bis zur Auflösung des Gefängnisses Mitte des 19. Jh. einsaßen. Ausstellungen zur Feuerwehrgeschichte, zu den Anfängen des Wintersports in Isny und eine Schuhmacherwerkstatt lohnen den Besuch. Aus der Türmerwohnung genießt man einen schönen Ausblick über die Stadt der Türme (1. Mai–31. Okt. Mo 19 Uhr, Mi 14 Uhr, So 10 Uhr; nur mit Führung).

Kunst im Kloster-Schloss

Die Gebäude des ehemaligen **Benediktinerklosters** wurden nach dem großen Stadtbrand 1631 errichtet. Nach der Säkularisation verwandelten die Fürsten von Quadt-Wykradt die Räumlichkeiten für anderthalb Jahrhunderte in eine weltliche Residenz. Zu besichtigen ist das Refektorium, ein lichter Rokokoraum, der den stimmungsvollen Rahmen für Konzerte bildet. Die erst vor wenigen Jahren stilvoll renovierten Räume, die die **Kunsthalle im Schloss** mit einer Werkschau des zeitgenössischen Isnyer Malers Friedrich Hechelmann sowie wechselnde Ausstellungen internationaler Künstler beherbergen, sind ebenfalls sehenswert (tägl. außer Mo 11–17 Uhr).

Nikolaikirche

Die ehemalige Klosterkirche und heutige katholische Stadtpfarrkirche **St. Georg und St. Jakob** zeigt sich barock mit einer üppigen Rokokoausstattung. Die protestantische **Nikolaikirche** nebenan, vor der Reformation katholische Pfarrkirche, gibt sich gotisch und bescheiden. Die Bilder hatte man nach der Reformation verkauft, die meisten verbliebenen Ausstattungsstücke fielen dem Stadtbrand zum Opfer.

Verschont blieb die Predigerbibliothek der Nikolaikirche. Sie wurde von Prädikanten gegründet, die von wohlhabenden Isnyer Kaufleuten eingestellt worden waren. Die weltgewandten und weit gereisten Bürger der Stadt wünschten neben den Dorfpfarrern noch Gelehrte, die Griechisch und Hebräisch sprachen. Diese sammelten Handschriften und frühe Buchdrucke. Zu den Kostbarkeiten der original erhaltenen Bibliothek aus dem ausgehenden 15. Jh. gehören ein auf Pergament geschriebenes Messbuch aus dem 12. Jh., Stadtansichten des Kupferstechers Merian und sein sechsbändiger Amsterdamer Atlas aus dem 17. Jh. sowie zahlreiche Schriften aus der Zeit der Reformation u. a. von Luther, Melanchthon und Zwingli. Die Bibliotheksbesichtigung (mit Führung) sollte man sich keinesfalls entgehen lassen (Info unter Tel. 075 62/23 14).

Eistobel und Schwarzer Grat

Die Umgebung Isnys ist ideal für Wanderer und Radler. Dass Umweltbewusstsein hier nicht nur ein Wort ist, zeigt die Tatsache, dass Isny bundesweit die erste Gemeinde war, die den Umweltcheck »EU-Öko-Audit« erfolgreich durchführte. Naturkundliche Exkursionen helfen, Geheimnissen der Tier- und Pflanzenwelt auf den Grund zu kommen.

Das spektakulärste Naturschauspiel der Umgebung lässt sich kaum jemand entgehen: der **Eistobel** liegt 7 km südlich an der Straße Isny–Maierhöfen–Oberstaufen. Ein voreiszeitliches Erdbeben ließ einen Höhenzug entstehen, der später vom Schmelzwasser des Rheingletschers durchsägt wurde. Die Erosion verwandelte den Einschnitt in eine 3 km lange Schlucht. Das Wasser des Argen zwängt sich durch ein Gewirr riesiger Nagelfluhblöcke und bildet malerische Wasserfälle. Der Wanderer findet inmitten von Naturgewalten und Wassergetöse gesicherte Wege vor, die mit dem richtigen Schuhwerk zu jeder Jahreszeit begehbar sind. Im Winter entsteht durch die Eisbildung, die der Schlucht zum Namen verhalf, eine wahre Zauberwelt.

Vom Ortsteil Großholzleute aus erwandert man den **Schwarzen Grat,** den mit 1118 m höchsten Berg Württembergs, und genießt den Blick von den Allgäuer Bergen bis zum Bodensee.

Kurverwaltung Isny: Unterer Grabenweg 18, 88316 Isny, Tel. 07562/98 41 10, Fax 98 41 72, www.isny-tourismus.de

Schloss-Gasthof Sonne: 88316 Isny-Neutrauchburg, Tel. 07562/71 19 40, Fax 71 19 41. Traditionsgasthof mit soliden Zimmern und gutbürgerlicher Küche, DZ ab 74 €.

Terrassenhotel Isnyland: Dengeltshofen 290, 88316 Isny-Neutrauchburg, Tel. 07562/971 00, Fax 97 10 40. Bergblick, gediegener Komfort und gepflegtes Restaurant entschädigen für die 70er-Jahre-Architektur, DZ ab 96 €.

Appartement Garni am Roßmarkt: Roßmarkt 8–10, 88316 Isny, Tel. 07562/40 51, Fax 40 52. Zentrale Altstadtlage, ideal für Radler. Appartement ab 72 €.

Jugendherberge: Dekan-Marquardt-Str. 18, Tel. 07562/23 89.

Isny Camping am Waldbad: Lohbauer Str. 61, Tel. 07562/23 89.

Allgäuer Stuben: Lindauer Straße 75, Tel. 07562/975 97. Für jeden Geschmack etwas – bei ausgezeichneter Qualität, moderat bis teuer.

Historischer Gasthof Adler: Ortsteil Großholzleute, Tel. 07562/20 41. Gegen 1400 als Wasserburg errichtet, war der spätere »Adler« 1525 Zeuge der Beratungen aufständischer Bauern. Gekrönte Häupter von Marie Antoinette bis Prinzessin Anne waren hier zu Gast, moderat.

Käsküche Isny: Maierhöfener Str. 78, Tel. 07562/91 27 00. Schaukäserei und Laden für hochwertige Milchprodukte aus eigener Herstellung, Imbisse. Käsereiführung Fr 10.30 Uhr.

Isnyer Kinderfest im Juli.

Theaterfestival und Opernfestival Isny im Juli, Europa-Akademie der musischen und bildenden Künste im Schloss, Tel. 07562/91 32 21.

Stadtführungen: Termine für Stadtführungen, Kirchenführungen, Käsereiführungen oder naturkundliche Führungen können im Fremdenverkehrsamt erfragt werden.

Fahrradverleih: Fahrradhof Ohmayer, Tel. 07562/28 20.

LINDENBERG UND UMGEBUNG

Lindenberg, die alte Hutmacherstadt, ist das Zentrum der Ferienlandschaft Westallgäu mit beschaulichen Orten wie Scheidegg, Weiler und Simmerberg. Wer endlich alles über den Allgäuer Käse erfahren will, dem empfiehlt sich eine Wanderung entlang der Westallgäuer Käsestraße: Sennereien geben einen gründlichen Einblick in die Kunst des Käsens.

Lindenberg

Allgäu-Atlas: S. 236, C 1
Pferdehändler brachten die Kunst des Hutflechtens aus Italien mit und machten das kleine Lindenberg zur Strohhutmetropole Europas, zum »Klein-Paris« der Hutmode. Schon zu Beginn des 17. Jh. sorgte das Verflechten des einheimischen Naturmaterials Stroh für ein wichtiges Zubrot in der bäuerlichen Region. Ende des 19. Jh. versorgten 34 Hutfabriken in Lindenberg das Westallgäu mit Arbeitsplätzen, 1933 produzierte Lindenberg noch Hüte für alle fünf Kontinente. Zum Bedauern aller eingefleischten Hutträger hat nur eine einzige Lindenberger Hutfabrik die Ära der hutlosen Mode überlebt. Lindenberger Hutgeschichte präsentiert das **Hutmuseum.** (Brennterwinkel 4, Jan.–Nov. Mi 15–17.30, So 10–12 Uhr.)

Der **Waldsee** ist beliebter Ausgangspunkt für Spaziergänge, er lässt sich auch umradeln und umskaten. Sein mooriges Wasser lockt im Sommer zum Schwimmen, im Winter verwandelt er sich in einen Natureisplatz.

Tourist Information: Stadtplatz 1, 88161 Lindenberg, Tel. 08381/80328, Fax 80388, www.lindenberg.de

Waldsee-Hotel: Ausstraße 41, 88161 Lindenberg, Tel. 08381/92610, Fax 926144. Ruhige Lage am Waldsee, charmante Zimmer, DZ ab 74 €.
Landgut Lindenhof: Bergstraße 3, 88161 Lindenberg, Tel. 08381/940397, Fax 940398. Aufwändig sanierter Hof, kinderfreundlich, DZ ab 66 €.

Lindenberger Hof: Hauptstr. 50, Tel. 08381/3040. Wildkräuterspezialitäten, vegetarische Schmankerl, moderat.

Städtisches Hallenbad: Am Mühlbach 6; **Moorfreibad** am Waldsee.

Weiler-Simmerberg

Allgäu-Atlas: S. 236, C 2–S. 237, D 2
Zentrum des Hauptortes Weiler, der schon seit mehr als 1100 Jahren existiert, ist der historische **Kirchplatz** mit dem schmucken **Rathaus** aus dem Jahre 1681 und der klassizistischen **St.-Blasius-Kirche**.

DIE WESTALLGÄUER KÄSESTRASSE

Nirgendwo sonst liegen so viele kleine Sennereien so dicht beieinander wie im Westallgäuer Voralpenland. Seit einigen Jahren kann man nun in der Umgebung von Lindenberg auf der »Westallgäuer Käsestraße« wandern und radeln. Ein Rundweg verbindet Sennereien und volkstümliche Gasthäuser, denn Traditionen wollen bewahrt und gepflegt werden. Die Allgäuer produzieren seit Jahrhunderten Käse, wenngleich die berühmtesten aller Allgäuer Käsesorten, der Allgäuer Emmentaler, erstmals 1821 von zwei Schweizer Sennbuben in der Käserei Weiler hergestellt wurde.

Mehrere Kleinbetriebe sowie die Großkäserei Schönau gewähren Einblick in die Produktion. Dabei kann man sich davon überzeugen, dass ein Allgäuer Käse immer noch reine Natur ist. Dass Käse aber nicht gleich Käse ist, ein Maienkäse anders schmeckt als ein Herbstkäse, dass die Rasse der Kühe, die Lage der Wiesen und viele andere Faktoren am Aroma des Käses mitwirken, erfährt man bei den Sennereiführungen, zu denen selbstverständlich auch eine ausführliche Verkostung gehört. Wer dem Geheimnis der Löcher im Käse auf die Spur kommen möchte, ist im Käseseminar genau richtig. Im Anschluss darf eingekauft werden, schließlich sichert Direktverkauf gerade den Kleinbetrieben ein unverzichtbares Zubrot.

Und wer den Käse nicht nur zum Brot mag, für den halten viele Westallgäuer Gasthöfe Gerivchte wie Käsesuppe, Käseschnitzel und natürlich die obligatorischen Kässpatzn bereit.

Besichtigung und Einkauf:

Baldaufs Käs- und Weinkeller, Großholz 5, Lindenberg, Tel. 08381/81041; Mo–Fr 8.30–12.30, 14.30–18 Uhr, Mi u. Sa nur vormittags; Juli–Sept. Di 17.30 Schaukäsen (Anmeldung: Tel. 80324).

Käsereigenossenschaft Bremerried, Bregenzer Str. 96, Weiler, Tel. 08387/2658; Mo–Sa 7–12, 17.30–19 Uhr, So u. Fei 7–11.30, 17.30–19 Uhr, im Sommer Führungen jeweils Di ab 17 Uhr.

Sennerei Hopfen, Stiefenhofen, Tel. 08386/2833; Mo, Di, Do, Fr 7.30–12, 15–18.30 Uhr, Mi u. Sa 7.30–12, 15–18.30 Uhr, So u. Fei 8–9, 17.30–18.30 Uhr, Führung nach Vereinbarung.

Sennerei Rutzhofen, Stiefenhofen, Tel. 08384/580; Mo–Sa 7–12, 17–19 Uhr, So u. Fei 7–9, 17–19 Uhr; Käsereibesichtigung Fr 10.30 Uhr.

Sennerei Grünenbach, Sennereiweg 2, Grünenbach, Tel. 08383/612; Mo, Di, Do, Fr 8–12, 15–18.30 Uhr, Mi, Sa 8–12, 17.30–18.30 Uhr, So u. Fei 8–9, 17.30–18.30 Uhr; Führungen Fr 9.30 Uhr.

Sennerei Gestratz, Gestratz, Tel. 08383/559; Mo–Sa 8–12, 16–18 Uhr, So, Fei 8.30–10 Uhr; Führungen nach Vereinbarung.

Vor 200 Jahren wurde das **Kornhaus** als Kornspeicher erbaut, um die Versorgung der Bevölkerung mit dem lebenswichtigen Getreide auch in Notzeiten sicherzustellen. Als Museum zeigt es heute Gegenstände des bäuerlichen Alltags (Mitte Mai–Mitte Sept. Di, Do 14.30–17 Uhr, Mi, Sa 10–12, 14.30–17 Uhr, So 10–12 Uhr).

Das **Heimatmuseum** im ehemaligen Gasthaus Zum Löwen zeigt Wohnstuben, einen Laden aus dem 18. Jh., Trachten und religiöse Volkskunst (Sommer wie Kornhausmuseum, Winter Mi 10–12, 14.30–17, Sa/So 10–12 Uhr).

Kur- und Gästeamt: Hauptstr. 14, 88171 Weiler im Allgäu, Tel. 08387/39150, Fax 39153, www.weiler-tourismus.de

Tannenhof: Lindenbergerstr. 33, 88171 Weiler, Tel. 08387/1235, Fax

Bauernküche im Westallgäuer Heimatmuseum in Weiler-Simmerberg

1626, www.tannenhof.net. Komfortables Kur- und Sporthotel mit Beauty-Farm und Bade-Erlebnis-Landschaft, DZ inkl. Halbpension ab 120 €.

Brauerei-Gasthof Zur Post: Fridolin-Holzer-Str. 4, Weiler, Tel. 083 87/10 70. Raffinierte Küche im Traditionsgasthof (seit 1563), moderat bis teuer.
Bräustatt und Taferne: Simmerberg, Tel. 083 87/38 06. Erlebnisbrauerei mit großem Biergarten, umfangreiche Speisekarte, moderat bis günstig.

Scheidegg

Allgäu-Atlas: S. 236, C 2
Scheidegg glänzt mit seiner Panoramalage auf dem Rücken des Pfänders, und von einigen Ortsteilen aus genießt man herrliche Blicke auf die Alpenkette.

Das **Handwerkermuseum** im liebevoll restaurierten Heimathaus erweckt mit einer komplett eingerichteten Wohnung aus dem 19. Jh., einem Tante-Emma-Laden, einer Schulstube aus den 1930er Jahren und original eingerichteten Handwerkerwerkstätten die Vergangenheit des Ortes zum Leben (Schlosserweg 1; Öffnungszeiten unter Tel. 3715).

Besonders Kinder lieben den **Reptilienzoo** und das angrenzende Freizeitgelände bei der Gretenmühle mit Wassertretbecken, Spielplatz und Streichelzoo. Eine schöne Wanderung zu den Wasserfällen der Rohrachschlucht kann angeschlossen werden (außerhalb von Scheidegg, direkt an der Deutschen Alpenstraße B 308; April–Okt. tägl. 9–18 Uhr, Okt.–März tägl. außer Fr 10–17 Uhr).

Eine herrliche **Radtour** (auch mit Führung) führt vom 800 m hoch gelegenen Scheidegger Hochplateau immer bergab zum Bodensee (400 m). Von Bregenz geht es dann mit der Kabinenbahn auf den Pfänder (1064 m) und von dort wiederum bergab zurück nach Scheidegg.

GästeService-Kurverwaltung: Rathausplatz 4, 88175 Scheidegg, Tel. 083 81/895 55, Fax 895 50, www.scheidegg.de

Landgasthaus-Hotel Ellerhof: Hagspiel 44, 88175 Scheidegg, Tel. 083 81/991 60, Fax 991 62. Schöne ruhige Anlage mit Swimmingpool, Sauna und vielen Extras, gute, unverfälschte Allgäuer Küche, DZ ab 52 €.

Hax'nhütte: Am Großen Baum 164, Tel. 083 81/28 77, Mo Ruhetag. Treffpunkt für Haxnfans, moderat.
Kässtadl: Kurstr. 14, Tel. 083 81/92 64 20, Mo Ruhetag. Käse und Röstispezialitäten, Grillgerichte, Di u. Fr Tanz und Live-Musik, moderat bis günstig.

Traditioneller Fasnachtsumzug und **»Gumpiger Donnerstag«** mit Narrensturm auf das Rathaus an Fasching (Februar).
Wendelinsritt: Reiterprozession zur Wendelinskapelle am zweiten Oktobersonntag.

Alpenfreibad: Naturwasserfreibad in herrlicher Lage.
Fahrradverleih: Sport Brugger, Rathausplatz 12, Tel. 083 81/53 44.
Ponyhof Rief: Denzenmühle beim Alpenfreibad, Tel. 083 81/836 80.

DER BAYERISCHE BODENSEE

Am »Schwäbischen Meer« weht ein milderes Lüftchen, hier zieht der Frühling früher ein und die warme Herbstsonne haucht Obst und Trauben noch die letzte Süße vor der Ernte ein. Seit rund 200 Jahren wacht der bayerische Löwe über Lindaus Altstadt, die malerisch auf einer Insel im See liegt. Wasserburg und Nonnenhorn sind kleine Ferienparadiese am Wasser.

Lindau

Allgäu-Atlas: S. 236, B 2

Stadtgeschichte

Die Überlieferung erzählt, dass Graf Adalbert von Rätien eines Tages, es war um das Jahr 800 herum, auf dem Bodensee in Seenot geriet und in Todesangst ein Gelübde ablegte: Dort, wo er wieder festen Boden unter den Füßen spüren würde, wolle er ein Kloster stiften. Und wirklich: Er wurde gerettet, hielt sein Wort und gründete auf der heutigen Insel Lindau ein Frauenkloster, das spätere Damenstift.

Ein knappes Jahrhundert später tauchte erstmals der Name »Lindau« auf. Obwohl das genaue Datum nicht bekannt ist, geht man davon aus, dass Lindau im ersten Viertel des 13. Jh. zur Reichsstadt erhoben wurde. Im Jahr 1241 wird es bereits als eine der wohlhabendsten Städte weit und breit erwähnt. Kein Wunder, denn hier liefen die Handelsstraßen aus Südwestdeutschland zusammen, von hier transportierte man Leinwand und Tuch, Korn und Salz und allerlei andere Waren über den See, weiter das Rheintal hinauf und über die Graubündner Alpenpässe nach Italien. Der »Mailänder Bote« – für die Mailänder der »Lindauer Bote« – brachte vom frühen 16. Jh. bis ca. 1825 Woche für Woche Waren, Briefe oder Geld nach Mailand und zurück und fungierte auch manches Mal als Reisebegleiter, zum Beispiel für Johann Wolfgang von Goethe, der 1788 von Mailand aus den Heimweg antrat. Unwetter, Eis, Schnee und Raubüberfalle erschwerten die Arbeit des Boten. In den 20er Jahren des 19. Jh. machten verbesserte Verkehrswege und schnellere Verkehrsmittel die aufwändige Fahrt unrentabel.

Eine wunderbare Lektüre für die Ferien am »Schwäbischen Meer«: Hans Wolfram Geißlers Roman »Der liebe Augustin« (Sanssouci Verlag, Zürich) erzählt ein Stück Lindauer Geschichte – heiter und liebenswert.

Stadt kontra Stift

Lindaus Erhebung zur Stadt mit all den damit verbundenen Rechten beobachteten die Stiftsdamen mit Argwohn, sah sich doch die Äbtissin als Herrin der Insel an. Als dritte Kraft neben Handelsherren und Stiftsdamen traten zusehends die Handwerkszünfte auf den Plan, die ebenfalls an der Macht teilhaben wollten. Mitte des 14. Jh. erzwangen sie, dass zu den 14 Patriziern auch acht Zunftmeister Mitglieder im Rat der Stadt wurden.

Ende des 14. Jh. wurde Lindau die Hohe Gerichtsbarkeit über Leben und Tod verliehen, der »Blutbann«. Der Äbtissin blieb nur das »Scherenrecht« zum Durchtrennen der Fesseln der Verurteilten, also das Recht zur Begnadigung.

Prozessakten im Stadtarchiv geben Zeugnis vom ständigen Zwist zwischen Stadt und Stift, der zum unlösbaren Konflikt wurde, als 1528 die Reformation in Lindau Einzug hielt. Die Stadt wurde protestantisch, die Stiftsdamen blieben selbstverständlich katholisch – bis auf eine, die den Prediger Thomas Gassner ehelichte.

Zwei Kalender in einer Stadt

Wie verhärtet die Fronten waren, zeigte sich ab 1582. Da nahmen die Stiftsdamen wie alle anderen katholischen Gebiete den von Papst Gregor XIII. reformierten Kalender an, die Stadt beharrte wie viele andere protestantische Städte weiter auf dem alten Julianischen Kalender. 119 Jahre lang lebte die Stadt nach zwei verschiedenen Kalendern, feierte jedes Jahr zweimal Weihnachten, Ostern oder Pfingsten, denn der alte Kalender hinkte dem neuen um 10 Tage hinterher. Erst 1701, nachdem die protestantische Universität Tübingen den Gregorianischen Kalender guthieß, schloss sich auch Lindau der neuen Zeit an und bereitete der Verwirrung ein Ende.

Krieg und Niedergang

Lindau blieb nicht gänzlich vom Dreißigjährigen Krieg verschont. Die protestantische Stadt musste die kaiserlich-katholische Besatzung erdulden und gemeinsam mit dem kaiserlichen Heer die protestantischen Schweden verjagen. Um die verwahrloste Jugend wieder auf den rechten Weg zu führen, wurde 1655 das Kinderfest ins Leben gerufen. Bis heute ziehen alljährlich an einem Sonntag Ende Juli die festlich gekleideten Lindauer Kinder mit Musikbegleitung durch die Stadt und treffen sich vor dem Rathaus zu einem großen Fest.

1720 suchten Brände die Stadt heim, und mit dem Wiederaufbau erhielt das Stadtbild ein neues Gesicht. Auch Stiftskirche und Kloster wurden neu erbaut. Stärker noch litt die Stadt unter den Napoleonischen Kriegen. Truppendurchzüge forderten hohe Kontributionszahlungen, Krieg und Kontinentalsperre brachten den Handel zum Erliegen. 1802 verlor die Stadt ihre Reichsfreiheit, das Stift wurde aufgehoben. Fürst Karl von Betzenheim, ein unehelicher Sohn des bayerischen Kurfürsten Karl Theodor und Bruder der vorletzten Fürstäbtissin Friederike von Betzenheim, wurde Landesherr.

Zwei Jahre später bereits trat er die Stadt an Österreich ab, im dritten Jahr, also 1805, wechselte Lindau erneut die Nationalität und wurde (und blieb mit kurzer Unterbrechung nach dem Zweiten Weltkrieg) bis heute bayerisch.

Für einen erneuten Aufschwung in der Stadt sorgte der florierende Kornhandel. Weizen wurde über Lindau in die Schweiz transportiert, bis der Bau der Arlbergbahn 1884 neue Handelswege eröffnete und Lindau ins wirtschaftliche Abseits rückte.

Lindau heute

Die Verbesserung der Infrastruktur durch die Gründung der ersten bayerischen Dampfschifffahrtsgesellschaft in Lindau (1835), die Eröffnung des Eisenbahnverkehrs (1854) und die Fertigstellung des Lindauer Hafens in der heutigen Form zwei Jahre später begünstigten die Entwicklung des Fremdenverkehrs. Außerdem gewann der Obstanbau Bedeutung, und im 20. Jh. kam es zur Ansiedlung verschiedener Industriebetriebe.

Den Zweiten Weltkrieg überstand Lindau ohne großen Schaden. 1945 wurde die Stadt nicht von den Amerikanern, sondern von den Franzosen besetzt und erhielt einen Sonderstatus. Erst zehn Jahre nach Kriegsende gehörte Lindau, das heute rund 24 000 Einwohner zählt, wieder zu Bayern.

Stadtrundgang

Lindau liegt nicht *am,* sondern *im* Bodensee, nämlich auf einer 62 ha großen Insel. Rund 3500 Menschen leben heute wie eh und je in der Altstadt mit ihren verwinkelten Gassen.

Am besten beginnt man den Rundgang im ältesten Teil der Stadt, am **Oberen Schrannenplatz,** wo wohl bereits um das Jahr 800, als das Damenstift gegründet wurde, Fischerfamilien siedelten. Der Name des Platzes erinnert daran, dass hier im 19. Jh. das Zentrum des Kornhandels war, »Schranne« ist das bayerische Wort für Kornhalle. Die alten Kornhäuser wurden jedoch abgerissen, als der Kornhandel zum Erliegen kam. Aus dem Mittelalter stammt der **Diebs- oder Malefizturm** [1] mit seinen vier kleinen Erkern, der von der alten Stadtbefestigung des 14. Jh. erhalten blieb und als Gefängnis diente. Man nennt ihn auch »Körbler« in Erinnerung daran, dass unehrliche Bäcker, die zu kleine Brote gebacken hatten, hier in einen Korb gesteckt und damit in den Inselgraben getaucht wurden. Der Graben, an den heute noch ein Straßenname erinnert, teilte damals die Insel in zwei Hälften, die durch den Festungswall verbunden waren, und das Graben-Bad war sicher nicht nur wegen der Temperaturen, sondern auch wegen der Qualität des Wassers alles andere als angenehm. Die westliche Inselhälfte war nichts anderes als ein großer Weingarten, in dem sich einige wenige Winzerhäuser versteckten.

Die **Peterskirche** [2] ist rund ein Jahrtausend alt und nicht nur Lindaus älteste Kirche, sondern überhaupt eine der ältesten Kirchen im Bodenseeraum. Weil sie mitten im Fischerviertel stand, wurde der Schutzheilige der Fischer zum Patron der Kirche. Zur Zeit der Gotik wurde das kleine Kirchlein erweitert und zur Pfarrkirche erhoben. Sehenswert sind die Wandmalereien: Zu den ältesten Motiven gehören der hl. Christopherus, der wohl aus der Zeit um 1300 stammt, Christus als Weltenrichter und das Motiv der Seligen und der Verdammten. Von höchster Qualität sind die Fresken an der Nordwand, die im späten 15. Jh. wohl kein Geringerer als Hans Holbein der Ältere schuf. In drastischen und gleichzeitig innigen Bildern beschreibt er die Passion Christi.

Nach der Reformation wurde die Kirche zweckentfremdet, diente als Werkstatt und Lagerraum, bis sie nach dem Ersten Weltkrieg als Kriegergedächtnisstätte wieder einem würdigeren Zweck zugeführt wurde.

Am **Unteren Schrannenplatz** stehen einige in jüngerer Vergangenheit restaurierte Bürgerhäuser, darunter das

Sehenswürdigkeiten
1 Diebsturm
2 Peterskirche
3 Altes Rathaus
4 Inselhalle
5 Haus zum Cavazzen
6 Heilig-Geist-Spital
7 St. Stephan
8 Mariae Himmelfahrt
9 Ehemaliges Damenstift
10 Heidenmauer
11 Gerberschanze
12 Stadttheater
13 Lindavia-Brunnen
14 Bayerischer Löwe
15 Leuchttturm
16 Mangturm
17 Pulverturm

Übernachten
18 Hotel Helvetia
19 Alte Post

Essen und Trinken
20 Lindauer Hof
21 Weinstube Frey
22 Goldenes Lamm
23 Raichlebeck

Haus zur Glogge, in dem die Glockengießerfamilie Ernst wohnte. Den Platz dominiert aber das mächtige **Zeughaus** Kaiser Maximilians aus dem Jahr 1508, das in späterer Zeit als Theatersaal, Kaserne und Salzstadel diente. Heute unterhält hier der Jugendtreff »Scheune« ein Kleinkunstbühne. Der **Narrenbrunnen,** den Michael Veit im Auftrag der Narrenzunft der Stadt Lindau 1989 errichtete, erinnert mit seinen »Mostköpfen«, »Binsengeistern« und »Pflasterbutzen« daran, dass die »Fasnet«, die schwäbisch-alemannische Fasnacht, in Lindau immer noch von großer Bedeutung ist. Hinter den merkwürdigen Namen verbergen sich Vertreter der hiesigen Narrengruppen. Denn anders als im rheinischen Karneval etwa verkleidet man sich nicht individuell, sondern kommt gruppenweise im gleichen Kostüm.

Die Maximilianstraße

Die Maximilianstraße, Haupteinkaufsstraße der Stadt, wird von Häusern des 16. Jh. gesäumt. Gotische Treppengiebel, Spitzbögen, Laubengänge und Aufzugsgauben bildeten die Kulisse mittelalterlicher Geschäftigkeit. Unter den Spitzbögen der **Brodlaube** etwa verkauften die Bäcker, deren Zunfthaus auf der gegenüberliegenden Straßenseite stand, Brot. In alter Tradition kann man hier auch heute noch Semmeln und Brezen und natürlich die berühmten Seelen (s. S. 183) erstehen.

Prächtigstes Haus der Straße ist das **Alte Rathaus** [3], das im frühen 15. Jh. erbaut und im Laufe der Jahrhunderte den jeweiligen Zeitstilen angepasst wurde. Der gotische Treppengiebel erhielt barocken Schwung und wurde mit einem Glockenturm und, in Anlehnung an den Stadtnamen, einem Lindenbaum bekrönt. Farbige Malereien erinnern seit dem mittelalterbegeisterten 19. Jh. an den Lindauer Reichstag 1496, zu dem Kaiser Maximilian seinen Sohn Philipp den Schönen von Flandern schickte. Unter den Teilnehmern befand sich auch ein gewisser Götz von Berlichingen, dem Goethe durch sein Drama zur Unsterblichkeit verhalf. Die prächtigen gotischen Räume und Hallen sind während der speziellen Rathausführungen zu bewundern.

Der Platz vor dem Rathaus erfüllt als Versammlungs- und Festplatz immer noch seine Funktion, etwa wenn anlässlich des Kinderfestes, das seit dem Ende des Dreißigjährigen Krieges in Lindau begangen wird, Hunderte von Kindern sich hier versammeln. Das **Neue Rathaus** aus dem frühen 18. Jh. beherbergte die Stadtverwaltung, bis sie 1926 auf das Festland zog.

So mancher traditionsreiche Gasthof ist erhalten geblieben, etwa das **Weinhaus Frey**, das, wie früher üblich, im ersten Stock liegt, oder das **Gasthaus Sünfzen**, das frühere Gesellschaftshaus der Lindauer Patrizier. Der eigenartige Name leitet sich möglicherweise vom althochdeutschen Wort *sufan*, schlürfen, ab – genauso gut könnte man vom »saufen« sprechen, denn sicher tranken die hohen Herren während ihrer Versammlungen so manches »Viertele« vom guten Bodenseewein.

Das **Zitronengässle** ist eine der engsten mittelalterlichen Gassen. Ein Abstecher in die Moderne führt zur **Inselhalle** [4], einer modernen Vielzweckhalle, die auf neu gewonnenem Land errichtet wurde, denn im 19. Jh. reichte der See bis zur alten Stadtmauer. Seither wurde ein Drittel der Inselfläche neu aufgeschüttet.

Der Marktplatz

Bereits im Jahr 1079 wurde der Markt von Äschach auf dem Festland auf die Insel verlegt, die besseren Schutz gewährte. Die Markttradition wird bis heute aufrecht erhalten: Jeden Mittwoch und Samstag wird von 7 bis 13 Uhr auf dem Marktplatz ein lebendiger Wochenmarkt abgehalten. Der gusseiserne **Neptunsbrunnen** in seinem Zentrum entstand Mitte des 19. Jh.

Die Gebäude ringsum stammen fast alle aus der Zeit des Barock, sie wurden erbaut, nachdem 1728 ein Brand die mittelalterliche Bausubstanz zerstörte.

Zu den schönsten Bürgerhäusern des gesamten Bodenseegebiets zählt das **Haus zum Cavazzen** 5 mit seiner prächtigen Illusionsmalerei. Der seltsame Name geht wohl auf eine Familie de Kawatz zurück, in deren Besitz sich das Grundstück im 16. Jh. befand. Heute gibt das Cavazzenhaus einen würdigen Rahmen für das **Lindauer Stadtmuseum.** Kunsthandwerk und Wohnkultur der Region sind seine Themen, dazu kommt eine sehenswerte Sammlung mechanischer Musikinstrumente (Di–Fr 11–17, Sa 14–17, So 11–17 Uhr; Vorführung der mechanischen Musikinstrumente 1. April–31. Okt. tägl. außer Mo 15 und 16.15 Uhr). Derselbe Appenzeller Baumeister zeichnet auch für das **Haus zum Baumgarten** nebenan verantwortlich, das an der Stelle entstand, an der früher die Stiftsfräulein durch den klostereigenen Obstgarten spazierten.

Das **Heilig-Geist-Spital** 6 ist eine der ältesten Wohlfahrtseinrichtungen im süddeutschen Raum. Gegründet wurde es ursprünglich zur Aufnahme von Pilgern, war aber in seiner weiteren Geschichte Waisenhaus und Krankenhaus, heute ist es ein Altersheim.

Im 12. Jh. wurde **St. Stephan** 7 als katholische Pfarrkirche erbaut, nachdem die Peterskirche zu klein geworden war. In den folgenden 300 Jahren wurde die Kirche mehrfach vergrößert, während der Reformation vernichteten Bilderstürmer einen Großteil der wertvollen Inneneinrichtung. Heute präsentiert sich die Stephanskirche als schlichte protestantische Predigerkirche in Grün und Weiß, in der die mächtige Orgel einen Akzent setzt. Ein barockes Epitaph im Chor erinnert an den einstigen Rechtsreferenten Valentin Heyder, den Gründer des Lindauer Kinderfestes. Die traditionell protestantische Stadt Lindau verfügt durch Zuzug inzwischen sogar über eine katholische Mehrheit.

In nächster Nachbarschaft zur protestantischen Pfarrkirche steht die frühere Stiftskirche und heute katholische Pfarrkirche **Mariae Himmelfahrt** 8, die 1728 beim großen Stadtbrand bis auf die Grundmauern niederbrannte und im barocken Stil wieder aufgebaut wurde. Doch das Unglück hielt an: In den 1920er Jahren zerstörte ein Brand den Dachstuhl, 1987 stürzte der gesamte Stuck von der Decke.

Zwischen beiden Kirchen steht eine Linde, wie sie die Stadt im Wappen führt.

Das Damenstift

An die Stiftskirche schließt sich im Süden das ehemalige **Damenstift** 9 an. Es wurde um das Jahr 800 als Benediktinerinnenkloster gegründet. Die strengen Regeln des hl. Benedikt lockerten sich im Laufe der Zeit. Wohl im 13. Jh. entschied man sich für die Augustinerregel, die weder zu persönlicher Armut noch zu Klausur noch zu lebenslangem Zölibat verpflichtete. Das Kloster entwickelte sich zu einem Heim für unverheiratete Damen des schwäbischen Adels, und so manche Klosterfrau hielt hinter dem Schleier noch nach dem Mann fürs Leben Aus-

DIE FISCHER VOM BODENSEE

Von Fischerromantik keine Spur. In den frühen Morgenstunden, eine Stunde vor Sonnenaufgang, wird das Signal zum Aufbruch geblasen. Kalt und ungemütlich ist es oft, der See längst nicht immer friedlich, wenn die 14 Berufsfischer am bayerischen Bodensee – von rund 170 im gesamten Bodenseegebiet – ihre Boote startklar machen. Gefischt wird rund ums Jahr außer im November, aber die Hauptfangmonate sind April bis Oktober, wenn die Feriengäste nach frischem Bodenseefisch verlangen. Mit Hilfe von Peilsendern werden die Netze, die die Fischer am Nachmittag zuvor ausgeworfen haben, aufgespürt. Wenn sie Glück haben, sind sie schwer von Fischen.

Auf der allmorgendlichen Fahrt von Netz zu Netz werden die Fische schon einmal ausgenommen, und die Möwen dürfen sich unter lautem Gekreische auf das Frühstück stürzen. Zu Hause werden die Fische filetiert, teilweise auch geräuchert, denn die Weiterverarbeitung sowie die Eigenvermarktung gewinnen zunehmend an Bedeutung – kaum ein Fischer kann vom Fischen allein noch leben.

46 verschiedene Fischarten tummeln sich im See, von denen Felchen, Barsch, Aal, Zander, Seeforelle, Hecht, Rüschen und Weißfisch besonders erwähnenswert sind. Der Brotfisch ist zweifellos der Felchen, ein grätenarmer Edelfisch mit weißem Fleisch und zartem Biss, gefolgt von den Barschen. Die Seeforelle dagegen ist ein zwar gern gesehener, aber seltener Gast, weil sie sich zur Laichzeit in die Quellgebiete der Zuflüsse verzieht. Dafür, dass die Fische nicht ausgehen, sorgen sechs Fischbrutanstalten rund um den See, eine davon in Nonnenhorn. Zur Gewinnung des Fischlaiches werden Laichfische aus dem See und einigen Flussstrecken gefangen und die Jungfische vor Ort erbrütet und angefüttert. Allein in Nonnenhorn werden jährlich rund 120 Mio. Felchen, 1 Mio. Seeforellen, 4 Mio. Hechte und 50 000 Seesaiblinge aufgezogen.

Zum Glück für Fischer und Fischliebhaber stimmt auch die Wasserqualität wieder, nachdem der Phosphatgehalt Ende der 1970er Jahre bedrohlich angestiegen war. Besser darf es gar nicht mehr werden, bestätigen die Fischer, sonst finden die Fische keine Nahrung mehr im allzu nährstoffarmen See.

schau. Seit 1466 durfte die Vorsteherin sich mit dem Titel »Fürstäbtissin« schmücken und war eine der einflussreichsten Persönlichkeiten der Stadt. Zu literarischen Weihen stieg die Fürstäbtissin Friederike von Betzenheim (1771–1816) auf: Als Heldin des heiteren Romans »Der liebe Augustin« von Horst Wolfram Geißler wurde die Stiftsdame zur Geliebten des Spieldosenmachers Augustin. Im wahren Leben verheiratete sie sich allerdings standesgemäß.

Mit der Säkularisation wurde das Stift aufgelöst und ist heute Sitz des Landratsamtes und des Amtsgerichts.

Fischergasse und Gerberschanze

Die **Heidenmauer** 10, die man einst irrtümlicherweise für ein Bollwerk der Römer gegen eindringende Alemannen hielt, stammt tatsächlich aus der Stauferzeit und bewachte im Mittelalter den Zugang zur Insel. Dahinter liegt die **Seebrücke** und schräg gegenüber die Spielbank, die 1950 gegründet, aber für das Millenniumsjahr 2000 neu erbaut wurde.

Ein schöner Bummel führt durch die Fischergasse mit ihren schmalen Häusern. Das **Gasthaus Zur Post** war bis ins 17. Jh. tatsächlich Poststation für den Lindauer bzw. Mailänder Boten (s. S. 195), der erst zu Beginn des 19. Jh. von der bayerischen Staatspost ersetzt wurde. An der **Gerberschanze** 11, die im frühen 17. Jh. zur Sicherung der Insel gegen Angriffe vom See her angelegt wurde, breiteten früher die Gerber ihre Felle zum Trocknen aus. Während des großen Stadtbrandes 1728 retteten sie viele Häuser der Umgebung, indem sie die nassen Häute zum Schutz gegen den Funkenflug auf die Dächer legten.

Heute ist die Gerberschanze ein herrlicher Platz, um, auf der Mauer hockend, den Blick vom Yachthafen über den See bis nach Bregenz und ins Rheintal, oder auch über die Garten- und Dachlandschaften der Stadt zu genießen.

Stadttheater und Hafen

Das **Lindauer Stadttheater** 12 war nicht immer der Kunst gewidmet. Wo heute Schauspieler ihre Texte deklamieren, beteten früher die Franziskanermönche. Bis zum 13. Jh. gab es in Lindau nur ein Benediktiner- und ein Zisterzienserkloster. Doch diesem Orden durfte nur der Hochadel beitreten. Die Bettelorden dagegen, von denen der Orden der Franziskaner oder Barfüßer der bekannteste ist, verlangten keine Mitgift, sondern lebten ausschließlich von milden Gaben. Ihre Kirchen waren schlicht, hatten zum Beispiel keinen Turm, sondern nur einen kleinen Dachreiter. Auch dieses Kloster wurde nach der Reformation aufgelöst, die Kirche Ende des 19. Jh. schließlich zu einem Theater umgestaltet. 1950 fand hier das erste Treffen der Nobelpreisträger in den Disziplinen Physik, Chemie und Medizin statt. Die höchst erfolgreiche Veranstaltung, die neben den Referaten der Preisträger auch Diskussionen mit Studenten vorsieht, feierte im Jahr 2000 ihr 50-jähriges Jubiläum.

Am **Reichsplatz** kann man das Alte Rathaus noch einmal von hinten bewundern, wo es sich im rein gotischen Stil der Erbauungszeit präsentiert. In der einstigen Markthalle im Erdgeschoss sind das Stadtarchiv und die ehemals Reichsstädtische Bibliothek untergebracht.

Wo heute der **Lindavia-Brunnen** 13 Lindavis, die weibliche Verkörperung der Stadt Lindau ehrt, wurde bis ins 19. Jh. der Fischmarkt abgehalten. Freunde des »Lieben Augustin« sollten nicht versäumen, einen Blick in die Dammgasse zu werfen: Das Haus Nummer 4 war Schauplatz der Schäferstündchen des Spieldosenmachers mit der Fürstäbtissin.

Lindauer Wahrzeichen: Löwe und Leuchtturm

Am Hafen wacht seit dem 19. Jh. der **bayerische Löwe** 14, dem man auf einem Damm auch näher treten kann. Ihm gegenüber steht der **Leuchtturm** 15, der im Zuge der Erneuerung des Hafens errichtet wurde und den man besteigen kann. An schönen Tag öffnet sich dann ein herrlicher Blick auf Stadt und See. Der alte Leuchtturm an der Uferpromenade wird auch **»Mangturm«** 16 genannt, nach den Wäschemangeln, die hier früher waren. Er war der äußerste Punkt der Stadtbefestigung, denn hier endete der Inselgraben, der die Stadt in zwei Hälften teilte. Der westliche Teil diente der Versorgung, vor allem mit flüssiger Nahrung, denn hier lagen die Weingärten der Lindauer. Heute noch wird dieser Teil der Insel durch die Bahngleise von der Stadt abgetrennt. Ein schöner Uferweg führt zum **Pulverturm** 17, der 1508 in die Stadtbefestigung einbezogen wurde. Doch zuvor verführen die Cafés und Restaurants entlang der Uferpromenade zu einer ausgedehnten Pause. Es lohnt sich übrigens, abends wieder zu kommen oder gleich sitzen zu bleiben, denn die Seehafenbeleuchtung verleiht dem Lindauer Hafen einen ganz besonderen Zauber.

Lindau Festland

Die meisten Lindauer leben auf dem Festland, in den Gemeinden, die sich zu beiden Seiten der Insel am Ufer entlang erstrecken und ins Hinterland hineinreichen. Bei schönem Wetter gibt es kaum etwas Schöneres als einen Radelausflug über den Ortsteil Schachen nach Wasserburg und Nonnenhorn oder in die andere Richtung, nach Bregenz. Im Nobelvorort **Schachen** mit seinen schönen Gründerzeitvillen lockt ein wunderbar altmodisches Schwimmbad. Das neue **Museum Friedensräume** in in der Villa Lindenhof am Rande des gleichnamigen Parks im englischen Stil ist ein »Museum in Bewegung«. Es will keinen »Frieden in der Vitrine« zeigen, sondern als interaktives Museum Drohgebärden studieren und Friedensgespräche proben lassen (Lindenhofweg 25, Di–Sa 10–12, 14–17, So 14–17 Uhr, www.friedens-raeume.de).

Auf der Terrasse des vornehmen alten **Hotels Bad Schachen** trinkt man nach der Besichtigung stilvoll Kaffee.

Einen schönen Blick über die Insel und die Bucht genießt man von der Aussichtsterrasse des **Hoyerbergs.**

Tourist-Information: Ludwigstr. 68, 88131 Lindau, Tel. 08382/260030, Fax 260026, www.lindau.de

Hotel Bad Schachen: 88131 Lindau-Schachen, Tel. 08382/2980, Fax 253900. Traditionsreiches Luxushotel inmitten einer Parklandschaft am See, DZ ab 240 €.
Aktiv-Hotel Helvetia 18: Seepromenade, 88131 Lindau, Tel. 08382/9130, Fax 4040, www.hotel-helvetia.com. Zentrale Hafenlage, Schwimmbad, Sauna, Wellness, ab 98 €.
Gasthof Alte Post 19: Fischergasse 3, 88131 Lindau, Tel. 08382/93460, Fax 934646. Renoviertes Haus im Herzen der Insel, DZ ab 88 €.
Schachen-Schlössle: Enzisweilerstr. 1–5, 88131 Lindau, Tel. 08382/948560, Fax 9485669. Historisches Ambiente auf dem Festland, Schwimmbad, Sauna, Garten, DZ ab 76 €.
Landhotel Martinsmühle: Bechtersweiler 25, 88131 Lindau-Unterreitnau, Tel. 08382/5849, Fax 6355. Ruhiges Landhotel mit netter Atmosphäre, DZ ab 60 €.
Gasthof Monfort-Schlössle: Streitlesfinger Str. 38, 88131 Lindau, Tel. 08382/72811, Fax 73291. Gasthof inmitten von Obstplantagen mit Berg- und Seeblick, Kaminstube und Biergarten, DZ ab 52 €.
Jugendherberge: Herbergsweg 11, Tel. 08382/96710. Neubau mit 240 Betten.

Camping

Park-Camping Lindau am See: Fraunhoferstr. 20, Tel. 08382/72236, Fax 976106, www.park-camping.de. Schattiger Park am See.

Hoyerberg Schlössle: Hoyerbergstr. 64, Tel. 08382/25295. Mo geschl. Gourmet-Treff zu entsprechenden Preisen, traumhafter Blick auf Stadt und See, teuer.
Lindauer Hof 20: Seepromenade. Gediegene Küche, schöner Seeblick vom Wintergarten, moderat, im Café-Bistro günstig.
Weinstube Frey 21: Maximilianstr. 15, So geschl. Viel Atmosphäre in schöner Stube, Bodenseefisch in innovativer Zubereitung, gute Bodenseeweine, moderat bis günstig.
Goldenes Lamm 22: Paradiesplatz. Gutbürgerlich, günstig.
Raichlebeck 23: Linggstr. 14, So geschl. Urig und unprätentiös, schwäbische Hausmannskost, günstig.

In der Ludwigstraße laden mehrere **Antiquitätengeschäfte** zum Stöbern ein. Schöne **Gebrauchskeramik** findet man bei Keramik am Diebesturm, Oberer Schrannenplatz 3, Tel. 08382/24892.

Der Bodensee mit Blick auf Lindau und die Vorarlberger Berge ▷

Spielbank: Chellesallee 1, tägl. ab 15 Uhr, Tel. 08382/277 40.

Inselfest im Juli.
Kinderfest im Juli, eine Woche vor den bayerischen Sommerferien .

Stadtführungen: April–Okt Di, Fr 10 Uhr.
Baden: Strandbad Eichwald im Ortsteil Reutin (Stadtbus Nr. 3 bis Kamelbuckel); Strandbad Lindenhof in Bad Schachen (im Lindenhofpark); Seebad an der Römerschanze (auf der Insel, beim Segelhafen); Spaß- und Vitalbad Limare, Bregenzer Str. 37, Tel. 08382/704130.
Schiffsverkehr: Regelmäßige Verbindung nach Bregenz, Konstanz, Überlingen, Kreuzlingen, Radolfszell und Rorschach (während der Hauptsaison ca. stündlich), Panoramarundfahrten, Abendfahrten mit Tanz etc. Fahrpläne und Prospekte am Hafenschalter der Bodenseeschiffsbetriebe, Tel. 944416 oder unter www.bsb-online.com.
Bootsvermietung: Boote aller Art an der Seebrücke im Kleinen See, bei der Inselhalle sowie beim Hotel Bad Schachen
Golf: Golfplatz am Schönbühl, Tel. 08382/780 90; Golfplatz in Weißensberg bei Lindau, Tel. 08389/891 90.

Wir fahren übern See

Unvergesslich ist der Blick auf die Insel vom See her. Die Flotte der Bodenseeschifffahrt bietet unterschiedliche Rundfahrten, z. T. auch mit Abendunterhaltung, an. Mit dem **Bodensee-Pass** erhält man viele Ermäßigungen für Bus, Bahn, Schiff und Bergbahn rund um den See.

Reiten: Reitstall von Ungern-Sternberg, Taubenberg, Tel. 08382/1257 u. 287 71.
Fahrradverleih: Fahrrad Station im Hauptbahnhof, Tel. 08382/212 61; Fahrradies, In der Grub 5, Tel. 08382/235 39; Fahrradies, Oberreitnau, Bodenseestr. 18, Tel. 08382/4817.
Kinder: Kinderstadtführung Juli/Aug. Fr 10 Uhr.
Lindauer Marionettentheater: Fischergasse 37, Tel. 08382/944650, www.lindauer-mt.de

Parkplätze: Auf der Insel selten, teuer und zeitlich begrenzt. Die Parkplätze auf dem Festland (Blauwiese, Karl-Bever-Platz, Inselhallen-Parkplatz, Seeparkplatz) sind durch Shuttle-Busse mit der Insel verbunden.

Wasserburg

Allgäu-Atlas: S. 236, A/B 2
Hinter Lindau verliert die Landschaft jeglichen alpenländischen Charakter. Obstplantagen und Weinberge prägen die Landschaft. Der sympathische Urlaubsort Wasserburg, Heimat des »Lieben Augustin« und des Schriftstellers Martin Walser, kann ein erlauchtes Alter vorweisen. Bis ins 18. Jh. war er wie Lindau eine Insel, jüngste Funde lassen vermuten, dass diese schon in vorgeschichtlicher Zeit besiedelt war. Ganz sicher befand sich eine »Burg im Wasser« bereits im 8. Jh. im Besitz des Klosters St. Gallen. Die einstige Inselfestung wurde teilweise ausgegraben.

Die Halbinsel

Das ehemalige **Schloss** geht im Kern auf das 13. Jh. zurück und erhielt sein

Wasserburg am Bodensee

heutiges Gesicht zwischen dem 16. und 18. Jh., als die Kaufmannsfamilie Fugger hier eine Niederlassung unterhielt. Sie waren es auch, die den Seegraben 1720 zuschütteten und Wasserburg zur Halbinsel machten.

In einem Vorgängerbau der Pfarrkirche **St. Georg** beteten im 8. Jh. St. Gallener Mönche. Der heutige Bau mit dem üppig-bayerischen Zwiebelturm entstand nach einem Brand im frühen 19. Jh. neu. An drei Säulen im Inneren erinnern Steintafeln an die »Seegfrörnen«, das gänzliche Zufrieren des Bodensees in den Jahren 1573, 1830 und 1963. Auf dem Friedhof liegt seit 1983 Horst Wolfram Geißler, der Schöpfer des »Lieben Augustin« und vieler anderer heiterer Romane begraben. Das **Gerichtshaus** (Malhaus) entstand unter den Fuggern, die hier Gericht hielten. Auch die Hexenprozesse, das düsterste Kapitel der Wasserburger Geschichte, spielten sich hier ab. Im Erdgeschoss, am Gässchen zum See, lagen die Gefängniszellen. Im ersten Stock ist heute das **Heimatmuseum** untergebracht (Wechselausstellungen; April–Okt. tägl. außer Mo 10–12, Mi u. Sa auch 15–17 Uhr.)

Verkehrsamt Wasserburg: Lindenplatz 1, 88142 Wasserburg, Tel. 08382/88 74 74, Fax 890 42 , www.wasserburg-bodensee.de

Hotel zum lieben Augustin: 88142 Wasserburg, Halbinsel 70, Tel. 08382/9800, Fax 887082, www.hotel-lieber-augustin.de. Eigenes Strandbad, Schwimmbad, Sauna, Beautyfarm, DZ ab 90 €.

Walserhof: Nonnenhorner Str. 15, 88142 Wasserburg, Tel. 08382/98560, Fax

98 56 10. Ein Bruder Martin Walsers führt den sympathischen Familienbetrieb mit Spezialitätenrestaurant, Pool und Sauna, DZ ab 68 €.
Gästehaus Martin: Martinshöhe, 88142 Wasserburg-Hengnau 58, Tel. 083 82/892 82, Fax 88 82 95. Einfache, aber gemütliche Zimmer im Obsthof mit eigener Brennerei, traumhafter Blick über Obstplantagen bis zum See, DZ ab 30 €.

Fischerklause am See: Uferstr. 17, Tel. 083 82/88 70 66. Fischspezialitäten frisch aus eigenen Fängen, moderat.
Gasthof Zum Eulenspiegel: Dorfstr. 25, Tel. 083 82/88 78 75. Bio-Restaurant mit Produkten aus kontrolliert biologischer Landwirtschaft, moderat bis günstig.

Baden: Strandbad im Freizeitzentrum Wasserburg, Reutener Str. 12.
Surfen: Windsurfschule Surfers Paradise im Freizeitzentrum Wasserburg, Tel. 083 82/251 87.
Segeln: Bodensee-Segelschule Kuprella, Tel. 083 82/892 38 (auch Kindersegelkurse).
Fahrradverleih: Unger, Halbinselstr. 49, Tel. 083 82/88 84 96.

Nonnenhorn

Allgäu-Atlas: S. 236, A 2
Der Luftkurort Nonnenhorn ist der letzte bayerische Ort am Schwäbischen Meer. Ein historischer **Weintorkel,** eine Weinpresse aus dem 16. Jh., im Zentrum des Ortes weist auf die lange Tradition des Weinbaus in Nonnenhorn hin. Bodenseeweine wie »Sonnenbichel« und »Seehalde« lässt man sich in den Gartenwirtschaften schmecken, im Herbst munden die frischen Weine besonders gut in den Besenwirtschaften, den improvisierten Gaststuben der Winzer. Am schattigen Kapellenplatz erinnert die kleine spätgotische St.-Jakobus-Kapelle daran, dass eine Route des Jakobsweges nach Santiago de Compostela auch am Bodensee entlang führte.

Auf dem abwechslungsreichen **Naturwanderweg Nonnenhorn** (3,3 km) durch Obst- und Weingärten und über den romantischen Malerwinkel am See zurück ins Ortszentrum erfährt man eine ganze Menge über den Anbau von Obst und Wein am Bodensee. Der Rundwanderweg beginnt und endet am Parkplatz beim Friedhof.

Verkehrsamt Nonnenhorn: Seehalde 2, 88149 Nonnenhorn, Tel. 083 82/82 50, Fax 890 76, www.nonnenhorn.de

Hotel Haus am See: Uferstr. 23, 88149 Nonnenhorn, Tel. 083 82/98 85 10, Fax 988 51 75. Familiäres Haus mit Garten und eigenem Badestrand, gepflegtes Restaurant mit leichter Bodensee-Küche, DZ ab 75 €.
Landhaus Hornstein: Conrad-Forster-Str. 50, 88149 Nonnenhorn, Tel. 083 82/987 80, Fax 88 78 60. Zimmer und FeWo direkt am See, Obst- und Weinbau, DZ ab 60 €.

Gasthof Zur Kapelle: Kapellenplatz 3, Tel. 083 82/82 74. Nette, kinderfreundliche Gartenwirtschaft, Spezialitäten Wildente und Bodenseefisch, moderat.
Gasthof Zum Torkel: Seehalde 14, Tel. 083 82/986 20. Gute Regionalküche und Bodenseeweine. Auch gepflegte Gastzimmer, moderat.

Weingut Peter Hornstein: Sonnenbichlstr. 5 und Conrad-Forster-

Str. 50. Wein, Sekt, Edelbrände. Brennereibesichtigung nach Absprache möglich. Tel. 08382/887570 oder 98780.
Witzigmann Obstbau & Brennerei: prämierte Obstbrände aus Bodenseeobst, Tel. 08382/8102.

Baden: Strandbad mit Freischwimmbecken.
Bootsverleih: Am Landesteg.
Fahrradverleih: Kugel, Seestr. 58, Tel. 08382/8110.
Kinder: Kinderferien-Programm Mitte Juli bis Mitte Sept.

Bregenz

Allgäu-Atlas: S. 236, B 2
Nicht nur zur Festspielzeit ist die Hauptstadt des österreichischen Bundeslandes Vorarlberg einen Ausflug wert. Besonders schön ist eine Radltour am See entlang, auch wenn man an schönen Sommertagen früh aufbrechen muss, um nicht in einen ›Verkehrsstau‹ zu kommen.

Die **Oberstadt,** die Altstadt von Bregenz, thront auf einem Hügel, der den frühen Stadtherren nicht nur einen großartigen Seeblick, sondern auch Schutz vor Angreifern gewährte. Ruhig und sehr beschaulich geht es hier zu, seit sich das Geschäftszentrum in die Unterstadt verlagerte.

Am **Ehregutaplatz** erinnert ein Brunnen an den Minnesänger Hugo von Montfort. Alljährlich zur Faschingszeit kommen die »Oberstädtler« hier zur traditionellen »Gealtbütelwäsch« zusammen und waschen ihre Geldbeutel, auf dass sie immer gut gefüllt seien.

Das alte Fachwerk-Rathaus aus dem 17. Jh. ist heute Wohnhaus. Der **Martinsturm** mit seiner mächtigen Schindelhaube wurde um 1600 vom Speicher zum Wachturm ausgebaut. Sehenswerter als die militärische Sammlung im Turm ist die angrenzende Martinskapelle mit Fresken aus dem 14. und 15. Jh.

Das hübsche **Deuringschlössle** hat römische Grundmauern, im 17. Jh. wurde es von Johann Albert von Deuring zum Schloss umgebaut. Seine efeuüberwucherten Mauern entzückten schon den Maler Egon Schiele, der es in einem Bild verewigte. Heute beherbergt das Barockschlösschen ein Hotel mit Gourmetrestaurant.

Langsam steigt man hinab ins lebendige Geschäftszentrum der **Unterstadt.** Rund um den **Leutbühel** herrscht quirliges Leben, und in den Straßencafés lässt es sich gut rasten. Am **Kornmarktplatz,** wo früher Korn gehandelt wurde, wird heute zweimal in der Woche Markt abgehalten. Im einstigen Kornhaus wird heute Theater gespielt.

Kunsthaus Bregenz

Das aufsehenerregendste Gebäude der Stadt ist das **Kunsthaus Bregenz,** das der Schweizer Architekt Peter Zumthor in den 1990er Jahren erbaute. 1999 wurde es mit dem Mies-van-der-Rohe-Preis für europäische Architektur ausgezeichnet. 700 Glastafeln sind an die Außenwand des Kubus montiert und zitieren die in der Bautradition des Bregenzerwaldes vorherrschenden Holzschindeln. Das ins

Seebühne in Bregenz

Innere strömende Licht wird durch diese Glashaut zweimal gebrochen und beleuchtet die Exponate ideal. Nachts strahlt das Gebäude von innen geheimnisvoll. Schwerpunkte der Sammlung sind zeitgenössiche Werke der bildenden Kunst und Architektur sowie Design (KUB, Di–So 10–18 Uhr, Do bis 21 Uhr).

Die Seebühne

Der Bummel auf der Seepromenade, der längsten im Bodenseeraum, ist zu jeder Jahreszeit unterhaltsam – besonders aber zur Festspielzeit, wenn die ganze Stadt in guter Stimmung ist. Hier wird flaniert, geschaut und vor allem gelauscht: den Arien von der Probebühne, die sich mit den Gitarrenakkorden der Straßenmusikanten mischen.

Der funktionale Bau des **Festspielhauses** wurde in den 1990er Jahren um eine architektonisch bemerkenswerte Werkstattbühne erweitert und um weitere Zubauten ergänzt, die außerhalb der Festspielzeit für Kongresse genutzt werden. Herzstück der Bregenzer Festspiele aber ist die größte **Seebühne** der Welt mit ihrer fast 7000 Zuschauer fassenden Tribüne.

Große Oper wird Jahr für Jahr geboten, namhafte Stars sind schon in Bregenz zu Gast gewesen, Bühnenbildner und Techniker schaffen Wunderwerke der Fantasie und das Publikum kann sich der Verzauberung hingeben – wenn der Wettergott günstig gestimmt ist. Wenn der Regen prasselt, dürfen nur die glücklichen Besitzer einer Schlechtwetterkarte im Schauspielhaus Platz nehmen.

Der Pfänder

Vom See ist es nicht weit in die Berge. Der **Pfänder** (1064 m) ist der Hausberg der Bregenzer und ein rechter Aussichtsberg mit Dreiländerblick über den Bodensee und – bei entsprechender Sicht – auf nicht weniger als 240 Alpengipfel. Außerdem gibt es einen **Alpenwildpark** mit Gämsen, Steinböcken und Murmeltieren sowie eine **Adlerwarte** mit Greifvogel-Flugschau (Mai–Okt. tägl. 11 und 14.30 Uhr). Wer auf diesen alpinen Rummelplatz aber keine Lust hat, kann in kürzester Zeit in die Einsamkeit entfliehen, denn seit dem Bau der neuen Pfänderbahn lassen sich sogar Räder mit mit auf den Berg nehmen. Auch verschiedene Wanderwege stehen zur Auswahl, von der einfachen Talwanderung über Fluh, wo man im Gasthaus Adler einkehren kann, bis zur Tageswanderung.

Rund 16 km lang ist der **Käsewanderweg** bis nach Scheidegg und zurück. Unterwegs locken Bauernhöfe, Sennereien und Käseläden. Man geht vom Pfänder Richtung Eichenberg und Möggerberg. Wenn man sich auf ein Teilstück beschränkt, ist es eine schöne Familienwanderung.

Bregenz Tourismus: Bahnhofstr. 14, A-6900 Bregenz, Tel. 0043/(0)5574/4959-0, Fax 495959, www.bregenz.at

Deuringschlössle: Stilvolles Ambiente, Gourmetküche, teuer. Auch exklusives Hotel (15 Zimmer), Tel. 0043/(0)5574/47800-0.

Wirtshaus am See: Seepromenade 2. Schöner Biergarten mit Seeblick unweit des Festspielhauses, Käsknöpfle, Bodenseefisch, moderat.
Gasthaus Adler: Fluh 11, Mo geschlossen. Dorfgasthaus mit guter Küche, moderat.

Spielcasino: Platz der Wiener Symphoniker 1, Tel. 0043/(0)5574/45127.

Bregenzer Festspiele im Juli und August. Prospektanfragen und Kartenverkauf: Tel. 0043/(0)5574/4076, www.bregenzerfestspiele.com.
Bregenzer Frühling: Symphonische Werke und Ballett-Gastspiele, März–Mai.

Baden: Strandbad Bregenz beim Festspiel- und Kongresshaus; Nostalgiefans baden im Holzpfahlbau des ehemaliges Militärschwimmbads »Mili«.
Fahrradverleih: Radsport Drissner, Rheinstr. 64, Tel. 0043/(0)5574/66022.
Bootsvermietung an der Seepromenade (Elektro-, Tret- und Ruderboote).
Pfänderbahn: tägl. 9–19 Uhr, Tel. 0043/(0)5574/421600. Fahrradbeförderung während der gesamten Betriebszeit, 9–10 u. 18–19 Uhr sogar kostenlos. Radkarten mit den zehn schönsten Radtouren sind an der Kasse der Pfänderbahn erhältlich.

Hinter den Kulissen

Eine spannende Vorbereitung auf die Festspielvorführung sind die Führungen »Blicke hinter den Kulissen«, deren Termine erfragt werden können: Bregenzer Festspiele, Platz der Wiener Symphoniker 1, Tel. 0043/(0)5574/4070, www.bregenzerfestspiele.com.

REISEINFOS VON A BIS Z

Alle wichtigen Informationen rund ums Reisen auf einen Blick

Abendstimmung am Bodensee

REISEINFOS VON A BIS Z

Anreise

... mit der Bahn
Ins Allgäu gibt es Direktverbindungen von Dortmund, Berlin, Hamburg und München nach Oberstdorf mit Halt in Kempten, Immenstadt, Sonthofen und Fischen. Auch Kaufbeuren, Marktoberdorf, Füssen, Pfronten, Bad Wörishofen, Mindelheim, Memmingen, Nesselwang, Oberstaufen, Lindau, Wolfegg haben Bahnanbindung. Zahlreiche Allgäuer Ferienorte umwerben den Bahntouristen mit Pauschalangeboten, die eine Anfahrt mit der Bahn beinhalten. ReiseService der Deutschen Bahn: Tel. 118 61 (0,60 €/ Min.) oder www.bahn.de.

Für die bequeme An- und Abreise ins Allgäu empfiehlt sich die CityNight Line, ein moderner Nachtreisezug. Mit der Linie ›Pollux‹ geht es ab Amsterdam über das Rheinland nach München, von dort mit Tagesverbindungen ins Allgäu. Informationen, Buchungen und Reservierungen bei CityNightLine unter Tel. 018 05/21 34 21, in allen DB ReiseZentren, Reisebüros mit DB-Lizenz oder im Internet unter www.city nightline.ch (Web-Tarif).

... mit dem Auto
Das Allgäu ist bequem mit dem Auto zu erreichen: Von München über die A 96 Richtung Lindau, von Norden kommend über die A 7 Richtung Kempten. Auf manchen Strecken lohnt der Umweg über die Bundesstraße, z. B. die B 12, die vom Ostallgäu über Kaufbeuren, Marktoberdorf, Kempten und Isny nach Lindau führt. Das letzte Teilstück gehört zur **Oberschwäbischen Barockstraße.** Von Augsburg über Landsberg am Lech nach Füssen fährt man ein Stück auf der **Romantischen Straße.**

Behinderte

Über Reisemöglichkeiten für Behinderte informiert die Broschüre »Ferien mit dem Rollstuhl«, die über den Tourismusverband Allgäu-Schwaben zu beziehen ist.

Bergbahnen

Die Bergbahnen haben, je nach Jahreszeit, Saison oder auch Wetter, unterschiedliche Betriebszeiten, die man am besten telefonisch bei der jeweiligen Talstation erfragt.

Bergwetterdienst

Bergwetterdienst Tel. 089/29 50 70 oder 01 90/11 60 11 (Ansage vom Band)

Feiertage

1. Januar (Neujahr)
6. Januar (Heilige Drei Könige)
Karfreitag
Ostermontag
Christi Himmelfahrt
Pfingstmontag
Fronleichnam
15. August (Mariä Himmelfahrt)
3. Oktober (Tag der Deutschen Einheit)
1. November
24./25./26. Dezember (Weihnachten)
31. Januar (Sylvester)

Feste und Veranstaltungen

Februar
Lichtmessmarkt (Krämermarkt) in Bad Wurzach (um den 2. Februar)
»Gumpiger Donnerstag«: großer Faschingsumzug in Mindelheim am Donnerstag vor Faschingssonntag
Fasnachtsumzüge in Marktoberdorf, Schwangau, Bad Wurzach, Oberstaufen, Isny, Bad Wurzach, Wolfegg
Funkenfeuer u. a. in Oberreute, Sonthofen, Immenstadt, Balderschwang am Wochenende nach Fasnacht
Eggaspiel in Sonthofen, alle 3 Jahre am Wochenende nach Fasnacht (nächstes Mal 2006)
Wilder Männle Tanz in Oberstdorf (nächstes Mal 2005)

März
Fastenmarkt (Krämermarkt) in Bad Wurzach (Anfang März)
Mindelheimer Jazztage (Ende März)
Bregenzer Frühling (März–Mai)

April
Georgimarkt in Isny (Ende April).
Kemptener Jazz-Frühling (Ende April/Anfang Mai)
Maibaumaufstellen mit Tanz in den Mai am 30. April u. a. in Bad Wurzach, Wiggensbach, Wasserburg, Lindenberg, Immenstadt, Balderschwang

Mai
Pfingstmarkt in Wangen
Maimarkt in Immenstadt

Juni
Kaisersaal-Konzerte in Ottobeuren (Juni–Sept., wechselnde Termine)
Füssener Orgelsommer und **Fürstensaalkonzerte** in Füssen
APC Sommer im Archäologischen Park Cambodunum in Kempten (Anfang Juni bis Ende September)
Stadtfest in Memmingen und Sonthofen
Internationale Kneipp-Musiktage in Bad Wörishofen (Ende Juni)
Memminger Meile, Kulturfestival mit Jazz, Kabarett, Kleinkunst in Memmingen (Ende Juni bis Anfang Juli)
Johannisfeuer u. a. in Nesselwang (24. Juni)
Internationale Wolfegger Konzerte in Schloss Wolfegg (letzte Juniwoche)

Juli
Seefest am Attlesee in Nesselwang (Anfang Juli)
Heilig-Blut-Fest (Wallfahrt mit Reiterprozession) in Bad Wurzach (Mitte Juli)
Frundsbergfest in Mindelheim (alle drei Jahre, nächstes Mal 2006)
Kinder- und Heimatfeste in Isny, Wangen, Memmingen, Lindau (Mitte bis Ende Juli)
Tänzelfest mit Lagerleben und Festumzügen in Kaufbeuren (Mitte Juli)
Jakobimarkt in Isny (Ende Juli)
Oberstdorfer Musiksommer, Internationales Klassikfestival in Oberstdorf (Mitte Juli bis Mitte August)
Seenachtsfest in Immenstadt (letzter Samstag im Juli)
Theaterfestival in Isny (Ende Juli)
Fischertag in Memmingen (Ende Juli)
Wallenstein-Spiele in Memmingen (alle vier Jahre, nächstes Mal 2004)
Bregenzer Festspiele (Juli, August)

August
Ritterspiele in Füssen
Marktfest in Nesselwang (1. Augustwochenende)
Halbinselfest in Wasserburg

September
Festival Klang und Raum im Kloster Irsee (1. Septemberwoche)
Viehscheid in Hindelang, Oberstdorf, Balderschwang, Oberstaufen, Seeg, Schwangau, Pfronten, Obermaiselstein, Immenstadt, Nesselwang, Wertach
Schlosskonzerte im Sängersaal des Schlosses Neuschwanstein in Schwangau
Tage Alter Musik im Königswinkel in Füssen (Ende September)
Matthäus-Markt in Wangen (Ende September)
Michaelimarkt in Immenstadt (Ende September)
Jazztime in Bad Wörishofen (Ende September)

Oktober
Philharmonie der Nationen in Bad Wörishofen (Anfang Oktober)
Michaelimarkt in Isny, Bad Wurzach
Gallusmarkt (Krämermarkt) in Oberstdorf, Sonthofen
Colomansfest an der Wallfahrtskirche St. Coloman in Schwangau mit Pferdeweihe (2. Sonntag im Oktober)
Kaufbeurer Theatertag (September bis November)
Kathreinermarkt in Kempten
Lindenberger Simon- und Judamarkt, traditioneller Krämermarkt mit Vergnügungspark in Lindenberg

November
Leonhardi-Ritt im Bauernhofmuseum Illerbeuren (1. Novemberwochenende)
Martinimarkt in Bad Wurzach, Kaufbeuren, Wangen, Isny (Anfang November)

Dezember
Weihnachtsmärkte (Christkindlesmärkte, Klausenmärkte) in Mindelheim, Illertissen, Bad Wurzach, Wangen, Memmingen, Kempten, Füssen, Immenstadt, Sonthofen, Wangen, Isny, Pfronten, Schwangau, Marktoberdorf, Lindenberg, Kaufbeuren
Klausentreiben (Bärbeletreiben) in Immenstadt, Burgberg, Sonthofen, Fischen, Obermaiselstein, Oberstdorf (um den 6. Dezember)
Auftaktspringen zur Vierschanzen-Tournee im Schattenberg-Skistadion Oberstdorf (Ende Dezember)

Informationsstellen

Das Fremdenverkehrsamt Allgäu-Schwaben hält ausführliches Material über die Region bereit. Auf der Website kann man Infomaterial bestellen, es wird aber auch zum direkten Download angeboten:

Fremdenverkehrsamt
Allgäu-Bayerisch-Schwaben
Fuggerstr. 9, 86150 Augsburg
Tel. 0821/33335, Fax 38331
www.allgaeu.de

Darüber hinaus geben die einzelnen Gemeinden, Kurverwaltungen oder Verkehrsämter der Fremdenverkehrsorte ausführliches Informationsmaterial heraus. Alle Orte sind inzwischen auch im Internet präsent.

Altusried
Hauptstr. 18, 87452 Altusried
Tel. 083 21/21 70
www.altusried.de

Bad Wörishofen
Bürgermeister-Ledermann-Str. 1
86825 Bad Wörishofen
Tel. 082 47/96 90 55
www.bad-woerishofen.de

Bad Wurzach
Städtische Kurverwaltung
Mühltorstraße 1, 88410 Bad Wurzach
Tel. 075 64/30 21 50, Fax 30 21 54
www.bad-wurzach.de

Balderschwang
Haus Nr. 16, 87438 Balderschwang
Tel. 083 28/10 56
www.balderschwang.de

Bregenz
Bahnhofstr. 14, A-6900 Bregenz
Tel. 00 43/(0)55 74/49 59-0
Fax 49 59 59
www.bregenz.at

Fischen
Am Anger 15, 87538 Fischen
Tel. 083 26/364 60
www.fischen.de

Füssen
Kaiser-Maximilian-Platz 1
87629 Füssen
Tel. 083 62/938 50, Fax 93 85 20
www.fuessen.de

Hindelang
Marktstraße 9, 87541 Hindelang
Tel. 083 24/89 20
www.bad-hindelang.de

Immenstadt
Marienplatz 3 und Seestraße 5
87509 Immenstadt
Tel. 083 23/914-176, -177
www.immenstadt.de

Isny
Unterer Grabenweg 18, 88316 Isny
Tel. 083 65/81 20
www.isny-tourismus.de

Kaufbeuren
Kaiser-Max-Str.1
87600 Kaufbeuren
Tel. 083 41/404 05
www.kaufbeuren-tourismus.de

Kempten
Rathausplatz 24, 87435 Kempten
Tel. 08 31/252 52 37
www.kempten.de

Kleinwalsertal
Walserhaus
D-87568 (oder A-6992) Hirschegg
Tel. 00 43/(0)55 17/511 40
www.kleinwalsertal.at

Lindau
Ludwigstr. 68, 88103 Lindau
Tel. 083 82/26 00 30
www.lindau.de

Lindenberg
Stadtplatz 1, 88161 Lindenberg
Tel. 083 81/803 28 29
www.lindenberg.de

Marktoberdorf
Jahnstr. 1, 87616 Marktoberdorf
Tel. 083 42/40 08 45
www.marktoberdorf.de

Memmingen
Marktplatz 3, 87700 Memmingen
Tel. 083 31/85 01 72
www.memmingen.de

Mindelheim
Lautenstr. 2, 87719 Mindelheim
Tel. 082 61/991 569
www.mindelheim.de

Nesselwang
Lindenstr. 16, 87484 Nesselwang
Tel. 083 61/92 30 40
www.nesselwang.de

Obermaiselstein
Am Scheid 18
87538 Obermaiselstein
Tel. 083 26/277
www.obermaiselstein.de

Oberstaufen
Von-Königsegg-Str. 8
87534 Oberstaufen
Tel. 083 86/930 00
www.oberstaufen.de

Oberstdorf
Marktplatz 7, 87561 Oberstdorf
Tel. 083 22/70 00
www.oberstdorf.de

Ofterschwang
Sigishofen 31
87527 Ofterschwang
Tel. 083 21/890 19
www.ofterschwang.de

Ottobeuren
Marktplatz 14, 87724 Ottobeuren
Tel. 083 32/92 19 50
www.ottobeuren.de

Pfronten
Vilstalstr. 2, 87459 Pfronten-Ried
Tel. 083 63/698 88
www.pfronten.de

Scheidegg
Rathausplatz 4
88175 Scheidegg
Tel. 083 81/895 55
www.scheidegg.de

Schwangau
Münchener Str. 2
87645 Schwangau
Tel. 083 62/819 80
www.schwangau.de

Seeg
Hauptstr. 39, 87637 Seeg
Tel. 083 64/98 30-33
www.seeg.de

Sonthofen
Rathausplatz 1, 87527 Sonthofen
Tel. 083 21/61 52 91
www.sonthofen.de

Wangen
Marktplatz 1, 88239 Wangen
Tel. 075 22/742 11
www.wangen.de

Wasserburg am Bodensee
Im Rathaus/Lindenplatz 1
88142 Wasserburg
Tel. 075 22/742 11
www.wasserburg-bodensee.de

Weiler-Simmerberg
Hauptstr. 14, 88171 Weiler
Tel. 08387/39150
www.weiler-tourismus.de

Wolfegg
Rötenbacher Str. 13
88364 Wolfegg
Tel. 07527/9601-51
www.wolfegg.de

Karten

Ausgezeichnete **Wanderkarten** gibt das Bayerische Landesvermessungsamt heraus (Maßstab 1: 50 000). Die vier Blätter zu Füssen, Kempten, Allgäuer Alpen und Lindau-Oberstaufen decken die Region ab.

Ortspläne halten in der Regel die Verkehrsämter bereit.

Kurorte

Kneippkurorte
Bad Grönenbach, Bad Wörishofen (Kneippheilbad), Füssen mit Bad Faulenbach und Hopfen am See, Bad Hindelang, Oberstdorf, Ottobeuren, Scheidegg.

Schroth-Heilbad
Bad Oberstaufen

Moorheilbäder
Bad Wurzach, Füssen mit Bad Faulenbach und Hopfen am See

Luftkurorte
Altstädten, Buchenberg, Bühl am Alpsee, Füssen mit Bad Faulenbach und Hopfen am See, Jungholz, Kißlegg, Kleinwalsertal, Lindenberg, Nesselwang, Nonnenhorn, Obermaiselstein, Oberstdorf, Pfronten, Scheidegg, Seeg, Sonthofen, Wangen, Wasserburg, Weiler, Wertach, Wolfegg

Heilklimatische Kurorte
Fischen, Bad Hindelang, Isny, Bad Oberstaufen, Oberstdorf, Schwangau.

Kurtaxe

In den Allgäuer Fremdenverkehrsorten ist eine Kurtaxe zuzüglich zur Zimmerrechnung zu entrichten. Dafür erhält man eine Kurkarte, die u. a. Ermäßigungen auf den Eintritt in Hallenbädern oder Museen sowie auf die Benutzung von Bergbahnen verschafft.

Literaturtipps

Kunstführer

Lydia Dewiel, Das Allgäu (Kunst-Reiseführer), DuMont Reiseverlag, Köln 1997. Ausführliches Werk über die Kunstlandschaft Allgäu.

Wander- und Radführer

Allgäuer Sennalpwege, Verlag J. Eberl KG, Immenstadt 1999. Hier werden Wanderrouten beschrieben und 31 Sennalpen vorgestellt; mit Käserezepten.

Wilfried Bahnmüller, Wandern im Allgäu (Reihe DuMont aktiv). Dumont Reiseverlag, Köln 1999. 35 Wandervorschläge.

Genusswandern in den Allgäuer Alpen, Prospektreihe des Tourismusverbandes Allgäu-Schwaben. Touren für jeden Wandertyp, u. a. Oberallgäuer Rundwanderweg, Rund um den Hohen Ifen, Ostallgäuer Höhenweg, Maximiliansweg; Adressen von Hütten und Bergschulen.

Renate Florl, Mit Kindern im Allgäu. Erlebnistouren nicht nur für Gipfelstürmer. Fleischhauer & Spohn Verlag, Bietigheim-Bissingen. Wanderbuch, das die Bedürfnisse von Familien berücksichtigt.

Radwandern auf den Spuren der Via Claudia Augusta, EOS Verlag 1998.

Bike-Guide, Band 6, Allgäu. Delius Klasing Verlag, Bielefeld 1997.

Rad- & Bike-Atlas, AVA Verlag Allgäu GmbH, Kempten. Tel. 08 31/ 571 42-0, Fax 08 31/790 08, info@ ava-verlag.de. Die Fremdenverkehrsgemeinschaft Vitales Land stellt in ihrem Radführer Touren für Familien, Anfänger und Könner vor.

Naturführer

Winding, Mészáros, Schlamberger: Die Alpen. Im Reich des Steinadlers, VGS Verlag, Köln 2000. Eine faszinierende Naturgeschichte der Alpen mit wunderschönen Bildern.

Kochen

Udo Eckert, Köstliches Deutschland, Süddeutschland. Südwest Verlag, München 1997. Süddeutsches Kochbuch, das auch die Regionen Allgäu, Bodensee und Oberschwaben berücksichtigt.

Gertrud und Eberhard Löbell/Erhard Pansegrau, Eine kulinarische Entdeckungsreise rund um den Bodensee und durch das Allgäu. Umschau Verlag, Frankfurt 2003. Ein schön bebilderter Schlemmerführer.

Ludwig II.

Martha Schad, Ludwig II., dtv Verlag, München 2000. Biografie des Märchenkönigs.

Roman

Horst Wolfram Geißler, Der liebe Augustin. Sanssouci Verlag, Zürich 1993. Der heitere Roman spielt in Wasserburg und Lindau.

Krimis

Nicola Förg, Schussfahrt. Emons Verlag Köln 2003. Ein Allgäu-Krimi mit viel Lokalkolorit.

Nicola Förg, Funkensonntag. Emons Verlag, Köln 2003. Der zweite Streich der Autorin aus dem Allgäu.

CD-Tipps

Lieder und Jodler aus dem Allgäu, Bogner.

Ludaleabe, Basst scho!, RK Musik Produktion (Moderne Allgäuer Lieder).

Notruf

Polizei: Tel. 110
Feuerwehr: Tel. 112
Alpiner Rettungsdienst: Tel. 192 22

Restaurantkategorien

Günstig: Hauptgericht bis 8 €
Moderat: Hauptgericht 8 bis 14 €
Teuer: Hauptgericht 14 €

Unterkunft

Hotels und Pensionen

Das Angebot reicht von der gemütlichen Familienpension bis zum Luxushotel mit Wellnessabteilung und Badelandschaft; die Fremdenverkehrsämter verschicken Unterkunftsverzeichnisse. In der Nebensaison werden Preisnachlässe gewährt. Viele Betriebe bieten außerdem günstige Pauschalarrangements an.

Familienhotels bieten allerlei Unterhaltungsmöglichkeiten für Kinder jeden Alters, die Kinderbetreuung ist in der Regel im Zimmerpreis mit enthalten.

50 Hotels der Drei- bis Vier-Sterne-Kategorie haben sich zur Gruppe der **AllgäuTopHotels** zusammengeschlossen, die eine Reihe von reizvollen specials anbieten: Wellness&Kur, Golf&Gourmet, Family&Fun, Event&Kultur, Ski&Sports oder Natur&Erlebnis. Infos unter Tel. 0800/2573678 oder www.allgaeu-top-hotels.de.

Die **Preisangaben** im Reiseteil beziehen sich, wenn nicht anders angegeben, auf zwei Personen im Doppelzimmer inkl. Frühstück.

Ferienwohnungen

Eine Alternative zum Hotel ist die Ferienwohnung. In der Regel wird wochenweise vermietet. Die Unterkunftsverzeichnisse der Fremdenverkehrsämter listen die Angebote auf. Eine rechtzeitige Buchung ist empfehlenswert.

Jugendherbergen

Jugendherbergen gibt es in Füssen, Isny, Kempten, Lindau, Memmingen, Oberstdorf und Ottobeuren. Übernachtungsmöglichkeit für Familien mit Kindern z. T. in Familienzimmern. Voraussetzung ist der DJH-Ausweis. Infos beim:

DJH, Detmold
Tel. 05231/7401-0, Fax 740174
www.djh.de

Hütten

Einen hervorragenden Überblick über das Übernachtungsangebot bietet die Broschüre »Hütten und Herbergen in der Ferienregion Oberallgäu«, die gegen eine geringe Schutzgebühr angefordert werden kann:

Oberallgäu Tourismus Service
Hindelanger Straße 35
D-87527 Sonthofen
Tel. 01805/987800
Faxservice: 0800/5987800
info@oberallgaeu.de
www.oberallgaeu-ferien.de

Campingplätze

Campingurlauber haben die Qual der Wahl unter zahlreichen Plätzen, einige davon direkt an den Ufern der Allgäuer Seen, z. B. in Immenstadt-Bühl am Alpsee, in Füssen-Hopfen am Hopfensee, in Schwangau am Bannwaldsee und am Forggensee. Verzeichnisse halten die Fremdenverkehrsverbände bereit sowie die Broschüre Camping des Tourismusverbandes.

Unterwegs im Allgäu

... mit dem Auto

Der Autourlauber findet im gesamten Allgäu gut ausgebaute, allerdings zur Hauptsaison auch gut frequentierte Straßen. Eine Verbindungsachse, die man sich nicht entgehen lassen sollte, ist die B 308, bekannter als die Deutsche Alpenstraße, die vom Westallgäu über Oberstaufen, Immenstadt, Hindelang und in vielen Kehren nach Oberjoch und weiter ins Oberallgäu führt.

... mit der Bahn

Die Verbindungen mit öffentlichen Verkehrsmitteln sind ausgezeichnet, so dass man der Umwelt zuliebe gern auf das Auto verzichten kann.

Das **FerienTicket** der Deutschen Bahn, eine Netzkarte für Bahnurlauber, gibt es auch für die Region Allgäu/ Bayerisch-Schwaben. Sie gewährt freie Fahrt in Nahverkehrszügen und den meisten Linienbussen der regionalen Busgesellschaften sowie auf mehreren Schiffslinien der Bodenseeflotte.

Im Oberallgäu können Feriengäste **Urlaubskarten** für 7, 14 bzw. 21 Tage oder auch Ein-Tageskarten erwerben, die in allen Bussen und Zügen gültig sind. Kinder bis 15 Jahre können umsonst mitgenommen werden. Fahrräder werden in den meisten Zügen des Nahverkehrs kostenlos transportiert.

Informationen: ReiseService der Deutschen Bahn Tel. 118 61 (0,60 €/ Min.) oder www.bahn.de; Radfahrer-Hotline Tel. 018 05/15 14 15.

... mit dem Bus

Busse erschließen das Hinterland, das nicht an das Bahnnetz angeschlossen ist und verkehren in regelmäßigen Abständen. Fahrpläne sind in den Verkehrsämtern der Gemeinden erhältlich. Im Oberallgäu verkehren zusätzlich **Anruf-Sammel-Taxis,** die Urlauber in den Abendstunden einsammeln; Tel. für den Raum Kempten: 083 31/125 55.

Bodenseeschifffahrt

Von Lindau verkehren Schiffe nach Rohrschach am anderen Seeufer (Fahrtzeit ca. 1.10 Std.) oder am gesamten Nordufer entlang (Fahrtzeit z. B. nach Friedrichshafen ca. 1.30 Std., nach Meersburg 2.45 Std., nach Bregenz 20 Min.). Fahrräder können mitgenommen werden, müssen aber extra bezahlt werden, Kinder bis 15 Jahre dürfen ihre Fahrräder kostenlos mitnehmen. Für die gesamte Bodenseeschifffahrt (außer Bodenseefähre) ist auch eine Saisonkarte erhältlich (90 €). Information bei:

Bodensee-Schiffsbetriebe GmbH
Hafenstrasse 6
78462 Konstanz
Tel. 075 31/28 13 89, Fax 28 13 73
info@bsb-online.com

REGISTER

ALLGÄU-ATLAS

LEGENDE

1 : 300.000

0 — 15 km

- Autobahn mit Anschlußstelle
- Schnellstraße mit Europastraßennr.
- Bundesstraße
- Hauptstraße
- Nebenstraße
- Fahrweg
- Fernwanderweg mit Bezeichnung
- Straße in Bau/Planung
- Schifffahrtslinie
- Eisenbahn
- Staatsgrenze
- Naturschutzgebiet

- Hallenbad; Freibad
- Heilbad; Jugendherberge
- Zoo; Aussichtspunkt
- Campingplatz; Berghütte
- Flughafen; Flugplatz
- Kloster; Kirche
- Sehenswürdigkeit; Archäologische Stätte
- Burg; Burgruine
- Berggipfel; Höhenpunkt
- Turm; Sendeturm; Sendemast
- Höhle; Wasserfall
- Seilbahn, Sessellift

A
B
C
1
2
3
4
Ertingen
Dürmentingen
Alleshausen
Seekirch
Seelen-wald
Kanzach
Tiefenbach
Stafflangen
St. Martin
BIBERACH an der Riß
Ellmannsweiler
Dürmentiger Wald
Moosburg
Bad Buchau
Federsee
Hofen
Mittelbiberach
Jordanbad
Ringschnait
Gopper
Oggelshausen
Eichen
Reute
Rissegg
Ummendorf
Ersin
Marbach
Dürnau
Kappel
Steinhauser Ried
Schinenhof
Grodt
Rindenmoos
Benedikt
Moosheim
Klein-Tissen
Henauhof
Appendorf
Fischbach
Unter-eggatsweiler
Degernau
Schweinhausen
Schloss Horn
Mittelbuch
Braunenweiler
Allmannsweiler
Aichbühl
Steinhausen
Bad Saulgau
Reichenbach
Roppertsweiler
Kleinwinnaden
Ingoldingen
Hochdorf
Dietenwangen
Klosterkirche St. Markus
Lampertsweiler
Bierstetten
Olzreute
Heinrichsburg
Eberhardzell
St. Blasius
Bad Schussenried
Kürnbach
Winterstettenstadt
Unteressendorf
Füramoos
Bogenweiler
Lufthütte
Freilicht-museum
Hervetsweiler
Krummen
Hochberg
Menzenweiler
Winterstettendorf
Oberessendorf
Wilfertsweiler
Glochen
-Musbach
Ottersweiler
Lippertsweiler
Ergatweiler
Adelshofen
Boms
Haslach
Mittishaus
Lettengru
Hangen
Ebersbach
St. Martin
Michelwinnaden
Mattenhaus
Milpishaus
St. Michael
Aulendorf
Tannhausen
Unterhaslach
Unterschwa
Altshausen
Herdtle
Reichertshaus
Greut
Friedling
Haslanden
Eisenfurt
Osterhofen
Graben
Kreenried
Zollenreute
Vogelplatz
St. Peter
Haisterkirch
Blönried
Bad Waldsee
Wurzacher Ried
Mendelbueren
Stuben
Altdorfer Wald
Mittelurbach
Haidgau
Schloss
Egg
Ebenweiler
Wolpertswende
Reute
Gaisbeuren
Ehrensberg
Schreckensee
Vorsee
Mochenwangen
Kümmerazhofen
Ziegelbach
Oberziegelbach
Fleischwangen
Einöde
Enzisreute
Molpertshaus
Abetsweiler
Rohrbach
Fronhofen
Geratsreute
Blitzenreute
Gambach
Roßberg
Arnach
Fronreute
Baienbach
Bergatreute
Eintürnen
Staig
Pfenders
Diepolds
Danketsweiler
Baien
Weiler
Klosterkirche St. Johann Baptist
Witschwende
Alttann
Zogenweiler
Baindt
Immenried
Rahmha
Kernen
Bauernhaus-museum
Schloss Wolfegg
Automuseum
Baienfurt
Röttsee
Horgenzell
Schmalegg
Berg
St. Katharinen
Wolfegg
Holdenreute
Rempertshofen
Weingarten
Klosterkirche
Erbisreute
Wiggenreute
Gossetsweiler
Unterankenreute
Unterhalden
Rötenbach
Winterbach
RAVENSBURG
Burach
Oberankenreute
Kißlegg
St. Gall
Wolketsweiler
Eschau
Albertshofen
Wetzisreute
Vogt
Speck
Bärenweiler
Zaiser
Weißenau
Höfen
Boschen
Eggartskirch
Sankt Peter und Paul
Knollengraben
Schlier
Schloss Waldburg
Bietenweiler
Oberhaid
Oberweiler
Mariatal
Ritteln
Waldburg
Karsee
Leupolz
Waltenried
Taldorf
Oberzell
Grünkraut
Atzenweiler
Oberteuringen
Untereschach
Torkenweiler
Hannober
Englisweiler
Kaibach
Appenweiler
Kofeld
Maderhof
Ruine Ansberg
Furatweiler
Obereschach
Sigmarshofen
Oberhelbler
Wangen-Nord
Rosenharz
Ungerhaus
Ratz
Ravensburger Spieleland
Obersulgen
Wangen-West
Käferhofen
Ettenkirch
Liebenau
Bodnegg
Schattbuch
Amtzell
Offings
Ailingen
Brochenzell
Meckenbeuren
Deuchelried
Sechs
Gebertshaus
Vorderreute
Ruine Ebersberg
WANGEN im Allgäu
Bach
Arge
Allmannsweiler
Pfingstweid
Obereisenbach
Schomburg
Epplings
Tettnang
Unterrussenried
Hinteressach
Neues Schloss
Neukirch
Primisweiler
Niederwangen
Elmenau
S. 236
312
465
32
30
33
467
96
E 43
E 54
12

D
E
F
1
2
3
4
Reinstetten
Eichen
Edelbeuren
Laubach
Erolzheim
Bechtenrot
enhausen
Erlenmoos
Edenbachen
Bonlanden
Eichbühl
Eichenberg
Roter Weiher
Berkheim
Illerbachen
Steinhausen an der Rottum
Rot an der Rot
Klosterkirche
Murrwangen
St. Johann
Burren
Tannheim
Spindelwag
Wirrenweiler
Haslach
Weiher
Boschen
Schachen
Buch
Kunenberg
Hauerz
Weidet
Steinental
Treherz
Aitrach
Linden
Kloster Marienau
Sigglis
Talacker
Langensteig
zach
Seibranz
Aichstetten
Altmannshofen
Attenhof
Lauben
Ottmanns-hofen
Reichen-hofen
Niederhofen
Rotis
Balterazhofen
Hofs
Leutkirch-West
Leutkirch im Allgäu
Leutkirch-Süd
Herlaz-hofen
Wuchzen-hofen
Haselburg
Nannenbach
Winteraz-hofen
Urlau
Taufachmoos
699 m
Uttenhofen
Beuren
Rimpach
Aigeltshofen
Sommersbach
Christaz-hofen
Neutrauch-burg
Isny im Allgäu
Rotenbach
Kleinholzleute
Groß-holzleute
Biesen
Obervor-holz
Nelle
Ringenberg
S. 237
Dettingen an der Iller
Kirchdorf an der Iller
Ober-opfingen
Berkheim
Egelsee
Kartause Buxheim
Kr. Memmingen
Moos-hausen
Schloss Illerfeld
Volkrats-hofen
Hitzen-hofen
Kardorf
Rieden
Illerbeuren
Lautrach
Aichstetten
St. Maria
Stausee
Iller
Kaltbronn
Legau
Bettrichs
Bergs
Hettisried
Schreiloch
Frauenzell
Hinznang
Rungatshofen
Friesen-hofen
Schmidsfelden
Unterkürnach
St. Remigius
Rohrdorf
Eisenbach
Schwarzer Grat
1118 m
Wengen
Weilerle
Pleß
Heiligkreuz-kapelle
Fellheim
Niederrieden
Heimertingen
Steigmühle
Steinheim
MM-Nord
Memmingen-Ost
Rathaus
Buxach
Hart
MEMMINGEN
St. Martin
Memmingen-Süd
Dickenreis-hausen
Salb
Woringen
Frohnhart
Kronburg
Zell
St. Phillip und Jakob
Bad Grönenbach
Rothenstein
Haid
Ziegelberg
Herbisried
Moos
Unterlandholz
Aigholz
Strobels
Altusried
Kimratshofen
Diepolz
Buchen
Walzlings
Hohenrad
Strohmayers
Wiggensbach
Weg-scheidel
Schwedenschanze
Eschach
Ahegg
Buchenberg
Schwarzerd
Wirlings
Waltenhofen
Kuhnen
Rauns
Engishausen
Reichau
Egg
Boos
Otterwald
Lauben
Rummeltshausen
Eisen-burg
Schwaig-hausen
Holzgünz
Trunkelsberg
Ungerhausen
Memmingerberg
Benningen
Hawangen
Eggisried
Hetzlins-hofen
Albishofen
Ottobeuren
Benediktiner Kloster
Nieder-dorf
Wolfert-schwenden
Westliche Günz
Ittelsburg
Ehwiesmühle
Grasgrub
Heusteig
Reicholzried
Gemeinderied
Dietmannsried
Krugzell
Frühstetten
Rappen-scheuchen
Pfarrkirche
Heiligkreuz
Ermengerst
KEMPTEN
Residenz
St. Lorenz
St. Mang
Rothkreuz
Walten-hofen
Durach
Günz
Oberschönegg
Dietershofen
Inneberg
Arlesried
Hohenreu
Frickenhausen
Daxberg
Dankelsried
Erkheim
Westerheim
Schlegelsberg
Sontheim
Attenhausen
Stephansried
Frechen-rieden
Langen-berg
Markt Rettenbach
Guggenberg
Eldern
Hofs
Engetried
Griesthal
Bibelsberg
Ollarzried
Böhen
Theilen
S. 234
Freien
Oberwarlins
Hopferbach
Naiers
Langenthal
Schrattenbach
Untrasried
Pfaffenhofen
Probstried
Dietmannsried
Haldenwang
Lauben
Leubas
Börwang
Wildpoldsried
Kempten-Leubas
Ursulas-ried
Kempten
Cambodunum
Betzigau
Haßberg
Dreieck Allgäu
Durach
DEUTSCHLAND
E 43
E 54
E 532
7
96
300
312
18
309
980
12

A
B
C
1
2
3
4
Engishausen
Dietershofen
Inneberg
Unterrieden
Tussenhausen
Naturpark Augsburg-Westliche Wälder
Ettringen
eichau
Egg
Oberrieden
Egelhofen
Maria Schnee
Mattsies
Schloss Mattsies
Berg
Wertach
Otterwald
Günz
Arlesried
Hohenreuten
Westernach
Nassenbeuren
Unterrammingen
Frickenhausen
Bergerhausen
Mindel
Rammingen
Türkheim
Lauben
Daxberg
Kammlach
Oberkammlach
St. Stephan
Mindelheim
Oberrammingen
Bad Wörishofen
Wiedergeltingen
Dankelsried
Schloss Mindelburg
Heimenegg
Gernstall
Erkheim
E 54
96
Stetten
Kirchdorf
Irsingen
Holzgünz
Mindelau
Mindelheim
18
Westerheim
Schlegelsberg
Apfeltrach
Dorschhausen
Altensteig
Gartenstadt
Sontheim
Erisried
Dirlewang
Helchenried
Bad Wörishofen
Stockheim
Ungerhausen
Östl. Günz
Saulengrain
Attenhausen
Mussenhausen
Stephansried
Köngetried
Frankenhofen
MINGEN
Hammerschmied
Hartenthal
Schlingen
Frechenrieden
Gottenau
Eutenhausen
Lauchdorf
Hawangen
Langenberg
Eggisried
Markt Rettenbach
Lannenberg
Unteregg
Warmisried
Großried
16
Ottobeuren
Vorderbuchenbrunn
Oberegg
Baisweil
Ingenried
Zellerberg
Benediktiner Kloster
Guggenberg
Eheim
Engetried
Hofs
Eldern
Rappen
Bayersried
Klosterkirche Mariae Himmelfahrt
Pforzen
Niederdorf
Rohrhof
Neuenried
Eiberg
Irsee
Kaufbeuren-Neugablonz
Westliche Günz
Griesthal
Eggenthal
Bickenried
Bibelsberg
Wielen
Wolfertschwenden
Ollarzried
Ronsberg
Webams
Schleifmühle
S. 233
Oberweiler
Blöcktach
Kleinkemnat
Böhen
Theilen
Willofs
Heißen
Friesenried
KAUFBEUREN
E 532
Ittelsburg
St. Blasiuskirche
Oberbeuren
Hirschzell
Frankenried
Oberwarlins
Wolfartsberg
Freien
Berg
Weite
Ehwiesmühle
Hopferbach
Burg
Hauprechts
Salenwang
Bärensee
Naiers
Langenthal
Ebersbach
Huttenwang
Grasgrub
Obergünzburg
Wenglingen
Biessenhofen
Heusteig
Schrattenbach
Rohr
Umwangs
Apfeltrang
Untrasried
St. Alban
Görwangs
Ruderatshofen
Ebenhofen
Gemeinderied
Immenthal
Pfaffenhofen
Günzach
Aitrang
12
Dietmannsried
Probstried
Albrechts
Immenhofen
Elbsee
Kirnach
Krugzell
Haldenwang
Sellthüren
Kipfenberg
Heilig Kreuz und St. Martin
Reinhardsried
Heuwang
Ennenhofen
Eufnach
Hattenhofen
Lauben
Börwang
Kraftisried
Markt-oberdorf
Rappenscheuchen
Leubas
Meggenried
Wildpoldsried
Schweinlang
Unterthingau
Geisenried
Kohlhunden
Kempten-Leubas
Oberthingau
Leuterschach
Ursulasried
Fechsen
Heiligkreuz
Möstenberg
Hochgreut
Ronried
Rieder
Kempten
Betzigau
Eichelschwang
Hummeratsried
Residenz
Cambodunum
Kaisersmad
Wald
Balteratsried
St. Lorenz
Betzigau
Ried
Sulzschneid
Kempter Wald
KEMPTEN
St. Mang
Haßberg
Linggenberg 877 m
Görisried
Barnstein
Wetzlers
Rothkreuz
309
Hasenmahd
Hofen
Lengenwang
Dreieck Allgäu
Vordersteig
Albisried
Durach
Wirlings
Walten-hofen
980
Schlechtenberg
Stadels
Klosterhof
Engelbolz
Buchach
Durach
Bodelsberg
Wildberg
Unterschwarzenberg
S. 238
Holzleuten
Sulzberg
E 532
Lobach
Rauns
Seeweiler

1 cm = 3 km **1 : 300.000**
0 10 km

S. 239

A
B
C
1
2
3
4
S. 232
Meckenbeuren
Tettnang
Neues Schloss
Liebenau
Brochenzell
Ailingen
Allmannsweiler
Gebertshaus
Pfingstweid
Löwental
Sankt Georgen
Hagenbuchen
Tannau
FRIEDRICHSHAFEN
Eriskirch
Mariabrunn
Schlatt
Wallfahrtsk. U. L. Frau
Schloss Montfort
Langenargen
St. Martin
Tuniswald
Gohren
Kressbronn am Bodensee
Gießen
Wielandsweiler
Wiesertsweiler
Steinenbach
Argen
Bodnegg
Vorderreute
Obereisenbach
Unterrussenried
Elmenau
Wildpoltsweiler
Langnau
Schloss Achberg
Achberg
Unterreitnau
Weißensberg
Hattnau
Nonnenhorn
Wasserburg (Bodensee)
Bodolz
Schachen
Hoyren
Reutin
Rickenbach
LINDAU (Bodensee)
Bodensee
Amtzell
Ruine Ebersberg
Schomburg
Hinteressach
Neukirch
Primisweiler
Goppertsweiler
WANGEN im Allgäu
Deuchelried
Bach
Epplings
Niederwangen
Wolfatz
Untermooweiler
Hergatz
Engetsweiler
Roggenzell
Opfenbach
Meckatz
Mellatz
Goßholz
Zwiesele
Schloss Syrgenstein
Lindenberg im Allgäu
Hergensweiler
Sigmarszell
Scheidegg
Weiler-
Ellgas
Bremen
Maria Stern
Häuslings
Krähnberg
Möggers
Hörbranz
Daxenberg 1024 m
Siebers
Lindenau
Scheffau
Hörbranz-Lochau
Lochau
Eichenberg
Hintergschwend
Pfänder 1062 m
Langen
Eschau
Rotach
Kirchdorf
Brenden
BREGENZ
Rieden-Vorkloster
Marienberg
Gebhardsberg
Bregenzerach
Kennelbach
Buch
Schneiderspitze 971 m
Langenegg
Nannen
Muselbach
Kirchdorf
Wolfurt
Schwarzach
Alberschwende
Egg
Geißkopf 1198 m
Meisten
Andelsbuch
Schwarzenberg
Rappenlochschlucht
Kehlegg
Bezau
St. Jakob
Reuthe
Gopfberg 1316 m
Hangspitze 1746 m
Klaus
Mellau
Mörzelspitze 1830 m
Damülser Mittagspitze 2095 m
2061 m Sünser Spitze
Damüls
Pfarrkirche
Glatthorn
Furkajoch 2133 m
NSG Rheinspitz
NSG Rohrspitz
Regionalflughafen Sankt Gallen
RORSCHACH
Rheineck
Fußach
Hard
Höchst
Lauterach
Buchen
Thal
Gaißau
Goldach
Lutzenberg
Rorschacherberg
Walzenhausen
Heiden
924 m
Kaien
Säntisblick
Sankt Margrethen
St. Margrethen
Berneck
Au
LUSTENAU
Dornbirn-Nord
Wolfurt-Lauterach
Haselstauden
St. Martin
Watzenegg
DORNBIRN
Hatlerdorf
Dornbirn-Süd
Breiterberg 1105 m
Oberegg
Reute
Heerbrugg
Grünenstein
Balgach
Widnau
Ruppenpass 1003 m
Wald
Marbach
Rebstein
Chornberg
Lüchingen
ALTSTÄTTEN
Diepoldsau
Schloss Neuems
Ruine Altems
Hohenems
HOHENEMS
Kriessern
Bächis
SCHWEIZ
Rhein
Altach
Mäder
Ebnit
Hohe Kugel 1645 m
Ebniter Tal
Eichberg
Montlingen
Götzis
Kobelwis
Koblach
Fraxern
Naturschutzgebiet
Hoher Freschen 2004 m
Freschenhaus
Bregenzerwald
Oberriet
Moos
865 m
Rüthi
Meiningen
Klaus
Röthis
Viktorsberg
Zwischenwasser
Batschuns
Laterns
Gapfohl 1793 m
Bonacker
St. Anna
Sulz
Rankweil
Lienz
Sennwald
FELDKIRCH
Gisingen
Altenstadt
Alter Rhein
E 54
E 43
E 60
A 14
96
31
12
32
308
190
200
204
467
13
7

D
E
F
S. 233
S. 238
1
2
3
4
im Allgäu
Rotenbach
Schwarzer Grat
1118 m
Buchenberg
Ahegg
Rothkreuz
Durach
Dreieck Allgäu
Groß-holzleute
Kleinholzleute
Wengen
Wirlings
Walten-hofen
Schwarzerd
Waltenhofen
Obervor-holz
Biesen
Nellenbruck
Alttrauch-burg
Weilerle
Hellengerst
Kuhnen
Rauns
Sulzberg
Ringenberg
Maierhöfen
Gestratz
Riedholzer Kugel
1069 m
Weitnau
Eisenbolz
Stoffelberg
1063 m
Memhölz
Ruine Sulzberg
Ottacker
Moosbach
Röthen-bach
Grünenbach
Sibratshofen
Nieder-sonthofen
Oberdorf
Häusern
Ruchis
Schönau
Oberhäuser
Ebrats-hofen
Bischlecht
-Wilhams
Diepolz
Ruine Werdenstein
Rottach
Großdorf
Ellhofen
Ruine Ellhofen
Börlas
Schloss Brackenberg
Wertach
Balzhofen
Stiefenhofen
Geratsried
Missen-
Knottenried
Engelpolz
Wiederhofen
Einharz
Iller
Untermaisel-stein
Zaumberg
Ruine Rothenfels
Kranzegg
Wolfsried
Salmaser Höhe
1254 m
Trieblings
Hub
Kapelle St. Bartholomae
Genhofen
Buflings
Alpsee
Rettenberg
Bad Oberstaufen
Salmas
Bühl
Ruine Laubenegg
Grünten
1738 m
Wertacher Hörnle
1695 m
Malas
Knechten-hofen
Thalkirch-dorf
IMMENSTADT im Allgäu
Himmeleck
1487 m
Blaichach
Burgberg im Allgäu
Starzlach
Döbilisried
Steibis
Spieser
1649 m
Krebs
Imbergkamm
1325 m
Stuiben
1749 m
EFW 4/5
SONTHOFEN
Berghofen
EFW 4
Ruine Fluhenstein
Aach
Weißbach
Hindelang
Ostrach
Riefensberg
Rindalphorn
1822 m
Bins-wangen
Imberg
Au-Alm
Aubach
Ofterschwang
Altstädten
Imberger Horn
1656 m
Hochhäderich
1585 m
1833 m
Hochgrat
Siplingerkopf
1746 m
Hinang
Weiherkopf
1665 m
EFW 4/5 (204)
Gschwend
Balderschwang
Bolsterlang
Breitenberg
1893 m
Platz
Gerisgschwend
Riedberger Horn
1787 m
Obermaisel-stein
Fischen im Allgäu
Sonnenkopf
1712 m
Hittisau
Sausteig
Hochschelpen
1552 m
Sturmanns-höhle
Nieder-dorf
Langenwang
Großer Daumen
2280 m
1328 m
Hittisberg
Sibratsgfäll
Besler
1679 m
Rubi
Nebelhorn
2224 m
Fatima Kapelle
Rindberg
Piesenkopf
1629 m
Räppele
Edmund-Probst-Haus
NSG Allgäuer Alpen
Ferlewang
Giebel
1949 m
Hinterstaude
1877 m
Subersach
Hirschgund
Rohrmoos
Reute
Breitach-klamm
Oberstdorf
Plessigkopf
1384 m
Kackenköpfe
1558 m
St. Loreto
Oytalhaus
Allgäuer Alpen
Schönenbach-Vorsäß
Torkopf
1930 m
Dietersberg
Löffelau
Walsertal
Söllereck
1706 m
Himmelschrofen
1791 m
Höfats
2258 m
Großer Wilder
2381 m
Sevischrofen
1659 m
Hirschberg
1834 m
Hoher Ifen
2230 m
Riezlern
Westegg
Faistenoy
Spielmannsau
Schnepfau
Diedamskopf
2090 m
Fellhorn
2038 m
Hirsch-egg
Birgsau
Dräh
Mittagsfluh
1637 m
Walmendinger Horn
1993 m
Kleines
Kanzelwand
2059 m
Hint. Wildgundkopf
1954 m
Petersberg-hütten
Au
Grünhorn
2039 m
Alpgundkopf
2176 m
Einöds-bach
Großer Krottenkopf
2657 m
Halden
Mittelberg
Kemptner Hütte
Wieden
Schoppernau
Baad
Mädelegabel
2645 m
H.-v.-Barth-Hütte
Üntschenspitze
2135 m
Rappenalpental
Schalpe
Widderstein
2533 m
Geißhorn
2366 m
Rothornspitze
2392 m
Hopfreben
Bad Hopfreben
Rappenseehütte
Hohes Licht
2651 m
Rotnase
2171 m
Obergible
Hochkünzelspitze
2397 m
Biberkopf
2599 m
Ellbogner Spitze
2553 m
Holzgau
1676 m
Gehren
Hochtann-
Allgäuer
12
19
200
201
308
309
980
E5

A
B
C
1
2
3
4
S. 234
S. 237
Rothkreuz
Durach
Dreieck
877 m
Vordersteig
Hofen
Albisried
Wirlings
Walten-
hofen
Durach
Schlechten-
berg
Bodelsberg
Wald
Stadels
Wildberg
Klosterhof
Engelbolz
Buchach
Waltenhofen
Unter-
schwarzenberg
Holzleuten
Lobach
Kuhnen
Rauns
Sulzberg
Oy-
Mittelberg
Rückholz
Seeweiler
Seeg
Memhölz
Ruine
Sulzberg
Untergassen
Bachtel
Wertach
Rottach-
see
Oy-
-Mittelberg
Nesselwang
Enzenstetten
Roßfallen
Ottacker
Moosbach
Nesselwang
Oberdorf
Ruchis
Burgkranzegg
Gschwend
Ruine
Hohenfreyberg
Ruine
Eisenberg
Häusern
Großdorf
Vorderschneid
Grüntensee
Nesselburg
Rehbichel
Hopferau
Eisenberg
Rottach
Schloss
Brackenberg
Wertach
Hinterreute
Kappel
Kreuzegg
Unterreuten
Rottach
Engelpolz
St. Sebastian
Edelsberg
Weißbach
Pfronten
Schwarzen-
bach
Untermaisel-
stein
Kranzegg
1629 m
Heitlern
Roßmoos
Jungholz
VWW 04 (404)
Kienberg
Steinach
Falkenstein
Oberkirch
Weißensee
Rettenberg
Ruine
Laubenegg
Grünten
1738 m
Wertacher Hörnle
1695 m
Sorgschrofen
Zinken
1635 m
1536 m
Breitenberg
1838 m
Angerwies
Vils
Ulrichsbrücke
Burgberg
im Allgäu
Starzlach
Unterjoch
Schönkahler
1687 m
Oberjoch-Paß
1178 m
Aggenstein
1986 m
Tannheimer
Musau
Berghofen
EFW 4
Spieser
1649 m
Einstein
1867 m
Enge
Große Schlicke
2060 m
Roßschl
SONT-
HOFEN
Ruine Fluhenstein
Ostrach
Hindelang
Oberjoch
Schattwald
Tannheimer Tal
O.-Mayr-Hütte
Bins-
wangen
Imberg
Bad
Oberdorf
Zöblen
Tannheim
Grän
Gimpel
2176 m
Köllenspitze
2240 m
Altstädten
Imberger Horn
1656 m
Ponten
2044 m
Halden-
see
Hahnenkamm
1940 m
Hinang
Hinterstein
Gaishorn
2246 m
Vilstal
Krinnenspitze
2002 m
Bolsterlang
Breitenberg
1893 m
Sonnenkopf
1713 m
Sulzspitze
2085 m
Birkental
Gaichtpaß
1093 m
Fischen
im Allgäu
Großer Daumen
2280 m
Naturschutz-
gebiet
Vilsalpsee
NSG
Landsberger
Hütte
Weißenbach
Weißenbach
am Lech
Nieder-
dorf
Langenwang
Kastenkopf
2135 m
Leilachspitze
2274 m
Lech
Rubi
Nebelhorn
2224 m
Sattelkopf
Forchach
Edmund-Probst-
Haus
Giebel
1949 m
2097 m
Schwarzwassertal
Schwarzwasserbach
Schwarzhans-
karspitze
2228 m
Reute
Oberstdorf
Prinz-Luitpold-Haus
Saldeiner Spitze
2037 m
St. Loreto
Allgäuer
Alpen
Dietersberg
Oytalhaus
Hochvogel
2593 m
Stallkarspitze
2350 m
ÖSTER
Stanzach
Knittelkarsp
2378 m
Söllereck
1706 m
Himmelschrofen
1791 m
Höfats
2258 m
Großer Wilder
2381 m
Vorderhornbach
Namloser Tal
Faistenoy
Hinterhornbach
Martinau
Spielmannsau
Hornbach
Klimmspitze
2465 m
Elmer Kreuzspitze
2482 m
Birgsau
Hint. Wildgundkopf
1954 m
Drähütten
Urbeleskarspitze
2632 m
Elmen
Namloser
Wetterspitze
2553 m
Einöds-
bach
Petersberg-
hütten
Großer
Krottenkopf
2657 m
Söllerkopf
2390 m
Habichegg
Kemptner
Hütte
2176 m
Häselgehr
Bschlaber Tal
Bschlabs
Trappenalpental
Mädelegabel
2645 m
H.-v.-Barth-Hütte
Gutschau
Lech
Rothornspitze
2392 m
Elbigenalb
Schönau
2357 m
Lichtspitze
Spitzkopf
2346 m
Hahntennjoch
Hohes Licht
2651 m
Rotnase
2171 m
Obergiblen
Zum hlg.
Nikolaus
Wannenspitze
2362 m
Riefen
Boden
Reichspitze
2590 m
Muttekopf
Spitze
Holzgau
Bach
Ruitelspitze
Hirschleskopf
Gramais
E5
309
980
E 532
7
310
19
314
308
199
198

D
E
F
S. 235
1
2
3
4
Klosterk. St. Johann
Wildsteig
Gschwendt
Kirmesau
Staffelsee
Karlsebene
Bad Bayersoien
Soier See
Sameister
Vorderholz
Wies
Schwarzenbach
Wieskirche
Kurzenhof
Prem
Hinterholz
Schneidberg
1012 m
Saulgrub
Bad Kohlgrub
Westried
Zwingen
Fronreiten
Unterreiten
Kraggenau
Altenau
Unternogg
Thal
Trauchgau
Hörnle
1548 m
Grafenaschau
Dietringen
Berghof
Halblech
Hohe Bleick
1638 m
Hochschergen
1396 m
Forggensee
Bayerniederhofen
Buching
Seekapelle
Unterammergau
VWW 04 (604)
1429 m
Görgeleck
17
Oberammergau
Passionstheater
Bannwaldsee
Naturschutzgebiet
Brunnen
Musical-Theater
Sankt Coloman
Füssen
Teufelstättkopf
1758 m
St. Peter u. Paul
Ettaler Manndl
1634 m
EFW 4
Große Klammspitz
1925 m
Schloss Linderhof
VWW 04 (604)
Tegelberg
1881 m
Kenzenhaus
Linderhof
23
Klosterkirche St. Mariae
Ettal
Oberau
Schloss Neuschwanstein
Hochplatte
2082 m
Scheinbergspitz
1926 m
Kuchelbergspitz
2023 m
Notkarspitze
1889 m
Schafkopf
1380 m
E 533
Alpsee
Bleckenau
Pöllat
Säuling
2047 m
Ammersattel
1082 m
Kreuzspitz
2185 m
1953 m
Kienjoch
Farchant
Burgrain
Walde
Kreuzkopf
1910 m
Geierköpfe
2161 m
Friederspitz
2049 m
Ammergebirge
Ammergauer Alpen
St. Ulrichskapelle
GARMISCH-PARTENKIRCHEN
St. Anton
Zwerchenberg
1615 m
2053 m
Schellschlicht
E 533
Breitenwang
Zwieselberg
23
Olympiaschanze
Außerfern
Hochschober
1474 m
Griesen
Hoher Seeberg
1346 m
Grainau
Zugspitzbad
Partnachklamm
Tauern
1871 m
Klause
Plansee
Eibsee
Höllentalklamm
Wettersteingebirge
Kreuzeck
1652 m
Heiterwanger See
Hochschrutte
2247 m
Törle
1535 m
187
Heiterwang
Kohlbergspitze
2202 m
Daniel
2342 m
Loisach
Alpspitze
Botanischer Alpengarten
Thaneller
2341 m
Zum hlg. Josef
314
2628 m
Münchner Haus
Zugspitze
2964 m
Lähn
Knorrhütte
NWW 01 (801)
Blaue Gumpe
Dreitorspitze
2633 m
Berwang
Bichlbach
Lermoos
Ehrwald
Zum hlg. Jakob
Sankt Katharina
Schneefernerkopf
2874 m
Hochwanner
2746 m
Anrauth
Gartnerwand
2377 m
Biberwier
NWW 01 (801)
Mitteregg
2366 m
Roter Stein
Fernpaß
1212 m
Tajakopf
2452 m
Hochplattig
2768 m
Gaistal
Leutascher Ache
Klamm
Platzl
Loreakopf
2471 m
Schloss Fernstein
314
Drachensee
Grünstein
2660 m
Hohe Munde
2662 m
Sigmundsburg
Gamplespitze
2325 m
Wannig
2493 m
Mieminger Gebirge
Buchen
NWW 01 (601)
Nassereith
Aschland
Nisskogel
1710 m
Wildermieming
Telfs
Telfs-Ost
171
189
Schloss Klamm
Mieming
Telfs-West
Lechtaler Alpen
Sießenkopf
1662 m
Holzleitensattel
1126 m
Obsteig
Grünberg
Inn
E 60
A 12
Pfaffenhofen
Gebratstein
Simmering
2098 m
1497 m
Mötz
Rietz
Zum hlg. Valentin
Polling
Gurglbach
Tschirgant
Stams
Zisterzienserabtei
189
Zum hlg. Ulrich
171
Silz
Schloss Petersberg
Hocheder

Bildnachweis

Archiv für Kunst und Geschichte, Berlin: S. 81
Wilfried Bahnmüller, Geretsried: Umschlagrückseite, hintere Umschlagklappe, S. 1, 2/3, 10, 14, 32, 34, 37, 38, 42, 44, 51, 56, 60, 77, 87, 90, 93, 95, 99, 103, 105, 106, 109, 112, 119, 122, 127, 131, 137, 142, 159, 161, 163, 164, 167, 171, 181, 193, 204, 209, 212, 214
Josef Bieker, Dortmund: Titelbild
Johannes Hahn, Kassel: S. 62, 65, 72, 79, 84
Elke Homburg, München: S. 16, 18, 22, 48, 54/55, 151, 177
Marco Schneiders, Lindau: S. 294/295
Hanna Wagner, Wörth: S. 21, 46, 148, 172, 174, 184, 188

Kartografie

DuMont Reisekartografie
© DuMont Reiseverlag, Köln

Abbildungen

Titel: Kirchturm von Nesselwang
Hintere Umschlagklappe: Lindau im Bodensee
S. 2/3: Blick auf Oberstdorf

2., aktualisierte Auflage 2004

Grafisches Konzept: Groschwitz, Hamburg
Druck: Rasch, Bramsche
Buchbinderische Verarbeitung: Bramscher Buchbinder Betriebe

ISBN 3-7701-5379-0